LES VOYAGES

DU

CAPITAINE COOK

BIBLIOTHÈQUE DES SUCCÈS SCOLAIRES

GRANDS VOYAGES ET GRANDS VOYAGEURS

LES VOYAGES
DU
CAPITAINE COOK

COLLECTION HETZEL

GRANDS VOYAGES ET GRANDS VOYAGEURS

LES VOYAGES
DU
CAPITAINE COOK

PAR

JULES VERNE

DESSINS PAR P. PHILIPPOTEAUX
29 FAC-SIMILÉS (D'APRÈS LES DOCUMENTS ANCIENS) ET CARTES
PAR MATTHIS ET MORIEU

BIBLIOTHÈQUE
DES SUCCÈS SCOLAIRES
J. HETZEL ET Cie, 18, RUE JACOB
PARIS

Tous droits de traduction et de reproduction réservés.

LES GRANDS NAVIGATEURS
DU XVIIIᵉ SIÈCLE

PREMIÈRE PARTIE

CHAPITRE PREMIER

I

Astronomes et Cartographes.

Cassini, Picard et La Hire. — La méridienne et la carte de France. — G. Delisle et d'Anville. — La figure de la Terre. — Maupertuis en Laponie. — La Condamine à l'équateur.

Avant d'entreprendre le récit des grandes expéditions du xviiiᵉ siècle, nous devons signaler les immenses progrès accomplis par les sciences durant cette période. Ils rectifièrent une foule d'erreurs consacrées, donnèrent une base sérieuse aux travaux des astronomes et des géographes. Pour ne parler que du sujet qui nous occupe, ils modifièrent radicalement la cartographie et assurèrent à la navigation une sécurité inconnue jusqu'alors.

Bien que Galilée eût observé, dès 1610, les éclipses des satellites de Jupiter l'indifférence des gouvernements, le défaut d'instruments d'une puissance suffisante, les erreurs commises par les disciples du grand astronome italien avaient rendu stérile cette importante découverte.

En 1668, Jean-Dominique Cassini avait publié ses *Tables des satellites de Jupiter*, qui le firent mander l'année suivante par Colbert et lui valurent la direction de l'Observatoire de Paris.

Au mois de juillet 1671, Philippe de La Hire était allé faire des observations à Uraniborg, dans l'île de Huen, sur l'emplacement même de l'observatoire de Tycho-Brahé. Là, mettant à profit les tables de Cassini, il calcula, avec une exactitude qu'on n'avait pas encore atteinte, la différence entre les longitudes de Paris et d'Uraniborg.

La même année, l'Académie des Sciences envoyait à Cayenne l'astronome Jean Richer, pour y étudier les parallaxes du soleil et de la lune et les distances de Mars et de Vénus à la Terre. Ce voyage, qui réussit de tout point, eut des conséquences inattendues, et fut l'occasion des travaux entrepris bientôt après sur la figure de la Terre. Richer observa que le pendule retardait de deux minutes vingt-huit secondes à Cayenne, ce qui prouvait que la pesanteur était moindre en ce dernier lieu qu'à Paris. Newton et Huyghens en conclurent donc l'aplatissement du globe aux pôles. Mais, bientôt après, les mesures d'un degré terrestre, données par l'abbé Picard, les travaux de la méridienne, exécutés par Cassini père et fils, conduisaient ces savants à un résultat entièrement opposé et leur faisaient considérer la Terre comme un ellipsoïde allongé vers ses régions polaires. Ce fut l'origine de discussions passionnées et de travaux immenses, qui profitèrent à la géographie astronomique et mathématique.

Picard avait entrepris de déterminer l'espace compris entre les parallèles d'Amiens et de Malvoisine, qui comprend un degré un tiers. Mais l'Académie, jugeant qu'on pourrait arriver à un résultat plus exact en calculant une distance plus grande, résolut de mesurer en degrés toute la longueur de la France du nord au sud. On choisit pour cela le méridien qui passe par l'Observatoire de Paris. Ce gigantesque travail de triangulation, commencé vingt ans avant la fin du xviie siècle, fut interrompu, repris et terminé vers 1720.

En même temps, Louis XIV, poussé par Colbert, donnait l'ordre de travailler à une carte de la France. Des voyages furent exécutés, de 1679 à 1682, par des savants, qui fixèrent, au moyen d'observations astronomiques, la position des côtes sur l'Océan et la Méditerranée.

Cependant ces travaux, ceux de Picard complétés par la mesure de la méridienne, les relèvements qui fixaient la latitude et la longitude de certaines grandes villes de France, une carte détaillée des environs de Paris dont les points avaient été déterminés géométriquement, ne suffisaient pas encore pour dresser une carte de France. On fut donc obligé de procéder, comme on l'avait fait pour la méridienne, en couvrant toute l'étendue de la contrée d'un réseau de triangles reliés ensemble. Telle fut la base de la grande carte de France, qui a pris si justement le nom de Cassini.

Les premières observations de Cassini et de La Hire amenèrent ces deux astronomes à resserrer la France dans des limites beaucoup plus étroites que celles qui lui étaient jusqu'alors assignées.

« Ils lui ôtèrent, dit Desborough Cooley dans son *Histoire des voyages*, plusieurs degrés de longitude le long de la côte occidentale, à partir de la Bretagne jusqu'à la baie de Biscaye, et retranchèrent de la même façon environ un demi-degré sur les côtes du Languedoc et de la Provence. Ces changements furent l'occasion d'une plaisanterie de Louis XIV, qui, complimentant les académiciens à leur retour, leur dit en propres termes: « Je vois avec peine, messieurs, que votre voyage m'a coûté une bonne partie de mon royaume. »

Au reste, les cartographes n'avaient jusqu'alors tenu aucun compte des corrections des astronomes. Au milieu du xviie siècle, Peiresc et Gassendi avaient corrigé sur les cartes de la Méditerranée une différence de « cinq cents » milles de distance entre Marseille et Alexandrie. Cette rectification si importante fut regardée comme non avenue, jusqu'au jour où l'hydrographe Jean-Mathieu de Chazelles, qui avait aidé Cassini dans ses travaux de la méridienne, fut envoyé dans le Levant pour dresser le portulan de la Méditerranée.

« On s'était également aperçu, disent les mémoires de l'Académie des Sciences, que les cartes étendaient trop les continents de l'Europe, de l'Afrique et de l'Amérique, et rétrécissaient la grande mer Pacifique entre l'Asie et l'Europe. Aussi ces erreurs causaient-elles de singulières méprises. Les pilotes, se fiant à leurs cartes, dans le voyage de M. de Chaumont, ambassadeur de Louis XIV à Siam, se méprirent dans leur estime, tant en allant qu'en revenant, faisant plus de chemin qu'ils ne jugeaient. En allant du cap de Bonne-Espérance à l'île de Java, ils croyaient être encore éloignés du détroit de la Sonde, quand ils se trouvèrent à plus de soixante lieues au delà, et il fallut reculer deux jours par un vent favorable pour y entrer, et, en revenant du cap de Bonne-Espérance en France, ils se trouvèrent à l'île de Florès, la plus occidentale des Açores, quand ils croyaient en être à plus de cent cinquante lieues à l'est; il leur fallut naviguer encore douze jours vers l'est pour arriver aux côtes de France. »

Les rectifications apportées à la carte de France furent considérables, comme nous l'avons dit plus haut. On reconnut que Perpignan et Collioures, notamment, se trouvaient être beaucoup plus à l'est qu'on ne le supposait. Au reste, pour s'en faire une idée bien nette, il suffit de regarder la carte de France publiée dans la première partie du tome VII des *Mémoires* de l'Académie des Sciences. Il y est tenu compte des observations astronomiques dont nous venons de parler, et l'ancien tracé de la carte, publiée par Sanson en 1679, y rend sensibles les modifications apportées.

Cassini proclamait avec raison que la cartographie n'était plus à la hauteur de la science. En effet, Sanson avait suivi aveuglément les longitudes de Ptolémée, sans tenir compte des progrès des connaissances astronomiques. Ses fils et ses petits-fils n'avaient fait que rééditer ses cartes en les complétant, et les autres géographes se traînaient dans la même ornière. Le premier, Guillaume Delisle, construisit de nouvelles cartes, en mettant à profit les données modernes et rejeta de parti pris tout ce qu'on avait fait avant lui. Son ardeur fut telle, qu'il avait entièrement exécuté ce projet à vingt-cinq ans. Son frère, Joseph-Nicolas, enseignait l'astronomie en Russie, et envoyait à Guillaume des matériaux pour ses cartes. Pendant ce temps, Delisle de la Coyère, son dernier frère, visitait les côtes de la mer Glaciale, fixait astronomiquement la position des points les plus importants, s'embarquait sur le vaisseau de Behring et mourait au Kamtchatka.

Voilà ce que furent les trois Delisle. Mais à Guillaume revient la gloire d'avoir révolutionné la cartographie.

« Il parvint, dit Cooley, à faire concorder les mesures anciennes et modernes et à combiner une masse plus considérable de documents; au lieu de limiter ses corrections à une partie du globe, il les étendit au globe entier, ce qui lui donne un droit très positif à être regardé comme le créateur de la géographie moderne. Pierre le Grand, à son passage à Paris, lui rendit hommage, en le visitant pour lui donner tous les renseignements qu'il possédait lui-même sur la géographie de la Russie. »

Est-il rien de plus concluant que ce témoignage d'un étranger? Et, si nos géographes sont dépassés aujourd'hui par ceux de l'Allemagne et de l'Angleterre, n'est-ce pas une consolation et un encouragement de savoir que nous avons excellé dans une science où nous travaillons à reprendre notre ancienne supériorité?

Delisle vécut assez pour voir les succès de son élève J.-B. d'Anville. Si ce dernier fut inférieur, sous le rapport de la science historique, à Adrien Valois, il mérita sa haute renommée par la correction relative de son dessin, par l'aspect clair et artistique de ses cartes.

« On a peine à comprendre, dit M. E. Desjardins dans sa *Géographie de la Gaule romaine*, le peu d'importance qu'on attribue à ses œuvres de géographe, de mathématicien et de dessinateur. C'est cependant dans ces dernières qu'il a surtout donné la mesure de son incomparable mérite. D'Anville a, le premier, su construire une carte par des procédés scientifiques, et cela suffit à sa gloire.... Dans le domaine de la géographie historique, d'Anville a fait preuve surtout d'un rare bon sens dans la discussion et d'un merveilleux instinct topographique dans les identifications; mais, il faut bien le reconnaître, il n'était ni savant, ni même suffisamment versé dans l'étude des textes classiques. »

Le plus beau travail de d'Anville est sa carte d'Italie, dont la dimension, jusqu'alors exagérée, se prolongeait de l'est à l'ouest, suivant les idées des anciens.

En 1735, Philippe Buache, dont le nom est justement célèbre comme géographe, inaugurait une nouvelle méthode en appliquant, dans une carte des fonds de la Manche, les courbes de niveau à la représentation des accidents du sol.

Dix ans plus tard, d'Après de Mannevillette publiait son *Neptune oriental*, dans lequel il rectifiait les cartes des côtes d'Afrique, de Chine et de l'Inde. Il y joignait une instruction nautique, d'autant plus précieuse pour l'époque que c'était le premier ouvrage de ce genre. Jusqu'à la fin de sa vie, il perfectionna ce recueil qui servit de guide à tous nos officiers pendant la fin du xviii° siècle.

Chez les Anglais, Halley occupait le premier rang parmi les astronomes et les physiciens. Il publiait une théorie des *Variations magnétiques* et une *Histoire des moussons*, qui lui valaient le commandement d'un vaisseau, afin qu'il pût soumettre sa théorie à l'expérience.

Ce qu'avait fait d'Après chez les Français, Alexandre Dalrymple l'accomplit pour les Anglais. Seulement, ses vues gardèrent jusqu'au bout quelque chose d'hypothétique, et il crut à l'existence d'un continent austral. Il eut pour successeur Horsburgh, dont le nom sera toujours cher aux navigateurs.

Mais il nous faut parler de deux expéditions importantes qui devaient mettre fin à la querelle passionnée sur la figure de la Terre. L'Académie des Sciences venait d'envoyer une mission composée de Godin, Bouguer et La Condamine en Amérique, pour mesurer l'arc du méridien à l'équateur. Elle résolut de confier la direction d'une expédition semblable, dans le nord, à Maupertuis.

« Si l'aplatissement de la terre, disait ce savant, n'est pas plus grand que Huyhens l'a supposé, la différence des degrés du méridien déjà mesuré en France d'avec les premiers degrés du méridien voisin de l'équateur ne sera pas assez considérable pour qu'elle ne puisse pas être attribuée aux erreurs possibles des observateurs et à l'imperfection des instruments. Mais, si on l'observe au pôle, la différence entre le premier degré du méridien voisin de la ligne équinoxiale et le 66° degré, par exemple, qui coupe le cercle polaire, sera assez grande, même dans l'hypothèse de Huyghens, pour se manifester sans équivoque, malgré les plus grandes erreurs commissibles, parce que cette différence se trouvera répétée autant de fois qu'il y aura de degrés intermédiaires. »

Le problème était ainsi nettement posé, et il devait recevoir au pôle, aussi bien qu'à l'équateur, une solution qui allait terminer le débat en donnant raison à Huyghens et à Newton.

L'expédition partit sur un navire équipé à Dunkerque. Elle se composait, outre Maupertuis, de Clairaut, Camus et Lemonnier, académiciens, de l'abbé Outhier, chanoine de Bayeux, d'un secrétaire, Sommereux, d'un dessinateur, Herbelot, et du savant astronome suédois Celsius.

Lorsqu'il reçut les membres de la mission à Stockholm, le roi de Suède leur dit: « Je me suis trouvé dans de sanglantes batailles, mais j'aimerais mieux retourner à la plus meurtrière que d'entreprendre le voyage que vous allez faire »

Assurément, ce ne devait pas être une partie de plaisir. Des difficultés de toute sorte, des privations continues, un froid excessif, allaient éprouver ces savants physiciens. Mais que sont leurs souffrances auprès des angoisses, des dangers, des épreuves qui attendaient les navigateurs polaires, Ross, Parry, Hall, Payer et tant d'autres!

« A Tornea, au fond du golfe de Bothnie, presque sous le cercle polaire, les maisons étaient enfouies sous la neige, dit Damiron, dans son *Éloge de Maupertuis*. Lorsqu'on sortait, l'air semblait déchirer la poitrine, les degrés du froid croissant s'annonçaient par le bruit avec lequel le bois, dont toutes les maisons sont bâties, se fendait. A voir la solitude qui régnait dans les rues, on eût cru que les habitants de la ville étaient morts. On rencontrait à chaque pas des gens mutilés, ayant perdu bras ou jambes par l'effet d'une si dure température. Et cependant ce n'était pas à Tornea que les voyageurs devaient s'arrêter. »

Aujourd'hui que ces lieux sont mieux connus, que l'on sait ce qu'est la rigueur du climat arctique, on peut se faire une idée plus juste des difficultés que devaient y rencontrer des observateurs.

Ce fut en juillet 1736 qu'ils commencèrent leurs opérations. Au delà de

Tornea, ils ne virent plus que des lieux inhabités. Il leur fallut se contenter de leurs propres ressources pour escalader les montagnes, où ils plantaient les signaux qui devaient former la chaîne ininterrompue des triangles. Partagés en deux troupes, afin d'obtenir deux mesures au lieu d'une et de diminuer ainsi les chances d'erreur, les hardis physiciens, après nombre de péripéties dont on trouvera le récit dans les *Mémoires* de l'Académie des Sciences de 1737, après des fatigues inouïes, parvinrent à constater que la longueur de l'arc du méridien compris entre les parallèles de Tornea et Kittis était de 55,023 toises 1/2. Ainsi donc, sous le cercle polaire, le degré du méridien avait environ mille toises de plus que ne l'avait supposé Cassini, et le degré terrestre dépassait de 377 toises la longueur que Picard lui avait trouvée entre Paris et Amiens. La Terre était donc considérablement aplatie aux pôles, résultat que se refusèrent longtemps à reconnaître Cassini père et fils.

> Courrier de la physique, argonaute nouveau,
> Qui, franchissant les monts, qui, traversant les eaux,
> Ramenez des climats soumis aux trois couronnes,
> Vos perches, vos secteurs et surtout deux Laponnes,
> Vous avez confirmé, dans ces lieux pleins d'ennui,
> Ce que Newton connut sans sortir de chez lui.

Ainsi s'exprimait Voltaire, non sans une pointe de malice ; puis, faisant allusion aux deux sœurs que Maupertuis ramenait avec lui, et dont l'une avait su le séduire, il disait :

> Cette erreur est trop ordinaire,
> Et c'est la seule que l'on fit
> En allant au cercle polaire.

« Toutefois, dit M. A. Maury dans son *Histoire de l'Académie des Sciences*, l'importance des instruments et des méthodes dont faisaient usage les astronomes envoyés dans le nord, donna aux défenseurs de l'aplatissement de notre globe plus raison qu'ils n'avaient en réalité ; et, au siècle suivant, l'astronome suédois Svanberg rectifiait leurs exagérations involontaires par un beau travail qu'il publia dans notre langue. »

Pendant ce temps, la mission que l'Académie avait expédiée au Pérou procédait à des opérations analogues. Composée de La Condamine, Bouguer et Godin, ous trois académiciens, de Joseph de Jussieu, régent de la Faculté de médecine, chargé de la partie botanique, du chirurgien Seniergues, de l'horloger Godin des Odonais, et d'un dessinateur, elle quitta La Rochelle le 16 mai 1635. Ces savants gagnèrent Saint-Domingue, où furent faites quelques observations

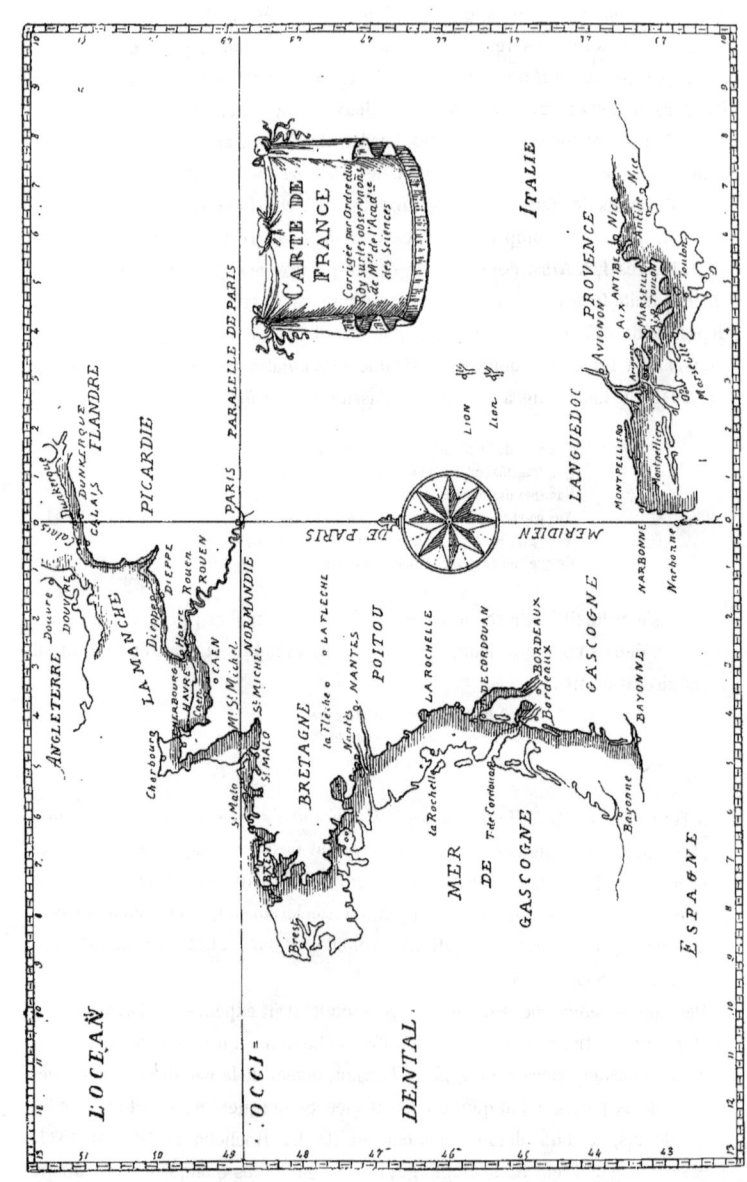

(Fac-simile. Gravure ancienne.)

Portrait de Maupertuis. (*Fac-simile. Gravure ancienne.*)

astronomiques, Carthagène, Puerto-Bello, traversèrent l'isthme de Panama, et débarquèrent, le 9 mars 1736, à Manta, sur la terre du Pérou.

Là, Bouguer et La Condamine se séparèrent de leurs compagnons, étudièrent la marche du pendule, puis gagnèrent Quito par des chemins différents.

La Condamine suivit la côte jusqu'au Rio de las Esmeraldas et leva la carte de tout ce pays qu'il traversa avec des fatigues infinies.

Bouguer, lui, se dirigea par le sud vers Guayaquil, en franchissant des forêts marécageuses, et atteignit Caracol, au pied de la Cordillère, qu'il mit sept jours à traverser. C'était la route autrefois suivie par P. d'Alvarado, où soixante-dix de ses gens avaient péri, et notamment les trois premières Espagnoles qui avaient tenté de pénétrer dans le pays. Bouguer atteignit Quito le 10 juin. Cette ville avait alors trente ou quarante mille habitants, un évêque président de l'Audience, nombre de communautés religieuses et deux collèges. La vie y était assez bon marché ; seules, les marchandises étrangères y atteignaient un prix extravagant, à ce point qu'un gobelet de verre valait dix-huit ou vingt francs.

Les savants escaladèrent le Pichincha, montagne voisine de Quito, dont les éruptions ont été plus d'une fois fatales à cette ville ; mais ils ne tardèrent pas à reconnaître qu'il fallait renoncer à porter si haut les triangles de leur méridienne, et ils durent se contenter de placer les signaux sur les collines.

« On voit presque tous les jours sur le sommet de ces mêmes montagnes, dit Bouguer dans le mémoire qu'il lut à l'Académie des Sciences, un phénomène extraordinaire qui doit être aussi ancien que le monde et dont il y a bien cependant de l'apparence que personne avant nous n'avait été témoin. La première fois que nous le remarquâmes, nous étions tous ensemble sur une montagne nommée Pambamarca. Un nuage, dans lequel nous étions plongés et qui se dissipa, nous laissa voir le soleil qui se levait et qui était très éclatant. Le nuage passa de l'autre côté. Il n'était pas à trente pas, lorsque chacun de nous vit son ombre projetée dessus et ne voyait que la sienne, parce que le nuage n'offrait pas une surface unie. Le peu de distance permettait de distinguer toutes les parties de l'ombre ; on voyait les bras, les jambes, la tête ; mais, ce qui nous étonna, c'est que cette dernière partie était ornée d'une gloire ou auréole formée de trois ou quatre petites couronnes concentriques d'une couleur très-vive, chacune avec les mêmes variétés que l'arc-en-ciel, le rouge étant en dehors. Les intervalles entre ces cercles étaient égaux ; le dernier cercle était plus faible ; et enfin, à une grande distance, nous voyions un grand cercle blanc qui environnait le tout. C'est comme une espèce d'apothéose pour le spectateur. »

Comme les instruments dont ces savants se servaient n'avaient pas la précision de ceux qui sont employés aujourd'hui, et étaient sujets aux changements de la température, il fallut procéder avec le plus grand soin et la plus minutieuse attention pour que de petites erreurs multipliées ne finissent pas par en causer de considérables. Aussi, dans leurs triangles, Bouguer et ses compagnons ne conclurent jamais le troisième angle de l'observation des deux premiers : il les observèrent tous.

Après avoir obtenu en toises la mesure du chemin parcouru, il restait à découvrir quelle partie du circuit de la Terre formait cet espace ; mais on ne pouvait résoudre cette question qu'au moyen d'observations astronomiques.

Après nombre d'obstacles, que nous ne pouvons décrire ici en détail, et de remarques curieuses, entre autres la déviation que l'attraction des montagnes fait éprouver au pendule, les savants français arrivèrent à des conclusions qui confirmèrent pleinement le résultat de la mission de Laponie. Ils ne rentrèrent pas tous en France en même temps. Jussieu continua pendant plusieurs années encore ses recherches d'histoire naturelle, et La Condamine choisit pour revenir en Europe la route du fleuve des Amazones, voyage important, sur lequel nous aurons l'occasion de revenir un peu plus tard.

II

La guerre de course au XVIIIe siècle.

Voyage de Wood-Rodgers. — Aventures d'Alexandre Selkirk. — Les îles Galapagos. — Puerto-Seguro. — Retour en Angleterre. — Expédition de Georges Anson. — La Terre des États. — L'île de Juan-Fernandez. — Tinian. — Macao. — La prise du galion. — La rivière de Canton. — Résultats de la croisière.

On était en pleine guerre de la succession d'Espagne. Certains armateurs de Bristol résolurent alors d'équiper quelques bâtiments pour courir sus aux navires espagnols dans l'océan Pacifique et ravager les côtes de l'Amérique du Sud. Les deux vaisseaux qui furent choisis, le *Duc* et la *Duchesse*, sous le commandement des capitaines Rodgers et Courtney, furent armés avec soin et pourvus de toutes les provisions nécessaires pour un si long voyage. Le célèbre Dampier, qui s'était acquis tant de réputation par ses courses aventureuses et ses pirateries, ne dédaigna pas d'accepter le titre de premier pilote. Bien que cette expédition ait été plus riche en résultats matériels qu'en découvertes géographiques, sa relation contient cependant quelques particularités curieuses qui méritent d'être conservées.

Ce fut le 2 août 1708, que le *Duc* et la *Duchesse* quittèrent la rade royale de Bristol. Remarque intéressante à faire d'abord : pendant toute la durée du voyage, un registre, sur lequel devaient être consignés tous les événements de la campagne, fut tenu à la disposition de l'équipage, afin que les moindres erreurs et les plus petits oublis fussent réparés, avant que le souvenir des faits eût pu s'altérer.

Rien à dire sur ce voyage jusqu'au 22 décembre. Ce jour-là, furent découvertes les îles Falkland, que peu de navigateurs avaient encore reconnues. Rodgers n'y aborda point ; il se contente de dire que la côte présente le même aspect que celle de Portland, quoiqu'elle soit moins haute.

« Tous les coteaux, ajoute-t-il, avaient l'apparence d'un bon terrain ; la pente en est facile, garnie de bois, et le rivage ne manque pas de bons ports. »

Ces îles ne possèdent pas un seul arbre, et les bons ports sont loin d'être fréquents, comme nous le verrons plus tard. On voit si les renseignements que nous devons à Rodgers sont exacts. Aussi les navigateurs ont-ils bien fait de ne pas s'y fier.

Après avoir dépassé cet archipel, les deux bâtiments piquèrent droit au sud, et s'enfoncèrent dans cette direction jusqu'à 60° 58′ de latitude. Il n'y avait pas de nuit, le froid était vif, et la mer si grosse, que la *Duchesse* fit quelques avaries. Les principaux officiers des deux bâtiments, assemblés en conseil, jugèrent alors qu'il n'était pas à propos de s'avancer plus au sud, et route fut faite à l'ouest. Le 15 janvier 1709, on constata qu'on avait doublé le cap Horn, et qu'on était entré dans la mer du Sud.

A cette époque, presque toutes les cartes différaient sur la position de l'île Juan-Fernandez. Aussi, Wood Rodgers, qui voulait y relâcher pour y faire de l'eau et s'y procurer un peu de viande fraîche, la rencontra presque sans la chercher.

Le 1ᵉʳ février, il mit en mer une embarcation pour aller à la découverte d'un mouillage. Tandis qu'on attendait son retour, on aperçut un grand feu sur le rivage. Quelques vaisseaux espagnols ou français avaient-ils atterri en cet endroit ? Faudrait-il livrer combat, pour se procurer l'eau et les vivres dont on avait besoin ? Toutes les dispositions furent prises pendant la nuit ; mais, au matin, aucun bâtiment n'était en vue. Déjà l'on se demandait si l'ennemi s'était retiré, lorsque l'arrivée de la chaloupe vint fixer toutes les incertitudes, en ramenant un homme vêtu de peaux de chèvres, à la figure encore plus sauvage que ses vêtements.

C'était un marin écossais, nommé Alexandre Selkirk, qui, à la suite d'un démêlé avec son capitaine, avait été abandonné depuis quatre ans et demi sur cette île déserte. Le feu qu'on avait aperçu avait été allumé par lui.

Pendant son séjour à Juan-Fernandez, Selkirk avait vu passer beaucoup de vaisseaux ; deux seulement, qui étaient espagnols, y avaient mouillé. Découvert par les matelots, Selkirk, après avoir essuyé leur feu, n'avait échappé à la mort que grâce à son agilité, qui lui avait permis de grimper sur un arbre sans être aperçu.

« Il avait été mis à terre, dit la relation, avec ses habits, son lit, un fusil, une livre de poudre, des balles, du tabac, une hache, un couteau, un chaudron, une Bible et quelques autres livres de piété, ses instruments et ses livres de marine.

Le pauvre Selkirk pourvut à ses besoins du mieux qu'il lui fut possible ; mais, durant les premiers mois, il eut beaucoup de peine à vaincre la tristesse et à surmonter l'horreur que lui causait une si affreuse solitude. Il construisit deux cabanes, à quelque distance l'une de l'autre, avec du bois de myrte-piment. Il les couvrit d'une espèce de jonc et les doubla de peaux de chèvres, qu'il tuait à mesure qu'il en avait besoin, tant que sa poudre dura. Lorsqu'elle approcha de sa fin, il trouva le moyen de faire du feu avec deux morceaux de bois de piment, qu'il frottait l'un contre l'autre.... Quand sa poudre fut finie, il prenait les chèvres à la course, et il s'était rendu si agile par un exercice continuel, qu'il courait à travers les bois, sur les rochers et les collines, avec une vitesse incroyable. Nous en eûmes la preuve lorsqu'il vint à la chasse avec nous ; il devançait et mettait sur les dents nos meilleurs coureurs et un chien excellent que nous avions à bord ; il atteignait bientôt les chèvres, et nous les apportait sur son dos. Il nous dit qu'un jour il poursuivait un de ces animaux avec tant d'ardeur, qu'il le saisit sur le bord d'un précipice caché par des buissons, et roula du haut en bas avec sa proie. Il fut si étourdi de sa chute, qu'il en perdit connaissance ; quand il reprit ses sens, il trouva sa chèvre morte sous lui. Il resta près de vingt-quatre heures sur la place, et il eut assez de peine à se traîner à sa cabane, qui en était distante d'un mille, et dont il ne put sortir qu'au bout de dix jours. »

Des navets semés par l'équipage de quelque vaisseau, des choux palmistes, du piment et du poivre de la Jamaïque servaient à cet abandonné pour assaisonner ses aliments. Quand ses souliers et ses habits furent en pièces, ce qui ne tarda guère, il s'en fit en peau de chèvres, avec un clou qu'il employait comme aiguille. Lorsque son couteau fut usé jusqu'au dos, il s'en fabriqua avec des cercles de barrique qu'il avait trouvés sur le rivage. Il avait si bien perdu l'habitude de parler, qu'il avait de la peine à se faire comprendre. Rodgers l'embarqua et lui donna sur son vaisseau l'office de contre-maître.

Selkirk n'avait pas été le premier marin délaissé sur l'île de Juan-Fernandez. On se rappelle peut-être que Dampier y avait déjà recueilli un malheureux Mosquito, abandonné de 1681 à 1684, et l'on voit, dans le récit des aventures de Sharp et d'autres flibustiers, que le seul survivant de l'équipage d'un vaisseau naufragé sur ces côtes y vécut cinq ans, jusqu'à ce qu'un autre bâtiment vînt le reprendre. Les malheurs de Selkirk ont été racontés par un écrivain moderne, par Saintine, dans le roman intitulé : *Seul!*

Les deux bâtiments quittèrent Juan-Fernandez le 14 février, et commencèrent leurs courses contre les Espagnols. Rodgers s'empara de Guyaquil, dont il tira une grosse rançon, et captura plusieurs vaisseaux, qui lui fournirent plus de prisonniers que d'argent.

De toute cette partie de son voyage, dont nous n'avons pas à nous occuper, nous ne retiendrons que quelques détails sur l'île de la Gorgone, où il remarqua un singe à qui son excessive lenteur a fait donner le nom de « paresseux », sur Tecamez, dont les habitants, armés de flèches empoisonnées et de fusils, le repoussèrent avec perte, et sur les îles Galapagos, situées à deux degrés de latitude nord. Cet archipel est très nombreux, d'après Rodgers; mais, de la cinquantaine d'îles qui le composent, il n'en trouva pas une seule qui fournît de l'eau douce. Il y vit en quantité des tourterelles, des tortues de terre et de mer d'une grosseur extraordinaire, — dont le nom a été donné par les Espagnols à ce groupe, — et des chiens marins extrêmement redoutables, dont l'un eut même l'audace de l'attaquer.

« J'étais sur le rivage, dit-il, lorsqu'il sortit de l'eau, la gueule béante, avec autant de vitesse et de férocité que le chien le plus furieux qui a rompu sa chaîne. Il m'attaqua trois fois. Je lui enfonçai ma pique dans la poitrine, et, chaque fois, je lui fis une large blessure qui l'obligea de se retirer avec d'horribles cris. Ensuite, se retournant vers moi, il s'arrêta pour gronder et me montrer les dents. Il n'y avait pas vingt-quatre heures qu'un homme de mon équipage avait failli être dévoré par un des mêmes animaux. »

Au mois de décembre, Rodgers se retira avec un galion de Manille, dont il s'était emparé, sur la côte de Californie, à Puerto-Seguro. Plusieurs de ses hommes s'enfoncèrent dans l'intérieur. Ils y virent quantité d'arbres de haute futaie, pas la moindre apparence de culture, et de nombreuses fumées qui indiquaient que le pays était peuplé.

« Les habitants, dit l'abbé Prévost dans son *Histoire des Voyages*, étaient d'une taille droite et puissante, mais beaucoup plus noirs qu'aucun des Indiens qu'il avait vus dans la mer du Sud. Ils avaient les cheveux longs, noirs et plats, qui leur pendaient jusqu'aux cuisses. Tous les hommes étaient nus, mais les femmes portaient des feuilles ou des morceaux d'une espèce d'étoffe qui en paraît composée, ou des peaux de bêtes et d'oiseaux... Quelques-uns portaient des colliers et des bracelets de brins de bois et de coquilles ; d'autres avaient au cou de petites baies rouges et des perles, qu'ils n'ont pas sans doute l'art de percer, puisqu'elles sont entaillées dans leur rondeur et liées l'une à l'autre avec un fil. Ils trouvaient cet ornement si beau, qu'ils refusaient les colliers de verre des Anglais. Leur passion n'était ardente que pour les couteaux et les instruments qui servent au travail. »

Le *Duc* et la *Duchesse* quittèrent Puerto-Seguro le 12 janvier 1710 et atteignirent l'île Guaham, l'une des Mariannes, deux mois plus tard. Ils y prirent des vivres, et, passant par les détroits de Boutan et de Saleyer, gagnèrent Batavia. Après la relâche obligée dans cette ville et au cap de Bonne-Espérance, Rodgers mouilla aux Dunes le 1er octobre.

Bien qu'il ne donne pas le détail des immenses richesses qu'il rapportait, on peut cependant s'en faire une haute idée, lorsqu'on entend Rodgers parler des lingots, de la vaisselle d'or et d'argent et des perles dont il remit le compte à ses heureux armateurs.

Le voyage de l'amiral Anson, dont nous allons maintenant faire le récit, appartient encore à la catégorie des guerres de course ; mais il clôt la série de ces expéditions de forbans qui déshonoraient les vainqueurs sans ruiner les vaincus. Bien qu'il n'apporte, lui non plus, aucune nouvelle acquisition à la géographie, sa relation est cependant semée de réflexions judicieuses, d'observations intéressantes sur des régions peu connues. Elles sont dues, non pas au chapelain de l'expédition, Richard Walter, comme le titre l'indique, mais bien à Benjamin Robins, d'après les *Nichol's literary anecdotes*.

Georges Anson était né en 1697 dans le Staffordshire. Marin dès son enfance, il n'avait pas tardé à se faire remarquer. Il jouissait de la réputation d'un habile et heureux capitaine, lorsqu'en 1639 il reçut le commandement d'une escadre composée du *Centurion*, de 60 canons, du *Glocester*, de 50, du *Sévère*, de la même force, de la *Perle*, de 40 canons, du *Wager*, de 28, de la chaloupe le *Trial* et de deux bâtiments porteurs de vivres et de munitions. Outre ses 1,460 hommes d'équipage, cette flotte avait reçu un renfort de 470 invalides ou soldats de marine.

Parti d'Angleterre le 18 septembre 1740, l'expédition passa par Madère, par l'île Sainte-Catherine, sur la côte du Brésil, par le havre Saint-Julien, et traversa le détroit de Lemaire.

« Quelque affreux que soit l'aspect de la Terre de Feu, dit la relation, celui de la Terre des États a quelque chose de plus horrible. Il n'offre qu'une suite de rochers inaccessibles, hérissés de pointes aiguës, d'une hauteur prodigieuse, couverts d'une neige éternelle et ceints de précipices. Enfin l'imagination ne peut rien se représenter de plus triste et de plus sauvage que cette côte. »

A peine les derniers vaisseaux de l'escadre avaient-ils débouché du détroit, qu'une série de coups de vents, de rafales et de bourrasques fit avouer aux matelots les plus expérimentés que tout ce qu'ils avaient appelé tempête n'était rien en comparaison. Ce temps épouvantable dura sept semaines sans

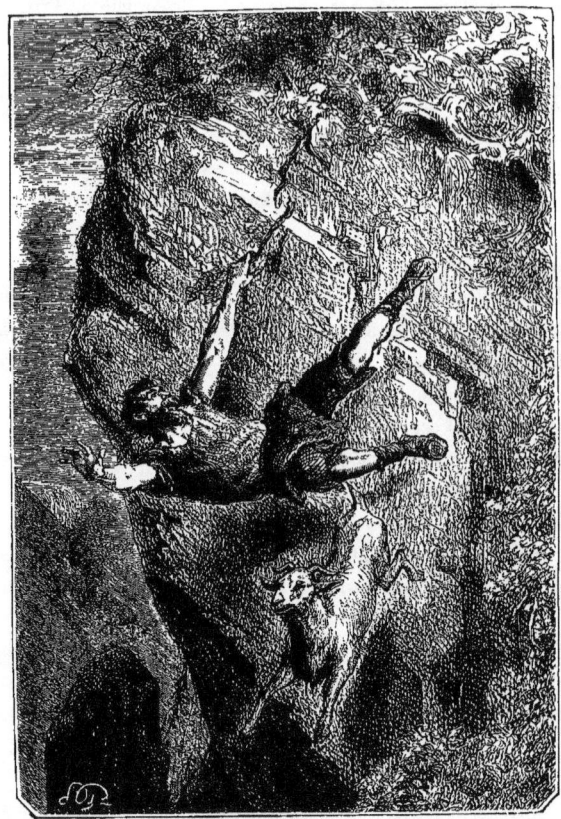

Selkirk roula du haut en bas avec sa proie. (Page 13.)

discontinuer. Inutile de demander si les navires subirent des avaries, s'ils perdirent nombre de matelots enlevés par les lames, décimés par les maladies qu'une humidité constante et une nourriture malsaine eurent bientôt développées.

Deux bâtiments, le *Sévère* et la *Perle*, furent engloutis, et quatre autres perdus de vue. Anson ne put s'arrêter à Valdivia, qu'il avait fixée comme rendez-vous en cas de séparation. Emporté bien au delà, il ne lui fut possible de s'arrêter qu'à Juan-Fernandez, où il arriva le 9 juin. Le *Centurion* avait le plus grand besoin de cette relâche. Quatre-vingts hommes de son équipage avaient péri, il n'avait plus d'eau, et le scorbut avait tellement affaibli les ma-

Je lui enfonçai ma pique dans la poitrine. (Page 15.)

telots qu'il n'y en avait pas dix en état de faire le quart. Trois autres bâtiments en aussi mauvais état ne tardèrent pas à le rejoindre.

Il fallut avant tout refaire les équipages épuisés et réparer les avaries majeures des bâtiments. Anson débarqua les malades, les installa en plein air, dans un hôpital bien abrité ; puis, à la tête des plus vaillants matelots, il parcourut l'île dans toutes les directions afin d'en relever les rades et les côtes. Le meilleur mouillage serait, d'après Anson, la baie Cumberland. La partie sud-est de Juan-Fernandez, — petite île qui n'aurait pas plus de cinq lieues sur deux, — est sèche, pierreuse, sans arbres, le terrain est bas et fort uni comparativement à la partie septentrionale. Le cresson, le pourpier, l'oseille, les navets, les raves de Sicile, croissaient en abondance, ainsi que l'avoine et le trèfle. Anson fit semer des carottes, des laitues, planter des noyaux de prunes, d'abricots et de pêches. Il ne tarda pas à se rendre compte que le nombre des boucs et des chèvres, laissés par les boucaniers dans cette île et qui y avaient si merveilleusement multiplié, était bien diminué. Les Espagnols, pour enlever cette ressource précieuse à leurs ennemis, avaient débarqué quantité de chiens affamés qui firent la chasse aux chèvres et en dévorèrent un si grand nombre qu'il en restait à peine deux cents à cette époque.

Le chef d'escadre, — ainsi Anson est-il toujours appelé dans la relation du voyage, — fit reconnaître l'île de Mas-a-fuero, qui est éloignée de vingt-cinq lieues de Juan Fernandez. Plus petite, elle est aussi plus boisée, mieux arrosée, et elle possédait plus de chèvres.

Au commencement de décembre, les équipages avaient pu reprendre assez de forces pour qu'Anson songeât à exécuter ses projets de faire la course contre les Espagnols. Il s'empara d'abord de plusieurs vaisseaux, chargés de marchandises précieuses et de lingots d'or, puis brûla la ville de Païta. Les Espagnols estimèrent leur perte en cette circonstance à un million et demi de piastres.

Anson se rendit ensuite à la baie de Quibo, près de Panama, afin de guetter le galion qui, tous les ans, apporte les richesses des Philippines à Acapulco. Là, si les Anglais n'aperçurent aucun habitant, ils trouvèrent, auprès de quelques misérables huttes, de grands amas de coquilles et de belle nacre, que les pêcheurs de Panama y laissent pendant l'été. Parmi les provisions abondantes en cet endroit, il faut citer les tortues franches, qui pèsent ordinairement deux cents livres, et dont la pêche se faisait d'une façon singulière. Lorsqu'on en voyait une flotter endormie à la surface de la mer, un bon nageur plongeait à quelques toises, remontait, et, saisissant l'écaille vers la queue, s'efforçait d'enfoncer la tortue. En se réveillant, celle-ci se débattait, et ce mouvement suffisait à la soutenir ainsi que l'homme, jusqu'à ce qu'une embarcation vînt les recueillir tous deux.

Après une vaine croisière, Anson dut se déterminer à brûler trois vaisseaux espagnols qu'il avait pris et armés. Leur équipage et leur chargement une fois répartis sur le *Centurion* et le *Glocester*, les deux seuls bâtiments qui lui restassent, Anson, le 6 mai 1742, résolut de gagner la Chine, où il espérait trouver des renforts et des rafraîchissements. Mais cette traversée, qu'il comptait faire en soixante jours, il lui fallut quatre mois pour l'accomplir. A la suite d'une violente tempête, le *Glocester*, coulant bas et ne pouvant plus être manœuvré par un équipage réduit, dut être brûlé. Seuls l'argent et les vivres furent transbordés sur le *Centurion*, dernier débris de cette flotte magnifique partie depuis deux ans à peine des côtes d'Angleterre.

Jeté hors de sa route, très loin dans le nord, Anson découvrit, le 26 août, les îles d'Atanacan et de Serigan; le lendemain, celles de Saypan, Tinian et Agnigan, qui font partie de l'archipel des Mariannes. Un sergent espagnol, qu'il captura dans ces parages sur une petite embarcation, lui apprit que l'île de Tinian était inhabitée et qu'on y trouvait en abondance des bœufs, des volailles et des fruits excellents, tels qu'oranges, limons, citrons, cocos, arbres à pain, etc. Nulle relâche ne pouvait mieux convenir au *Centurion*, dont l'équipage ne comptait plus que 71 hommes épuisés par les privations et les maladies, seuls survivants des 2,000 matelots qui montaient la flotte à son départ.

« Le terrain y est sec et un peu sablonneux, dit la relation, ce qui rend le gazon des prés et des bois plus fin et plus uni qu'il n'est ordinairement dans les climats chauds; le pays s'élève insensiblement depuis l'aiguade des Anglais jusqu'au milieu de l'île; mais, avant que d'arriver à sa plus grande hauteur, on trouve plusieurs clairières en pente, couvertes d'un trèfle fin, qui est entremêlé de différentes sortes de fleurs, et bordées de beaux bois, dont les arbres portent d'excellents fruits... Les animaux, qui pendant la plus grande partie de l'année sont les seuls maîtres de ce beau séjour, font partie de ses charmes romanesques et ne contribuent pas peu à lui donner un air de merveilleux. On y voit quelquefois des milliers de bœufs paître ensemble dans une grande prairie, spectacle d'autant plus singulier que tous ces animaux sont d'un véritable blanc de lait, à l'exception des oreilles, qu'ils ont ordinairement noires. Quoique l'île soit déserte, les cris continuels et la vue d'un grand nombre d'animaux domestiques, qui courent en foule dans les bois, excitent des idées de fermes et de villages. »

Tableau vraiment trop enchanteur! L'auteur ne lui aurait-il pas prêté bien des charmes qui n'existaient que dans son imagination? Après une si longue croisière, après tant de tempêtes, il n'est pas étonnant que les grands bois verdoyants, l'exubérance de la végétation, l'abondance de la vie animale, aient fait une profonde impression sur l'esprit des compagnons de lord Anson. Au reste, nous saurons bientôt si ses successeurs à Tinian ont été aussi émerveillés que lui.

Cependant, Anson n'était pas sans inquiétude. Il avait fait réparer son bâtiment, il est vrai, mais beaucoup de malades demeuraient à terre pour s'y rétablir définitivement, et il ne restait plus à bord qu'un petit nombre de matelots. Le fond étant de corail, on dut prendre des précautions pour que les câbles ne fussent pas coupés. Malgré cela, au moment de la nouvelle lune, un vent impétueux s'éleva et fit chasser le navire. Les ancres tinrent bon, mais il n'en fut pas de même des aussières, et le *Centurion* fut emporté en pleine mer. Le tonnerre ne cessait de gronder, la pluie tombait avec une telle violence, que, de terre, on n'entendait même pas les signaux de détresse qui partaient du bâtiment. Anson, la plupart des officiers, une grande partie de l'équipage, au nombre de cent treize individus, étaient demeurés à terre, et ils se trouvaient privés de l'unique moyen qu'ils possédassent de quitter Tinian.

La désolation fut extrême, la consternation inexprimable. Mais Anson, homme énergique et fécond en ressources, eut bientôt arraché ses compagnons au désespoir. Une barque, celle qu'ils avaient prise aux Espagnols, leur restait, et ils eurent la pensée de l'allonger, afin qu'elle pût contenir tout le monde, avec les provisions nécessaires pour gagner la Chine. Mais dix-neuf jours plus tard, le *Centurion* était de retour, et les Anglais, s'y embarquant le 21 octobre, ne tardèrent pas à atteindre Macao. Depuis deux ans, depuis leur départ d'Angleterre, c'était la première fois qu'ils relâchaient dans un port ami et civilisé.

« Macao, dit Anson, autrefois très riche, très peuplée et capable de se défendre contre les gouverneurs chinois du voisinage, est extrêmement déchue de son ancienne splendeur. Quoiqu'elle continuât d'être habitée par des Portugais et commandée par un gouverneur que nomme le roi de Portugal, elle est à la discrétion des Chinois, qui peuvent l'affamer et s'en rendre maîtres; aussi le gouverneur portugais se garde-t-il soigneusement de les choquer. »

Il fallut qu'Anson écrivît une lettre hautaine au gouverneur chinois pour obtenir la permission d'acheter, même à très haut prix, les vivres et les rechanges dont il avait besoin. Puis il annonça publiquement qu'il partait pour Batavia et mit à la voile le 19 avril 1743. Mais, au lieu de gagner les possessions hollandaises, il fit voile pour les Philippines, où il attendit, pendant plusieurs jours, le galion qui revenait d'Acapulco, après y avoir richement vendu sa cargaison. D'habitude ces bâtiments portaient quarante-quatre canons et comptaient plus de cinq cents hommes d'équipage. Anson ne comptait que deux cents matelots, dont une trentaine n'étaient que des mousses; mais la disproportion des forces ne pouvait l'arrêter, car il avait pour lui l'appât d'un riche butin, et l'avidité de ses hommes lui répondait de leur courage.

« Pourquoi, dit un jour Anson à son maître d'hôtel, pourquoi ne me servez-vous plus de ces moutons que nous avons achetés en Chine? Sont-ils donc tous mangés? — Que monsieur le chef d'escadre m'excuse, répondit celui-ci, il en reste deux à bord, mais j'avais le dessein de les garder pour en traiter le capitaine du galion. »

Personne, pas même le maître d'hôtel, ne doutait donc du succès! D'ailleurs, Anson prit habilement ses dispositions et sut compenser le petit nombre de ses hommes par leur mobilité. Le combat fut vif; les nattes dont les bastingages du galion étaient remplies, prirent feu, et les flammes s'élevèrent jusqu'à la hauteur du mât de misaine. C'était trop, pour les Espagnols, de deux ennemis à combattre. Ils se rendirent après une lutte de deux heures qui leur coûta soixante-sept tués et quatre-vingt-quatre blessés.

La prise était riche : « 1,313,843 pièces de huit[1] et 35,682 onces d'argent en lingots, outre une partie de cochenille et quelques autres marchandises d'assez peu de valeur en comparaison de l'argent. Cette proie, jointe aux autres, faisait à peu près la somme de 400,000 livres sterling, sans y comprendre les vaisseaux, les marchandises, etc., que l'escadre anglaise avait brûlés ou détruits aux Espagnols et qui ne pouvaient aller à moins de 600,000 livres sterling. »

Anson regagna la rivière de Canton avec sa prise, qu'il y vendit, bien au-dessous de sa valeur, pour la somme de 6,000 piastres, partit le 10 décembre, et rentra à Spithead le 15 juin 1744, après une absence de trois ans et neuf mois. Son entrée à Londres fut triomphale. Trente-deux chariots y transportèrent, au son des tambours et des trompettes, aux acclamations de la multitude, les dix millions montant de ses nombreuses prises, que lui-même, ses officiers et ses matelots se partagèrent, sans que le roi lui-même eût le droit de figurer au partage.

Anson fut nommé contre-amiral, peu de temps après son retour en Angleterre, et reçut plusieurs commandements importants. En 1747, il s'empara, après une lutte héroïque, du marquis de La Jonquière-Taffanel. Nommé, à la suite de cet exploit, premier lord de l'Amirauté et amiral, il protégea, en 1758, la tentative de descente faite par les Anglais auprès de Saint-Malo, et mourut à Londres quelque temps après son retour.

1. Monnaie d'or espagnole, ainsi nommée parce qu'elle est le huitième du doublon; elle vaut 10 fr. 75 de notre monnaie.

CHAPITRE II

LES PRÉCURSEURS DU CAPITAINE COOK

I

Roggewein. — Le peu qu'on sait de lui. — Incertitude de ses découvertes. — L'île de Pâques. — Les îles Pernicieuses. — Les Bauman. — Nouvelle-Bretagne. — Arrivée à Batavia. — Byron. — Relâches à Rio-de-Janeiro et au Port-Désiré. — Entrée dans le détroit de Magellan. — Les îles Falkland et le port Egmont. — Les Fuégiens. — Mas-a-fuero. — Les îles du Désappointement. — Les îles du Danger. — Tinian. — Retour en Europe.

Dès l'année 1669, le père de Roggewein avait présenté à la Compagnie des Indes Occidentales de Hollande un mémoire dans lequel il demandait l'armement de trois vaisseaux pour faire des découvertes dans l'océan Pacifique. Son projet avait été favorablement accueilli, mais un refroidissement, survenu dans les relations entre l'Espagne et la Hollande, força le gouvernement batave à renoncer provisoirement à cette expédition. En mourant, Roggewein fit promettre à son fils Jacob de poursuivre l'exécution du plan qu'il avait conçu.

Des circonstances indépendantes de sa volonté empêchèrent longtemps celui-ci de tenir sa promesse. Ce n'est qu'après avoir navigué dans les mers de l'Inde, après avoir même été conseiller à la cour de justice de Batavia, que nous voyons Jacob Roggewein faire des démarches auprès de la Compagnie des Indes Occidentales. Quel âge pouvait avoir Roggewein en 1721 ? Quels étaient ses titres au commandement d'une expédition de découvertes ? on ne sait. La plupart des dictionnaires biographiques ne lui consacrent pas même deux lignes, et Fleurieu, qui, dans une belle et savante étude, a cherché à fixer les découvertes du navigateur hollandais, n'a rien pu découvrir à cet égard.

Bien plus : ce n'est pas lui, mais un Allemand appelé Behrens, qui a écrit la relation de son voyage. Aussi doit-on attribuer plutôt au narrateur qu'au navigateur les obscurités, les contradictions, le manque de précision qu'on y remarque. Il semble même souvent, ce qui paraît pourtant bien invraisemblable, que Roggewein ne soit pas au courant des voyages et des découvertes de ses prédécesseurs et de ses contemporains.

Le 21 août 1721, trois navires partirent du Texel, sous son commandement : l'*Aigle*, de 36 canons et 111 hommes d'équipage, le *Tienhoven*, de 28 canons et 100 hommes, capitaine Jacques Bauman, la galère l'*Africaine*, de 14 canons et 60 hommes d'équipage, capitaine Henri Rosenthall. Cette navigation dans l'Atlantique n'offre aucune particularité intéressante. Après avoir touché à Rio, Roggewein se mit à la recherche d'une île qu'il appelle Auke's Magdeland, et qui doit être la terre de la Vierge, la Virginie de Hawkins, l'archipel des Falkland ou des Malouines, à moins que ce soit la Georgie Australe. Bien que ces îles fussent alors très connues, il faut croire que les Hollandais n'avaient sur leur position que des notions bien incertaines, puisque, après avoir abandonné la recherche des Falkland, ils se mirent à celle des îles Saint-Louis des Français, sans penser que ce fût le même archipel.

Au reste, il est peu de terres qui aient porté plus de noms, îles de Pepys, îles Conti, sans compter ceux que nous négligeons. On voit qu'il ne serait pas difficile d'arriver à la douzaine.

Après avoir découvert ou plutôt aperçu, sous le parallèle du détroit de Magellan et à quatre-vingts lieues de la terre d'Amérique, une île de « deux cents lieues » de circuit qu'il appela Belgique Australe, Roggewein emboqua le détroit de Lemaire, où les courants l'entraînèrent dans le sud jusque par le 62e degré 1/2 de latitude; puis, il regagna la côte du Chili, jeta l'ancre devant l'île de la Mocha, qu'il trouva abandonnée, gagna ensuite l'île de Juan-Fernandez, où il rallia le *Tienhoven*, dont il était séparé depuis le 21 décembre.

Les trois vaisseaux quittèrent cette relâche avant la fin de mars et firent route à l'ouest-nord-ouest dans la direction où devait se trouver la terre découverte par Davis, entre 27 et 28° sud. Après une recherche de plusieurs jours, Roggewein arriva, le 6 avril 1722, en vue d'une île qu'il nomma île de Pâques.

Nous ne nous arrêterons pas sur les dimensions exagérées que le navigateur hollandais donne à cette terre, non plus que sur ses observations des mœurs et des usages des naturels. Nous aurons l'occasion d'y revenir avec les relations plus exactes et plus détaillées de Cook et de La Pérouse.

« Mais, ce qu'on ne trouvera pas dans ces relations, dit Fleurieu, c'est le trait d'érudition du sergent-major de Roggewein, qui, après avoir décrit la feuille du bananier, dont la longueur est de six ou huit pieds et la largeur de deux ou trois, nous apprend que c'est avec cette feuille que nos premiers parents, après leur chute, couvrirent leur nudité; » et il ajoute, pour plus grand éclaircissement, que « ceux qui le prétendent, se fondent sur ce que cette feuille

Combat du *Centurion* avec un galion espagnol. (*Fac-simile. Gravure ancienne.*) (Page 21.)

est la plus grande de toutes les plantes qui croissent dans les pays de l'Orient et de l'Occident. »

Cette remarque prouve la haute idée que Behrens se faisait des proportions de nos premiers parents.

Un indigène monta sans crainte à bord de l'*Aigle*. Il y réjouit tout le monde par sa bonne humeur, sa gaieté et ses démonstrations amicales. Le lendemain, Roggewein aperçut sur la plage, plantée de hautes statues, une foule nombreuse, qui paraissait attendre, avec impatience et curiosité, l'arrivée des étrangers. Sans que l'on sache pour quel motif, un coup de fusil fut tiré, un insulaire tomba mort, et la foule épouvantée se dispersa dans toutes les directions.

Le Conseil de guerre adopta ce dernier parti. (Page 27.)

Bientôt, cependant, elle revint plus pressée. Roggewein, à la tête de cent cinquante hommes, fit faire alors une décharge générale, qui coucha à terre un grand nombre de victimes. Épouvantés, les naturels s'empressèrent, pour apaiser ces terribles visiteurs, de déposer à leurs pieds tout ce qu'ils possédaient.

Fleurieu ne pense pas que l'île de Pâques soit la terre de Davis; mais, malgré les raisons dont il étaie son opinion, en dépit des différences qu'il relève dans la description et la situation de ces deux îles, on ne peut faire autrement que d'identifier la découverte de Davis avec celle de Roggewein, aucune autre île n'existant dans ces parages aujourd'hui bien connus.

Chassé de son mouillage sur la côte orientale de l'île de Pâques, par un violent coup de vent, Roggewein fit route à l'ouest-nord-ouest, traversa la mer Mauvaise de Schouten, et, après avoir fait huit cents lieues depuis l'île de Pâques, il aperçut une île qu'il crut être l'île des Chiens de Schouten, et à laquelle il donna le nom de Carlshoff, qu'elle a conservé.

L'escadre passa devant cette île sans la visiter, et fut poussée, la nuit suivante, par le vent et les courants, au milieu d'un groupe d'îles basses qu'on ne s'attendait pas à rencontrer. La galère l'*Africaine* se brisa contre un écueil, et les deux conserves faillirent éprouver le même sort. Ce ne fut qu'après cinq jours d'efforts, d'inquiétudes et de dangers qu'elles parvinrent à se dégager et à regagner la haute mer.

Les habitants de cet archipel étaient grands, leurs cheveux lisses et longs, leur corps peint de différentes couleurs. On est absolument d'accord aujourd'hui pour reconnaître dans la description que Roggewein nous a laissée du groupe des îles Pernicieuses, l'archipel auquel Cook a donné le nom d'îles Palliser.

Le lendemain matin du jour où il avait échappé aux dangers des îles Pernicieuses, Roggewein découvrit une île à laquelle il imposa le nom d'Aurore. Très-basse, elle s'élevait à peine au-dessus de l'eau, et si le soleil avait tardé de paraître, le *Tienhoven* s'y serait perdu.

La nuit allait venir, lorsqu'on aperçut une nouvelle terre, qui reçut le nom de Vesper, et qu'il est assez difficile de reconnaître, si elle n'appartient pas aux Palliser.

Roggewein continua de cingler à l'ouest entre le quinzième et le seizième parallèle, et ne tarda pas à se trouver « tout à coup » au milieu d'îles à demi noyées.

« A mesure que nous en approchâmes, dit Behrens, nous vîmes un grand nombre de canots naviguant le long des côtes, et nous ne doutâmes pas que le pays fût bien peuplé. En approchant de plus près encore, nous reconnûmes que c'est un amas de plusieurs îles situées tout près les unes des autres; enfin, nous y entrâmes insensiblement si avant que nous commençâmes à craindre de ne pouvoir nous en dégager, et l'amiral fit monter en haut du mât un des pilotes pour découvrir par où l'on en pouvait sortir. Nous dûmes notre salut au calme qui régnait alors; la moindre agitation eût fait échouer nos vaisseaux contre les rochers sans qu'il eût été possible d'y apporter le moindre secours. Nous sortîmes donc sans fâcheux accident. Ces îles sont au nombre de six, toutes fort riantes, et, prises ensemble, elles peuvent avoir une étendue de trente lieues. Elles sont situées à vingt-cinq lieues à l'ouest des îles Pernicieuses. Nous leur donnâmes le nom de *Labyrinthe*, parce que, pour en sortir, nous fûmes obligés de faire plusieurs détours. »

Certains auteurs ont identifié ce groupe avec les îles du Prince-de-Galles, de Byron. Telle n'est pas l'opinion de Fleurieu. Dumont d'Urville croit qu'il s'agit ici du groupe de Vliegen, déjà vu par Schouten et Lemaire.

Après trois jours de navigation toujours vers l'ouest, les Hollandais aperçurent une île de belle apparence. Des cocotiers, des palmiers, et une luxuriante verdure annonçaient sa fertilité. Comme on ne trouva pas de fond près du rivage, il fallut se contenter de la faire visiter par des détachements bien armés.

Les Hollandais versèrent, encore une fois bien inutilement, le sang d'une population inoffensive qui les attendait sur le rivage et n'avait d'autre tort que d'être trop nombreuse. A la suite de cette exécution, plus digne de barbares que d'hommes civilisés, on essaya de faire revenir les naturels par des présents aux chefs et des démonstrations d'amitié bien trompeuses. Ceux-ci ne s'y laissèrent pas prendre. Mais, ayant attiré les matelots dans l'intérieur, ils se ruèrent sur eux et les attaquèrent à coups de pierres. Bien qu'une décharge en eût jeté bon nombre par terre, ils continuèrent cependant, avec une grande bravoure, à assaillir les étrangers, et ils les forcèrent à se rembarquer en emportant leurs blessés et leurs morts.

Nécessairement, les Hollandais crièrent à la trahison, ne sachant de quelle épithète flétrir la félonie et la déloyauté de leurs adversaires! Mais, qui donc eut les premiers torts? Qui donc fut l'agresseur? Et, en admettant que quelques vols eussent été commis, ce qui est possible, fallait-il punir si sévèrement, et sur toute une population, le tort de quelques individus qui ne pouvaient pas avoir des idées bien nettes touchant la propriété?

Malgré les pertes qu'ils venaient d'éprouver, les Hollandais donnèrent à cette terre, en souvenir des rafraîchissements qu'ils y avaient rencontrés, le nom d'île de la Récréation. Roggewein la place sous le seizième parallèle; mais sa longitude est si mal indiquée, qu'il a été impossible de la reconnaître.

Roggewein devait-il poursuivre dans l'ouest la recherche de l'île Espiritu-Santo de Quiros? Devait-il, au contraire, remonter au nord pour gagner les Indes Orientales avec la mousson favorable? Le conseil de guerre, auquel il soumit cette alternative, adopta ce dernier parti.

Le troisième jour de cette navigation, furent découvertes, à la fois, trois îles, qui reçurent le nom de Bauman, du capitaine du *Tienhoven*, qui les avait aperçues le premier. Les insulaires vinrent trafiquer autour des navires, pendant que le rivage était couvert d'une foule nombreuse de naturels armés d'arcs et de lances. Ils étaient blancs et ne différaient des Européens qu'en ce que quelques-uns avaient la peau brûlée par les ardeurs du soleil. Leur corps n'était pas orné de peintures. Une bande d'étoffe, artistement tissée et garnie de franges, les enveloppait de la ceinture aux talons. Un chapeau de même étoffe les abritait, et des colliers de fleurs odorantes entouraient leur cou.

« Il faut avouer, dit Behrens, que c'est la nation la plus humanisée et la plus honnête que nous ayons vue dans les îles de la mer du Sud ; charmés de notre arrivée, ils nous reçurent comme des dieux, et, lorsque nous nous disposâmes à partir, ils témoignèrent les regrets les plus vifs. »

Selon toute vraisemblance, ce sont les habitants des îles des Navigateurs.

Après avoir reconnu des îles que Roggewein crut être celles des Cocos et des Traîtres, visitées déjà par Schouten et Lemaire, et que Fleurieu, les considérant comme une découverte hollandaise, appelle îles Roggewein ; après avoir aperçu les îles Tienhoven et Groningue, que Pingré croit être la Santa-Cruz de Mendana, l'expédition atteignit enfin les côtes de la Nouvelle-Irlande, où elle se signala par de nouveaux massacres. De là, elle gagna les rivages de la Nouvelle-Guinée, et, après avoir traversé les Moluques, jeta l'ancre à Batavia.

Là, ses compatriotes, moins humains que quelques-unes des peuplades que Roggewein avait visitées, confisquèrent les deux bâtiments, emprisonnèrent matelots et officiers, sans distinction de grade, et les envoyèrent en Europe pour qu'on leur fît leur procès. Crime impardonnable, ils avaient mis le pied sur des terres appartenant à la Compagnie des Indes Orientales, alors qu'eux-mêmes étaient sous les ordres de la Compagnie des Indes Occidentales ! Il s'ensuivit un procès, et la Compagnie d'Orient fut condamnée à restituer tout ce qu'elle avait saisi et à payer des dommages considérables.

Depuis son retour au Texel, le 11 juillet 1723, nous perdons complètement de vue Roggewein, et nous n'avons aucun détail sur les dernières années de son existence. Il faut savoir le plus grand gré à Fleurieu d'avoir débrouillé le chaos de cette longue navigation, et d'avoir jeté un peu de lumière sur une expédition qui mériterait d'être mieux connue.

Le 17 juin 1764, des instructions signées du lord de l'Amirauté étaient remises au commodore Byron. Elles commençaient ainsi :

« Comme rien n'est plus propre à contribuer à la gloire de cette nation en qualité de puissance maritime, à la dignité de la couronne de la Grande-Bretagne et aux progrès de son commerce et de sa navigation, que de faire des découvertes de régions nouvelles ; et comme il y a lieu de croire qu'on peut trouver dans la mer Atlantique, entre le cap de Bonne-Espérance et le détroit de Magellan, des terres et des îles fort considérables, inconnues jusqu'ici aux puissances de l'Europe, situées dans des latitudes commodes pour la navigation et dans des climats propres à la production de différentes denrées utiles au commerce ; enfin, comme les îles de Sa Majesté, appelées îles de Pepys ou îles de Falkland, situées dans l'espace qu'on vient de désigner, n'ont pas été examinées avec assez de soin pour qu'on puisse avoir une idée exacte de leurs côtes et de leurs productions, quoi qu'elles aient été découvertes et visitées par des navigateurs anglais ; Sa Majesté, ayant égard à ces considérations et n'imaginant aucune conjoncture aussi favorable à une entreprise de ce genre que l'état de paix profonde dont jouissent heureusement ses royaumes, a jugé à propos de la mettre à exécution.... »

Quel était donc le marin éprouvé sur qui le choix du gouvernement anglais s'était arrêté? C'était le commodore John Byron, né le 8 novembre 1723. Dès son enfance, il avait montré la passion la plus vive pour la carrière maritime et s'était embarqué à dix-sept ans sur un des bâtiments de l'escadre de l'amiral Anson, chargée d'aller détruire les établissements Espagnols sur les côtes du Pacifique.

Nous avons raconté plus haut les malheurs qui fondirent sur cette expédition, avant l'incroyable fortune qui devait marquer sa dernière partie.

Le bâtiment sur lequel Byron était embarqué, le *Wager*, fit naufrage en débouquant du détroit de Magellan, et l'équipage, fait prisonnier par les Espagnols, fut emmené au Chili. Après une captivité qui n'avait pas duré moins de trois ans, Byron parvint à s'échapper et fut recueilli par un bâtiment de Saint-Malo, qui le ramena en Europe. Il reprit aussitôt du service, se signala en plusieurs rencontres pendant la guerre contre la France, et ce fut, sans doute, le souvenir de son premier voyage autour du monde, si malheureusement interrompu, qui attira sur lui l'attention de l'Amirauté.

Les bâtiments qu'on lui confiait étaient armés avec soin. Le *Dauphin* était un navire de guerre de sixième rang qui portait 24 canons, 150 matelots, 3 lieutenants et 37 bas officiers. La *Tamar* était un sloop de 16 canons, sur lequel embarquèrent, sous le commandement du capitaine Mouat, 90 matelots, 3 lieutenants et 27 bas officiers.

Le début ne fut pas heureux. Le 21 juin, l'expédition quitta les Dunes ; mais, en descendant la Tamise, le *Dauphin* toucha, et il fallut entrer à Plymouth pour l'abattre en carène.

Le 3 juillet, l'ancre fut définitivement levée, et, dix jours plus tard, Byron s'arrêtait à Funchal, dans l'île de Madère, pour prendre quelques rafraîchissements. Il fut également obligé de relâcher aux îles du cap Vert pour faire de l'eau, celle qui était embarquée n'ayant pas tardé à se corrompre.

Rien ne vint contrarier la navigation des deux bâtiments anglais jusqu'à la vue du cap Frio. Seulement, Byron fit cette singulière remarque, plusieurs fois constatée depuis, que le doublage en cuivre de ses bâtiments semblait écarter le poisson, qu'il aurait dû rencontrer en abondance dans ces parages. Les chaleurs accablantes et les pluies continuelles avaient couché sur les cadres une bonne partie des équipages. Aussi le besoin d'une relâche et de vivres frais se faisait-il sentir.

On devait la trouver à Rio-Janeiro, où l'on arriva le 12 décembre. Byron y reçut un accueil empressé de la part du vice-roi, et il raconte ainsi sa première entrevue :

« Lorsque je vins lui faire visite, j'en fus reçu avec le plus grand appareil ; environ soixante officiers étaient rangés devant le palais. La garde était sous les armes. C'étaient de très beaux hommes, très bien tenus. Son Excellence, accompagnée de la noblesse, vint me recevoir sur l'escalier. Je fus salué par quinze coups de canon tirés du fort le plus voisin. Nous entrâmes ensuite dans la salle d'audience, où, après une conversation d'un quart d'heure, je pris congé et fus reconduit avec les mêmes cérémonies.... »

Nous dirons un peu plus tard combien la réception faite au capitaine Cook, quelques années après, ressemble peu à celle qui venait d'être faite à Byron.

Le commodore obtint sans peine la permission de débarquer ses malades et rencontra les plus grandes facilités pour se procurer des rafraîchissements. Il n'eut à se plaindre que des tentatives réitérées des Portugais pour amener la désertion de ses matelots. Les chaleurs insupportables que les équipages éprouvèrent à Rio, abrégèrent la durée de la relâche. Le 16 octobre, l'ancre fut enfin levée, mais il fallut attendre à l'entrée de la baie, pendant quatre ou cinq jours, qu'un vent de terre permît aux navires de gagner la haute mer.

Jusqu'alors, la destination des bâtiments avait été tenue secrète. Byron appela à son bord le commandant de la *Tamar*, et, en présence des matelots assemblés, il lut ses instructions, qui lui prescrivaient, non pas de se rendre aux Indes Orientales, comme il en avait été question jusqu'alors, mais d'entrer dans la mer du Sud pour y faire des découvertes qui pourraient être d'une grande importance pour l'Angleterre. Dans cette vue, les lords de l'Amirauté accordaient aux équipages une double paye, sans parler de l'avancement et des gratifications, si l'on était content d'eux. De cette courte harangue, la seconde partie fut la plus agréable aux matelots, qui l'accueillirent avec des acclamations joyeuses.

Jusqu'au 29 octobre, on fit voile au sud sans incidents. Alors, des grains subits et de violentes rafales se succédèrent et dégénérèrent en une épouvantable tempête, pendant laquelle le commodore fit jeter par-dessus bord quatre canons, pour éviter de sombrer sous voiles. Le lendemain, le temps devint un peu plus maniable; mais il faisait aussi froid qu'en Angleterre à cette époque de l'année, bien que novembre répondît au mois de mai de l'hémisphère boréal. Comme le vent faisait continuellement dériver le bâtiment dans l'est, Byron commença à craindre qu'il fût très difficile de ranger la côte de Patagonie.

Tout à coup, le 12 novembre, quoique aucune côte ne fût marquée en cet endroit sur les cartes, retentit à plusieurs reprises le cri : Terre ! terre à l'avant ! Les nuages obscurcissaient à ce moment presque tout le tour de l'horizon, et le tonnerre succédait aux éclairs presque sans relâche.

« Je crus remarquer, dit Byron, que ce qui avait tout d'abord paru être une île, présentait deux montagnes escarpées ; mais, en regardant du côté du vent, il me sembla que la terre qui se joignait à ces montagnes s'étendait au loin dans le sud-est ; en conséquence, nous gouvernâmes S.-O. Je fis monter des officiers au haut des mâts pour observer au vent et vérifier cette découverte ; tous assurèrent qu'ils voyaient une grande étendue de terre..... Puis, nous portâmes à l'E.-S.-E. La terre semblait se montrer toujours sous la même apparence. Les montagnes paraissaient bleues, comme cela est assez ordinaire par un temps obscur et pluvieux, lorsqu'on n'en est pas éloigné.... Bientôt, quelques-uns crurent entendre et voir la mer briser sur un rivage de sable ; mais, ayant gouverné encore environ une heure avec toute la circonspection possible, ce que nous avions pris pour la terre s'évanouit tout d'un coup, et nous fûmes convaincus, à notre grand étonnement, que ce n'avait été qu'une terre de brume.... J'ai été presque continuellement en mer, continue Byron, depuis vingt-sept ans ; mais je n'ai point d'idée d'une illusion si générale et si soutenue..... Il n'est pas douteux que, si le temps ne se fût pas éclairci assez promptement pour faire disparaître, à nos yeux, ce que nous avions pris pour la terre, tout ce qu'il y avait à bord aurait fait serment qu'il avait découvert la terre à cette hauteur. Nous nous trouvions alors par les 43° 46′ de lat. S. et 60° 5″ de long. O. »

Le lendemain, survint un coup de vent épouvantable, annoncé par les cris perçants de plusieurs centaines d'oiseaux qui fuyaient. Il ne dura pas

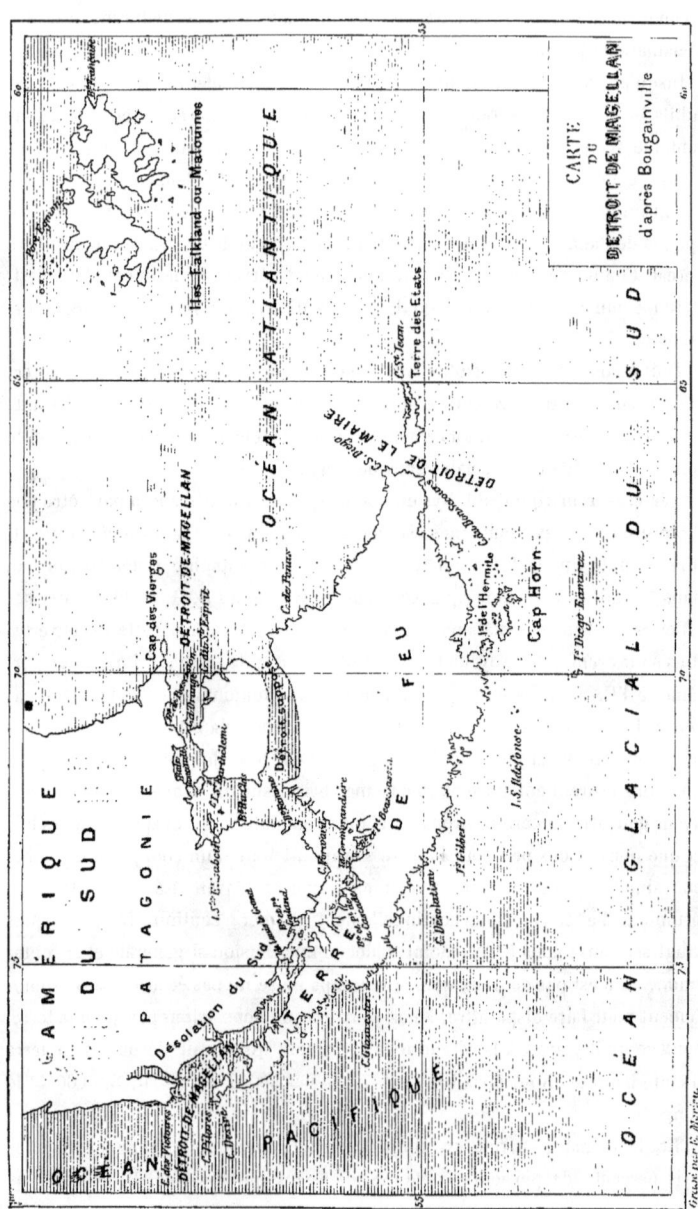

Une troupe d'hommes à cheval arboraient un pavillon blanc. (Page 34.)

plus de vingt minutes. Cependant ce fut assez pour coucher le navire sur le flanc avant qu'ont eût pu larguer la grande amure, qui fut coupée. En même temps, l'écoute de la grand'voile renversait le premier lieutenant, l'envoyait rouler au loin, et la misaine, qui n'était pas entièrement amenée, était mise en pièces.

Les jours qui suivirent ne furent pas beaucoup plus favorisés. En outre, le navire était si peu calé que sa dérive devenait très considérable, dès qu'il ventait bon frais.

A la suite d'une navigation aussi tourmentée, le 24 novembre, Byron atteignit, — avec quel bonheur, on le comprend ! — l'île des Pingouins et le port

Désiré. Mais les agréments de cette station ne devaient pas justifier l'impatience qu'avait eue l'équipage d'y parvenir.

Descendus à terre, les marins anglais ne découvrirent, en s'avançant dans l'intérieur, qu'une campagne déserte, des collines aréneuses, pas un seul arbre. En fait de gibier, quelques guanacos furent aperçus de trop loin pour être tirés, mais on put prendre un certain nombre de gros lièvres, qu'on n'eut pas de peine à forcer. Seule, la chasse des veaux marins et des oiseaux aquatiques fournit assez pour « régaler toute une flotte ».

D'une mauvaise tenue, mal abrité, le port Désiré offrait encore ce grave inconvénient, qu'on ne pouvait s'y procurer qu'une eau saumâtre. Quant aux habitants, on n'en vit pas trace. Une longue station en cet endroit étant inutile et dangereuse. Byron se mit, le 25, à la recherche de l'île Pepys.

La position de cette terre était des plus incertaines. Halley la plaçait à 80° à l'est du continent. Cowley, le seul qui assurât l'avoir vue, prétendait qu'elle gisait par 47° de latitude S., mais sans fixer sa longitude. Il y avait là un problème intéressant à résoudre.

Après avoir croisé au N., au S. et à l'E., Byron, persuadé que cette île n'existait pas, fit route pour gagner les Sébaldines et le premier port où il pourrait trouver l'eau et le bois dont il avait le plus pressant besoin. Une tempête l'assaillit, pendant laquelle les vagues furent si terribles, que Byron n'avait rien vu de pareil, même lorsqu'il avait doublé le cap Horn avec l'amiral Anson. La tourmente passée, il reconnut le cap des Vierges, qui forme l'entrée septentrionale du détroit de Magellan.

Dès que le bâtiment fut assez près du rivage, les matelots purent distinguer une troupe d'hommes à cheval qui arboraient un pavillon blanc et faisaient signe de descendre à terre. Curieux de voir ces Patagons sur lesquels les voyageurs précédents étaient si peu d'accord, Byron gagna la côte avec un fort détachement de soldats armés.

Il trouva là près de cinq cents hommes, presque tous à cheval, d'une taille gigantesque, et qui semblaient être des monstres à figure humaine. Leur corps était peint de la manière la plus hideuse, leur visage était sillonné de lignes de diverses couleurs, leurs yeux entourés de cercles bleus, noirs ou rouges, de sorte qu'ils semblaient porter d'immenses lunettes. Presque tous étaient sans vêtements, à l'exception d'une peau jetée sur leurs épaules, le poil en dedans, et plusieurs portaient des bottines. Singulier costume, primitif et peu coûteux!

Avec eux, on voyait des chiens en grande quantité, des chevaux fort petits, d'une très vilaine apparence, mais qui n'en étaient pas moins extrêmement rapides. Les femmes montaient à cheval comme les hommes, sans étriers, et tous galopaient sur le rivage de la mer, bien qu'il fût semé de très grosses pierres excessivement glissantes.

Cette entrevue fut amicale. Byron distribua à cette race de géants une foule de babioles, des rubans, de la verroterie et du tabac.

Aussitôt qu'il eut rallié le *Dauphin*, Byron entra avec le flot dans le détroit de Magellan. Il n'avait pas l'intention de le traverser, mais voulait seulement y chercher un havre sûr et commode où il pût faire de l'eau et du bois, avant de se remettre à la recherche des îles Falkland.

Au sortir du second goulet, Byron releva les îles Sainte-Élisabeth, Saint-Barthélemy, Saint-Georges, la pointe Sandy. Près de cette dernière, il rencontra un pays délicieux, des sources, des bois, des prairies émaillées de fleurs qui répandaient dans l'air un parfum exquis. Le paysage était animé par des centaines d'oiseaux, dont une espèce reçut le nom « d'oie peinte », que lui valut son plumage nuancé des plus brillantes couleurs. Mais nulle part on ne rencontra un endroit où le canot pût accoster sans courir les plus grands dangers. Partout l'eau était très basse et la mer brisait avec force. Des poissons, et notamment de magnifiques mulets, des oies, des bécasses, des sarcelles et beaucoup d'autres oiseaux d'un excellent goût furent pêchés ou tués par les équipages.

Byron fut donc forcé de continuer sa route jusqu'au port Famine, où il arriva le 27 décembre.

« Nous étions, dit-il, à l'abri de tous les vents, à l'exception de celui du S.-E. qui souffle rarement, et si un vaisseau venait à chasser en côte dans l'intérieur de la baie, il n'y recevrait aucun dommage, parce qu'il y règne un fond doux. Il flotte le long des côtes une quantité de bois assez considérable pour en charger aisément mille vaisseaux, de sorte que nous n'étions point dans le cas d'en aller couper dans la forêt. »

Au fond de cette baie débouche une rivière, la Sedger, dont l'eau est excellente. Ses bords sont plantés de grands et superbes arbres, propres à faire d'excellents mâts. Sur leurs branches perchaient une multitude de perroquets et autres oiseaux au plumage étincelant. Dans ce port Famine, l'abondance ne cessa de régner pendant tout le séjour de Byron.

Le 5 janvier 1765, aussitôt que ses équipages furent complètement remis de leurs fatigues, et les navires approvisionnés, le commodore reprit la recherche des îles Falkland. Sept jours plus tard, il découvrait une terre dans laquelle il crut reconnaître les îles de Sebald de Weert ; mais, en s'en approchant, il s'aperçut que ce qu'il avait pris pour trois îles n'en formait qu'une seule, qui s'étendait au loin dans le sud. Il ne douta pas qu'il ne fût en présence de l'archipel marqué sur les cartes de cette époque sous le nom de New-Islands, par 51° de latitude S. et 63° 32' de longitude O.

Tout d'abord, Byron tint le large, car il importait de ne pas être jeté par des courants sur une côte qu'il ne connaissait pas. Puis, après ce relevé sommaire, une embarcation fut détachée, afin de suivre la côte de plus près et d'y chercher un havre sûr et commode, qu'elle ne tarda pas à rencontrer. Il reçut le nom de port Egmont, en l'honneur du comte d'Egmont, alors premier lord de l'Amirauté.

« Je ne pense pas, dit Byron, qu'on puisse trouver un plus beau port ; le fond est excellent, l'aiguade est facile, tous les vaisseaux de l'Angleterre pourraient y être mouillés à l'abri de tous les vents. Les oies, les canards, les sarcelles s'y trouvaient en telle abondance, que les matelots étaient las d'en manger. Le défaut de bois est ici général, à l'exception de quelques troncs d'arbres qui flottent le long des côtes et qui y sont portés vraisemblablement du détroit de Magellan. »

L'oseille sauvage, le céleri, ces excellents anti-scorbutiques, se rencontraient de tous côtés. Le nombre des loups et des lions marins, ainsi que celui des pingouins, était si considérable, qu'on ne pouvait marcher sur la grève sans les voir fuir en troupes nombreuses. Des animaux semblables au loup, mais qui avaient plutôt la figure du renard, sauf la taille et la queue, attaquèrent plusieurs fois les matelots, qui eurent toutes les peines du monde à se défendre. Il ne serait pas facile de dire comment ils sont venus en cette contrée, éloignée du continent d'au moins cent lieues, ni dans quel endroit ils trouvent un refuge, car ces îles ne produisent, en fait de végétaux, que des joncs, des glaïeuls et pas un seul arbre.

Le récit de cette partie du voyage de Byron ne forme, dans la biographie Didot, qu'un tissu inextricable d'erreurs. « La flottille, dit M. Alfred de Lacaze, s'engagea, le 17 février, dans le détroit de Magellan, mais fut forcée de relâcher près du port Famine dans une baie qui prit le nom de port Egmont... » Confusion singulière, qui démontre la légèreté avec laquelle sont parfois rédigés les articles de cet important recueil.

Byron prit possession du port Egmont et des îles adjacentes, appelées Falkland, au nom du roi d'Angleterre. Cowley leur avait donné le nom d'îles Pepys, mais, suivant toute probabilité, le premier qui les ait découvertes est le capitaine

Davis, en 1592. Deux ans plus tard, sir Richard Hawkins vit une terre qu'on suppose être la même et à laquelle il donna le nom de Virginie, en l'honneur de sa souveraine, la reine Élisabeth. Enfin, des bâtiments de Saint-Malo visitèrent cet archipel. C'est sans doute ce qui lui a fait donner par Frézier le nom d'îles Malouines.

Après avoir nommé un certain nombre de rochers, d'îlots et de caps, le 27 janvier Biron quitta le port Egmont et fit voile pour le port Désiré, qu'il atteignit neuf jours plus tard. Il y trouva la *Floride*, vaisseau-transport, qui lui apportait d'Angleterre les vivres et les rechanges nécessaires à sa longue navigation. Mais ce mouillage était trop périlleux, la *Floride* et la *Tamar* étaient en trop mauvais état pour qu'il fût possible de procéder à une opération aussi longue qu'un transbordement. Byron envoya donc sur la *Floride* un de ses bas officiers, qui avait une parfaite connaissance du détroit de Magellan, et mit à la voile avec ses deux conserves pour le port Famine.

A plusieurs reprises, il rencontra, dans le détroit, un bâtiment français qui semblait faire la même route que lui. A son retour en Angleterre, il apprit que c'était l'*Aigle*, commandé par M. de Bougainville, qui venait sur la côte de Patagonie faire des coupes de bois nécessaires à la nouvelle colonie française des îles Falkland.

Pendant ses différentes escales dans le détroit, l'expédition anglaise reçut la visite de plusieurs hordes de Fuégiens.

« Je n'avais pas encore vu, dit Byron, de créatures si misérables. Ils étaient nus, à l'exception d'une peau très puante de loup de mer, jetée sur leurs épaules; ils étaient armés d'arcs et de flèches, qu'ils me présentèrent pour quelques grains de collier et d'autres bagatelles. Les flèches, longues de deux pieds, étaient faites de roseau et armées d'une pierre verdâtre; les arcs, dont la corde était de boyau, avaient trois pieds de longueur.

« Quelques fruits, des moules, des débris de poisson pourri, jetés par la tempête sur le rivage, constituaient toute leur nourriture. Il n'y eut guère que les cochons qui voulurent goûter de leurs mets; c'était un gros morceau de baleine déjà en putréfaction et dont l'odeur infectait l'air au loin. L'un d'eux découpait, avec les dents, cette charogne et en présentait les morceaux à ses compagnons, qui les mangeaient avec la voracité de bêtes féroces.

« Plusieurs de ces misérables sauvages se déterminèrent à monter à bord. Voulant leur faire fête, un de mes bas officiers joua du violon, et quelques matelots dansèrent. Ils furent enchantés de ce petit spectacle. Impatients d'en marquer leur reconnaissance, l'un d'eux se hâta de descendre dans sa pirogue; il en rapporta un petit sac de peau de loup de mer où était une graisse rouge dont il frotta le visage du joueur de violon. Il aurait bien souhaité me faire le même honneur, auquel je me refusai ; mais il fit tous ses efforts pour vaincre ma modestie, et j'eus toutes les peines du monde à me défendre de recevoir la marque d'estime qu'il voulait me donner. »

Il n'est pas inutile de rapporter ici l'opinion de Byron marin expérimenté, sur les avantages et les inconvénients qu'offre la traversée du détroit de Magellan. Il n'est pas d'accord avec la plupart des autres navigateurs qui ont visité ces parages.

« Les dangers et les difficultés que nous avons essuyés, dit-il, pourraient faire croire qu'il n'est pas prudent de tenter ce passage et que les vaisseaux qui partent d'Europe, pour se rendre dans la mer du Sud, devraient tous doubler le cap Horn. Je ne suis point du tout de cette opinion, quoique j'aie doublé deux fois le cap Horn. Il est une saison de l'année où, non pas un seul vaisseau, mais toute une flotte peut en trois semaines traverser le détroit, et, pour profiter de la saison la plus favorable, il convient d'y entrer dans le mois de décembre. Un avantage inestimable, qui doit toujours décider les navigateurs, est qu'on y trouve en abondance du céleri, du cochlearia, des fruits, et plusieurs autres végétaux anti-scorbutiques.... Les obstacles que nous eûmes à vaincre et qui nous retinrent dans le détroit, du 17 février au 8 avril, ne peuvent être imputés qu'à la saison de l'équinoxe, saison ordinairement orageuse, et qui, plus d'une fois, mit notre patience à l'épreuve. »

Jusqu'au 26 avril, jour où il eut connaissance de Mas-a-fuero, l'une des îles du groupe de Juan-Fernandez, Byron avait fait route au N.-O. Il s'empressa d'y débarquer quelques matelots, qui, après avoir fait provision d'eau et de bois, chassèrent des chèvres sauvages, auxquelles ils trouvèrent un goût aussi délicat qu'à la meilleure venaison d'Angleterre.

Durant cette relâche, il se produisit un fait assez singulier. Un violent ressac brisait sur la côte et empêchait les embarcations d'approcher la grève. Bien qu'il fût muni d'une ceinture de sauvetage, l'un des matelots débarqués, qui ne savait pas nager, ne voulut jamais se jeter à la mer pour regagner la chaloupe. Menacé d'être abandonné sur cette île déserte, il se refusait énergiquement à se risquer, lorsqu'un de ses camarades vint lui passer adroitement, autour du corps, une corde à laquelle il avait fait un nœud coulant et dont l'autre bout était resté dans la chaloupe. Lorsqu'il y arriva, le malheureux avait avalé, dit la relation d'Hawkesworth, une si grande quantité d'eau, qu'en le retirant il paraissait être sans vie. On le suspendit par les pieds ; il reprit bientôt ses sens, et, le jour suivant, il était parfaitement rétabli. Malgré cette cure, véritablement merveilleuse, nous ne prendrons pas sur nous de la recommander aux Sociétés de sauvetage.

En quittant Mas-a-fuero, Byron changea de route, afin de chercher la terre de Davis, — aujourd'hui l'île de Pâques, — que les géographes plaçaient par 27° 30′ et à cent lieues environ à l'ouest de la côte américaine. Huit jours furent consacrés à cette recherche.

Byron, n'ayant rien découvert après cette croisière qu'il ne pouvait prolonger plus longtemps, parce qu'il avait l'intention de visiter l'archipel Salomon, fit route au nord-ouest. Le 22 mai, le scorbut apparut sur les vaisseaux et ne tarda pas à faire des progrès alarmants. Par bonheur, le 7 juin, par 14° 58′ de longitude ouest, la terre fut aperçue du haut des mâts.

Le lendemain, on se trouvait en présence de deux îles qui semblaient offrir une riante perspective. C'étaient de grands arbres touffus, des arbrisseaux et des bosquets, au milieu desquels circulaient quelques naturels, qui ne tardèrent pas à se réunir sur la plage et à allumer des feux.

Byron détacha aussitôt une embarcation pour chercher un mouillage. Elle revint sans avoir trouvé de fond à une encâblure du littoral. Les pauvres scorbutiques, qui s'étaient traînés sur les gaillards, regardaient avec une douloureuse envie cette île fertile, où se trouvait le remède à leurs maux, mais dont la nature leur défendait l'entrée.

« Ils voyaient, dit la relation, des cocotiers en abondance, chargés de fruits dont le lait est peut-être le plus puissant antiscorbutique qu'il y ait au monde; ils supposaient avec raison qu'il devait y avoir des limons, des bananes et d'autres fruits des tropiques, et, pour comble de désagrément, ils voyaient des écailles de tortues éparses sur le rivage. Tous ces rafraîchissements, qui les auraient rendus à la vie, n'étaient pas plus à leur portée que s'ils en eussent été séparés par la moitié du globe; mais, en les voyant, ils sentaient plus violemment le malheur d'en être privés. »

Byron ne voulut pas prolonger plus longtemps le supplice de Tantale auquel étaient soumis ses malheureux matelots; après avoir donné à ce groupe le nom d'îles du Désappointement, il remit à la voile le 8 juin. Le lendemain même, il eut connaissance d'une nouvelle terre, longue, basse, couverte de cocotiers. Au milieu s'étendait un lagon avec un petit îlot. Ce seul aspect indiquait la formation madréporique de cette terre, simple « attoll » qui n'était pas encore, mais qui allait devenir une île. Aussi l'embarcation, envoyée pour sonder, trouva-t-elle partout une côte accore, aussi escarpée qu'un mur.

Pendant ce temps, les indigènes se livraient à des démonstrations hostiles.

L'un d'eux découpait avec les dents... (Page 37.)

Deux d'entre eux pénétrèrent même dans l'embarcation. L'un vola la veste d'un matelot, l'autre mit la main à la corne du chapeau du quartier-maître; mais, ne sachant comment s'en emparer, il le tira à lui au lieu de le lever, ce qui permit au quartier-maître de s'opposer à cette tentative. Deux grandes pirogues, montées chacune par une trentaine de rameurs, firent mine alors d'attaquer les chaloupes, mais celles-ci leur donnèrent aussitôt la chasse. Au moment où elles vinrent s'échouer au rivage, une lutte s'engagea, et les Anglais, sur le point d'être accablés par le nombre, durent faire usage de leurs armes. Trois ou quatre insulaires restèrent sur le carreau.

Le lendemain, quelques matelots et les scorbutiques qui avaient pu quitter

Seul, un miroir eut le don d'exciter leur étonnement. (Page 47.)

leur hamac descendirent à terre. Les naturels, effrayés par la leçon qu'ils avaient reçue la veille, se tinrent cachés, tandis que les Anglais cueillaient des noix de coco et récoltaient des plantes antiscorbutiques. Ces rafraîchissements leur furent d'un si grand secours, que, peu de jours après, il n'y avait plus un seul malade à bord. Des perroquets, des colombes d'une rare beauté et très familières, d'autres oiseaux inconnus composaient toute la faune de cette île, qui reçut le nom du Roi-Georges. Celle qui fut découverte ensuite fut appelée île du Prince-de-Galles. Toutes ces terres faisaient partie de l'archipel des Pomotou, également appelées îles Basses, nom qui leur convient parfaitement.

Le 21, nouvelle chaîne d'îles avec ceinture de brisants. Aussi, Byron renonçat-il à en prendre plus ample connaissance, car il aurait fallu courir plus de risques que l'atterrissement ne promettait d'avantages. Byron les nomma îles du Danger.

Six jours plus tard, l'île du Duc d'York fut découverte. Les Anglais n'y rencontrèrent pas d'habitants, mais en tirèrent deux cents noix de coco, qui leur parurent d'un prix inestimable.

Un peu plus loin, par 1° 18′ de latitude sud et 173° 46′ de longitude ouest, une île isolée, située à l'est de l'archipel Gilbert, reçut le nom de Byron. La chaleur était alors accablante, et les matelots, affaiblis par ce long voyage, ne mangeant qu'une nourriture insuffisante et malsaine, ne buvant qu'une eau putride, furent presque tous attaqués de la dysenterie.

Enfin, le 28 juillet, Byron reconnut avec joie les îles Saypan et Tinian, qui font partie de l'archipel des Mariannes ou des Larrons, et il vint mouiller dans l'endroit même où le lord Anson avait jeté l'ancre avec le *Centurion*.

Aussitôt furent dressées les tentes pour les scorbutiques. Presque tous les matelots avaient ressenti les atteintes de cette terrible maladie, plusieurs même étaient à toute extrémité. Le commandant entreprit alors de pénétrer dans les bois épais qui descendaient jusqu'à l'extrême limite du rivage, pour y chercher ces paysages délicieux dont on lit les descriptions enchanteresses dans le récit du chapelain de lord Anson. Qu'ils étaient loin de la réalité, ces récits enthousiastes! De tous côtés, c'étaient des forêts impénétrables, des fouillis de plantes, de ronces ou d'arbustes enchevêtrés, qu'on ne pouvait traverser sans laisser, à chaque pas, des lambeaux de ses vêtements. En même temps, des nuées de moustiques s'abattaient sur les explorateurs et les piquaient cruellement. Le gibier était rare, farouche, l'eau détestable, la rade on ne peut plus dangereuse en cette saison.

La relâche s'annonçait donc sous de mauvais auspices. Cependant, on finit par découvrir des limons, des oranges amères, des cocos, le fruit à pain, des goyaves et quelques autres fruits. Si ces productions offraient des ressources excellentes pour les scorbutiques, qu'elles eurent bientôt remis sur pied, l'air, chargé d'émanations marécageuses, détermina des accès de fièvre si violents, que deux matelots en moururent. De plus, la pluie ne cessait de tomber, et la chaleur était accablante. « J'avais été, dit Byron, sur les côtes de Guinée, aux Indes Occidentales et dans l'île Saint-Thomas, qui est sous la ligne, et jamais je n'avais éprouvé une si vive chaleur. »

Toutefois, on parvenait à se procurer assez facilement de la volaille et des cochons sauvages, pesant ordinairement deux cents livres; mais il fallait consommer ces viandes sur place, sinon elles étaient pourries au bout d'une heure. Enfin, le poisson qu'on prenait sur cette côte était si malsain, que tous ceux qui en mangèrent, même sobrement, furent très dangereusement malades et coururent risque de la vie.

Le 1ᵉʳ octobre, les deux bâtiments, amplement pourvus de rafraîchissements et de provisions, quittèrent la rade de Tinian, après un séjour de neuf semaines. Byron reconnut l'île d'Anatacan, déjà vue par Anson, et continua à faire route au nord, dans l'espoir de rencontrer la mousson du N.-E. avant d'arriver aux Bashees, archipel qui forme l'extrémité nord des Philippines. Le 22, il aperçut l'île Grafton, la plus septentrionale de ce groupe, et, le 3 novembre, il atteignit l'île de Timoan, que Dampier avait signalée comme un lieu où l'on pouvait se procurer facilement des rafraîchissements. Mais les habitants, qui sont de race malaise, repoussèrent avec mépris les haches, les couteaux et les instruments de fer qu'on leur offrait en échange de quelques volailles. Ils voulaient des roupies. Ils finirent cependant par se contenter de quelques mouchoirs pour prix d'une douzaine de volailles, d'une chèvre et de son chevreau. Par bonheur, la pêche fut abondante, car il fut à peu près impossible de se procurer des vivres frais.

Byron remit donc à la voile le 7 novembre, passa au large de Poulo-Condor, relâcha à Poulo-Taya, où il rencontra un sloop portant pavillon hollandais, mais sur lequel ne se trouvaient que des Malais. Puis, il atteignit Sumatra, dont il rangea la côte, et laissa tomber l'ancre, le 28 novembre, à Batavia, siège principal de la puissance hollandaise aux Indes Orientales.

Sur la rade, il y avait alors plus de cent vaisseaux, grands ou petits, tant florissait, à cette époque, le commerce de la Compagnie des Indes. La ville était dans toute sa prospérité. Ses rues larges et bien percées, ses canaux admirablement entretenus et bordés de grands arbres, ses maisons régulières, lui donnaient un aspect qui rappelait singulièrement les villes des Pays-Bas. Portugais, Chinois, Anglais, Hollandais, Persans, Maures et Malais s'y croisaient sur les promenades et dans les quartiers d'affaires. Les fêtes, les réceptions, les plaisirs de tout genre donnaient à l'étranger une haute idée de la prospérité de cette ville, et contribuaient à en rendre le séjour agréable. Le seul inconvénient, — et il était considérable pour des équipages qui venaient de faire une si longue campagne, — était l'insalubrité du lieu, où les fièvres sont endémiques. Byron, qui le savait, se hâta d'embarquer ses approvisionnements et remit à la voile, après douze jours de relâche.

Si court qu'eût été ce séjour, il avait encore été trop long. Les bâtiments venaient à peine de franchir le détroit de la Sonde, qu'une terrible fièvre putride coucha sur les cadres la moitié de l'équipage et détermina la mort de trois matelots.

Le 10 février, après quarante-huit jours de navigation, Byron aperçut la côte d'Afrique, et jeta l'ancre trois jours plus tard dans la baie de la Table.

La ville du Cap lui fournit toutes les ressources dont on pouvait avoir besoin. Vivres, eau, médicaments, tout fut embarqué avec une rapidité qu'expliquait l'impatience du retour, et la proue des navires fut enfin dirigée vers les rives de la patrie.

Deux incidents marquèrent la traversée de l'Atlantique :

« A la hauteur de Sainte-Hélène, dit Byron, par un beau temps et un vent frais, à une distance considérable de la terre, le vaisseau reçut une secousse aussi rude que s'il eût donné sur un banc. La violence de ce mouvement nous alarma tous, et nous courûmes sur le pont. Nous vîmes la mer se teindre de sang sur une très grande étendue, ce qui dissipa nos craintes. Nous en conclûmes que nous avions touché sur une baleine ou sur un grampus, et que, vraisemblablement, notre vaisseau n'en avait reçu aucun dommage, ce qui était vrai. »

Enfin, quelques jours plus tard, la *Tamar* se trouvait dans un tel état de délabrement, des avaries si graves étaient survenues à son gouvernail, qu'on fut obligé d'inventer une machine pour le remplacer et l'aider à gagner les Antilles, car c'eût été trop risquer que de lui faire continuer le voyage.

Le 9 mai 1766, le *Dauphin* jetait l'ancre aux Dunes, après un voyage autour du monde qui avait duré près de vingt-trois mois.

De toutes les circumnavigations qu'avaient tentées les Anglais, celle-ci était la plus heureuse. Jusqu'à cette époque, aucun voyage purement scientifique n'avait été essayé. Si les résultats n'en furent pas aussi féconds qu'on pouvait l'espérer, il faut s'en prendre, non au commandant qui fit preuve d'habileté, mais bien plutôt aux lords de l'Amirauté, dont les instructions ne furent pas assez précises et qui n'eurent pas le soin d'embarquer, comme on le fit plus tard, des savants spéciaux pour les diverses branches de la science.

Au reste, pleine justice fut rendue à Byron. On lui conféra le titre d'amiral, et on lui donna un commandement important dans les Indes Orientales. Mais cette dernière partie de sa vie, qui finit en 1686, n'est pas de notre ressort. Nous n'en parlerons donc pas.

II

Wallis et Carteret. — Préparatifs de l'expédition. — Pénible navigation dans le détroit de Magellan. Séparation du *Dauphin* et du *Swallow*. — L'île Whitsunday. — L'île de la Reine-Charlotte. — Iles Cumberland, Henri, etc. — Tahiti. — Les îles Howe, Boskaven et Keppel. — L'île Wallis. -- Batavia. — Le Cap. — Les Dunes. — Découverte des îles Pitcairn, Osnabrugh, Glocester, par Carteret. — L'archipel Santa-Cruz. — Les îles Salomon. — Le canal Saint-Georges et la Nouvelle-Irlande. — Les îles Portland et de l'Amirauté. — Macassar et Batavia. — Rencontre de Bougainville dans l'Atlantique.

L'élan était enfin donné, et l'Angleterre entrait dans la voie de ces grandes expéditions scientifiques qui devaient être si fécondes et porter si haut la réputation de sa marine. Quelle admirable école, que ces voyages de circumnavigation, où les équipages, officiers et matelots, sont à toute heure en présence de l'imprévu, où les qualités du marin, du militaire, de l'homme même trouvent à s'exercer! Si, pendant les guerres de la Révolution et de l'Empire, la marine anglaise nous écrasa presque toujours de sa supériorité, ne faut-il pas l'attribuer autant à ce que ses matelots s'étaient formés à cette rude besogne qu'aux déchirements de notre patrie, qui nous avaient privés des services de presque tout l'état-major maritime?

Quoi qu'il en soit, l'Amirauté anglaise organisa, aussitôt le retour de Byron, une nouvelle expédition. Il semble même qu'elle ait mis beaucoup trop de hâte dans ses préparatifs. Le *Dauphin* était rentré aux Dunes au commencement de mai, et six semaines après, le 19 juin, le capitaine Samuel Wallis en recevait le commandement.

Cet officier, après avoir conquis tous ses grades dans la marine militaire, avait exercé un important commandement au Canada et contribué à la prise de Louisbourg. Quelles furent les qualités qui le recommandèrent, plus que tel autre de ses compagnons d'armes, au choix de l'Amirauté pour une expédition de ce genre? nous ne le savons; mais les nobles lords n'eurent pas lieu de se repentir du choix qu'ils avaient fait.

Wallis procéda sans retard aux réparations dont le *Dauphin* avait besoin, et, le 21 août, c'est-à-dire moins d'un mois après avoir reçu sa commission, il rejoignit, sur la rade de Plymouth, le sloop *Swallow* et la flûte *Prince-Frédéric*. De ces deux bâtiments, le second était commandé par le lieutenant Brine; le premier avait pour capitaine Philippe Carteret, officier des plus distingués, qui venait d'accomplir le tour du monde avec le commodore Byron, et dont ce second voyage allait tout particulièrement accroître la réputation.

Malheureusement, le *Swallow* semblait peu propre à la campagne qu'on allait exiger de lui. Ayant déjà trente ans de services, ce bâtiment était très légèrement doublé, sa quille n'était même pas garnie de clous qui, à défaut d'un doublage, auraient pu le défendre des vers; enfin, les vivres et les marchandises d'échange furent si singulièrement répartis, que le *Swallow* n'en reçut qu'une quantité bien moindre que le *Dauphin*. Vainement Carteret réclama du fil de caret, une forge, du fer et différents objets qu'il savait par expérience lui devoir être indispensables. L'Amirauté répondit que le vaisseau et l'armement étaient très propres à l'usage qu'on en attendait. Cette réponse confirma Carteret dans l'idée qu'il n'irait pas plus loin que les îles Falkland. Il n'en prit pas moins toutes les mesures que son expérience lui dictait.

Dès que le chargement fut complet, c'est-à-dire le 22 août 1766, les navires mirent à la voile. Il ne fallut pas longtemps à Wallis pour s'apercevoir que le *Swallow* était aussi mauvais voilier que possible et qu'il lui réservait plus d'un embarras pendant la campagne. Cependant, nul incident ne vint marquer la traversée jusqu'à Madère, où les bâtiments s'arrêtèrent pour remplacer les provisions déjà consommées.

En quittant ce port, le commandant remit à Carteret copie de ses instructions et lui assigna le port Famine, dans le détroit de Magellan, pour lieu de rendez-vous, dans le cas où ils viendraient à être séparés. Le séjour au port Praya, dans l'île Santiago, fut abrégé, parce que la petite vérole y faisait de grands ravages, et Wallis empêcha même ses équipages de descendre à terre. Peu de temps après avoir passé l'équateur, le *Prince-Frédéric* fit signal d'avarie, et il fallut lui envoyer le charpentier pour aveugler une voie d'eau sous la joue de bâbord. Ce bâtiment, dont les vivres étaient de mauvaise qualité, comptait déjà un grand nombre de malades.

Le 19 novembre, vers 8 heures du soir, les équipages aperçurent dans le N.-E. un météore d'une apparence très extraordinaire, qui courut horizontalement vers le S.-O. avec une prodigieuse rapidité. Pendant près d'une minute, il fut visible, et il laissa derrière lui une traînée de lumière si vive, que le tillac en fut éclairé comme en plein midi.

Le 8 décembre fut enfin reconnue la côte de la Patagonie. Wallis la longea jusqu'au cap de la Vierge-Marie, où il descendit à terre avec des détachements armés du *Swallow* et du *Prince-Frédéric*. Une troupe d'indigènes, qui les attendait sur le rivage, reçut, avec des témoignages de satisfaction, les couteaux, les ciseaux et les autres bagatelles qu'on a l'habitude de distribuer en semblable occurrence; mais ils ne voulurent céder à aucun prix les guanaques, les autruches et le peu de gibier qu'on vit entre leurs mains.

« Nous prîmes, dit Wallis, la mesure de ceux qui étaient les plus grands. L'un d'eux avait six pieds six pouces, plusieurs avaient cinq pieds cinq pouces, mais la taille du plus grand nombre était de cinq pieds six pouces ou six pieds. »

Notez qu'il s'agit ici de pieds anglais, qui ne sont que de 305 millimètres. Si la taille de ces naturels n'égalait pas celle des géants dont avaient parlé les premiers voyageurs, elle n'en était pas moins très extraordinaire.

« Chacun, ajoute la relation, avait à sa ceinture une arme de trait singulière : c'étaient deux pierres rondes couvertes de cuir et pesant chacune environ une livre, qui étaient attachées aux deux bouts d'une corde d'environ huit pieds de long. Ils s'en servent comme d'une fronde, en tenant une des pierres dans la main et en faisant tourner l'autre autour de la tête jusqu'à ce qu'elle ait acquis une force suffisante ; alors, ils la lancent contre l'objet qu'ils veulent atteindre. Ils sont si adroits à manier cette arme, qu'à la distance de quinze verges, ils peuvent frapper des deux pierres à la fois un but qui n'est pas plus grand qu'un shilling. Ce n'est cependant pas leur usage d'en frapper le guanaque ni l'autruche quand ils font la chasse à ces animaux. »

Wallis emmena huit de ces Patagons à son bord. Ces sauvages ne se montrèrent pas aussi surpris qu'on l'aurait cru, à la vue de tant d'objets extraordinaires et nouveaux pour eux. Seul, un miroir eut le don d'exciter leur étonnement. Ils avançaient, reculaient, faisaient mille tours et grimaces devant la glace, riaient aux éclats et se parlaient avec animation les uns aux autres. Les cochons vivants les arrêtèrent un moment ; mais ils s'amusèrent surtout à regarder les poules de Guinée et les dindons. On eut beaucoup de peine à les décider à quitter le vaisseau. Ils regagnèrent pourtant le rivage, en chantant et en faisant des signes de joie à leurs compatriotes qui les attendaient sur la grève.

Le 17 décembre, Wallis fit signal au *Swallow* de prendre la tête de l'escadrille pour pénétrer dans le détroit de Magellan. Au port Famine, le commandant fit dresser à terre deux grandes tentes pour les malades, les coupeurs de bois et les voiliers. Du poisson en quantité suffisante pour en faire un repas chaque jour, une grande abondance de céleri et des fruits acides semblables à la canneberge et à l'épine-vinette, telles furent les ressources qu'offrit cette relâche, et qui, en moins de quinze jours, remirent complètement sur pied les nombreux scorbutiques du bord. Quant aux bâtiments, ils furent radoubés et calfatés en partie, les voiles raccommodées, les agrès et les manœuvres, qui avaient considérablement fatigué, dépassés et visités, et l'on fut bientôt en état de reprendre la mer.

Mais, auparavant, Wallis fit couper une grande quantité de bois, que l'on

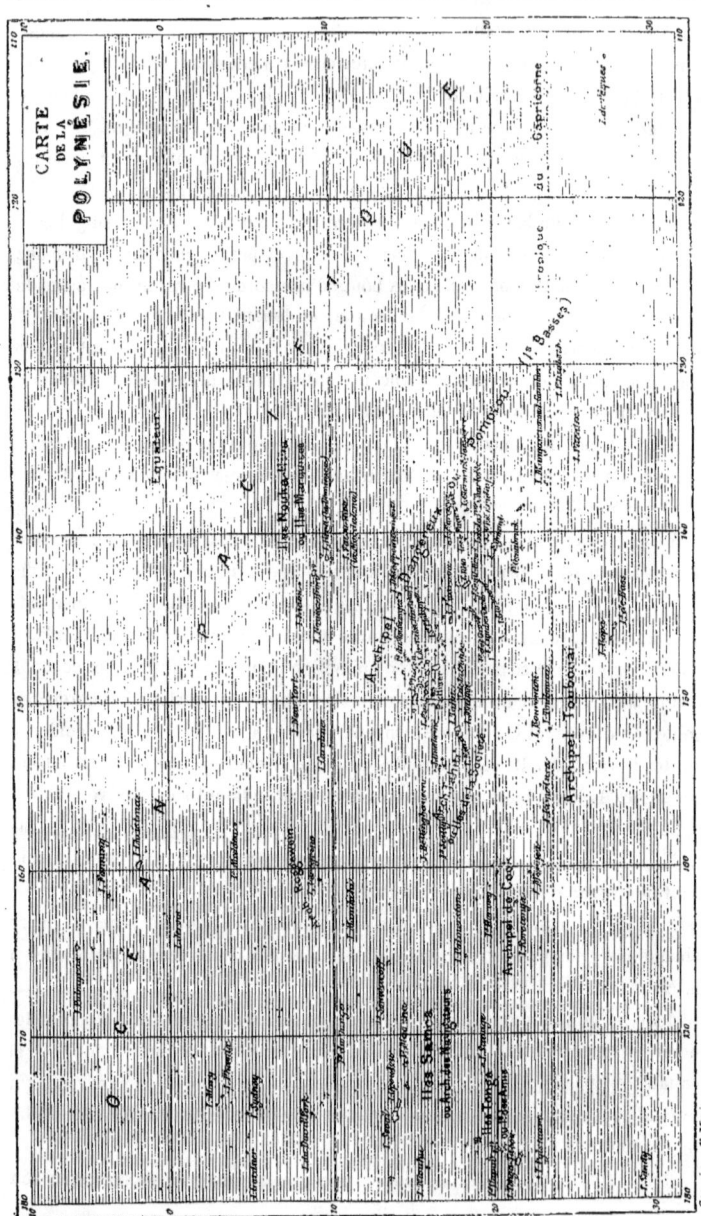

Des indigènes tenaient à la main des rameaux de bananiers. (Page 53.)

chargea sur le *Prince-Frédéric* pour être transporté aux îles Falkland, où il n'en pousse pas. Il fit en même temps arracher avec le plus grand soin plusieurs milliers de jeunes arbres, dont les racines furent entourées d'une motte de terre afin de faciliter leur transplantation au port Egmont, — ce qui devait fournir, s'ils reprenaient, comme il y avait lieu de l'espérer, une ressource précieuse pour cet archipel déshérité. Enfin, les provisions de la flûte furent réparties sur le *Dauphin* et le *Swallow*. Le premier en prit pour un an et le second pour dix mois.

Nous ne nous étendrons pas sur les divers incidents qui marquèrent la navigation des deux bâtiments dans le détroit de Magellan, tels que coups de vent imprévus, tempêtes et rafales de neige, courants incertains et rapides, grandes marées et brouillards, qui mirent plus d'une fois les deux navires à deux doigts de leur perte. Le *Swallow*, surtout, était dans un état de délabrement si fâcheux, que le capitaine Carteret pria Wallis de considérer que son navire ne pouvait plus être utile à l'expédition, et de lui prescrire ce qui serait le plus avantageux au bien public.

« Les ordres de l'Amirauté sont formels, répondit Wallis, vous devez vous y conformer et accompagner le *Dauphin* tant qu'il sera possible. Je sais que le *Swallow* est mauvais voilier, je prendrai donc son temps et suivrai ses mouvements, car il importe que, si l'un des deux bâtiments éprouve quelque accident, l'autre soit à portée de lui donner toute l'assistance en son pouvoir. »

Carteret n'avait rien à répondre; il se tut, mais il augurait mal de la fin de l'expédition.

Lorsque les bâtiments s'approchèrent de l'ouverture du détroit sur le Pacifique, le temps devint détestable. Une brume épaisse, des rafales de neige et de pluie, des courants qui chassaient les navires sur des brisants, une mer démontée, tels furent les obstacles qui retinrent les navigateurs dans le détroit jusqu'au 10 avril. Ce jour-là, à la hauteur du cap Pilar, le *Dauphin* et le *Swallow* furent séparés et ne se retrouvèrent plus, Wallis ayant négligé de fixer un lieu de rendez-vous en cas de séparation.

Avant de suivre Wallis dans son voyage à travers le Pacifique, nous donnerons avec lui quelques détails sur les misérables habitants de la Terre de Feu et sur l'aspect général du pays. Aussi grossiers, aussi misérables que possible, ces naturels se nourrissaient de la chair crue des veaux marins et des pingouins.

« Un de nos gens, qui pêchait à la ligne, dit Wallis, donna à l'un de ces Américains un poisson vivant qu'il venait de prendre et qui était un peu plus gros qu'un hareng. L'Américain le prit avec l'avidité d'un chien à qui on donne un os. Il tua d'abord le poisson en lui donnant un coup de dents près des ouïes et se mit à le manger en commençant par la tête et en allant jusqu'à la queue, sans rejeter les arêtes, les nageoires, les écailles ni les boyaux. »

Au reste, ces indigènes avalaient tout ce qu'on leur donnait, que ce fût cru ou cuit, frais ou salé, mais ils ne voulurent jamais boire que de l'eau. Ils n'avaient pour se couvrir qu'une misérable peau de phoque, leur tombant jusqu'aux genoux. Leurs armes n'étaient que des javelines armées d'un os de poisson. Tous avaient les yeux malades, ce que les Anglais attribuèrent à leur habitude de vivre au milieu de la fumée pour se garantir des moustiques. Enfin, ils exhalaient une odeur insupportable, comparable à celle des renards, et qui provenait, sans doute, de leur excessive malpropreté.

Pour n'être pas engageant, ce tableau n'en est pas moins d'une ressemblance frappante, comme tous les voyageurs ont pu le constater. Il semble, pour ces sauvages si voisins de la brute, que le monde n'ait pas marché. Les progrès de la civilisation sont pour eux lettre morte, et ils continuent à végéter misérablement comme leurs pères, sans souci d'améliorer leur existence, sans éprouver le besoin d'un plus grand confortable.

« Nous quittâmes ainsi, dit Wallis, cette sauvage et inhabitable région, où, pendant près de quatre mois, nous fûmes presque sans cesse en danger de faire naufrage, où, au milieu de l'été, le temps était nébuleux, froid et orageux, où presque partout les vallées étaient sans verdure et les montagnes sans bois, enfin, où la terre qui se présente à la vue ressemble plus aux ruines d'un monde qu'à l'habitation d'êtres animés. »

A peine hors du détroit, Wallis fit route à l'ouest avec des vents impétueux, des brouillards intenses et une si grosse mer, que, pendant plusieurs semaines de suite, il n'y eut pas un seul endroit sec sur le vaisseau. Cette humidité constante engendra des rhumes et de grosses fièvres, auxquelles succéda bientôt le scorbut. Lorsqu'il eut atteint 32° de latitude sud et 100° de longitude ouest, le navigateur piqua droit au nord.

Le 6 juin, deux îles furent découvertes à la joie générale. Les canots, aussitôt armés et équipés, gagnèrent le rivage sous la conduite du lieutenant Furneaux.

Quelques cocos et une grande quantité de plantes antiscorbutiques furent recueillis; mais les Anglais, s'ils virent des huttes et des hangars, ne rencontrèrent pas un seul habitant. Cette île, découverte la veille de la Pentecôte, dont elle prit le nom — *Whitsunday* — et située par 19° 26′ de latitude S. et 137° 56′ de longitude O, appartient, comme les suivantes, à l'archipel des Pomotou.

Le lendemain, les Anglais essayèrent d'entrer en relations avec les habitants d'une autre île; mais les dispositions des indigènes parurent si hostiles, le rivage était tellement accore, qu'il fut impossible de débarquer. Après avoir louvoyé toute la nuit, Wallis renvoya les embarcations, avec ordre de ne faire aucun mal aux habitants, à moins d'y être forcé par la nécessité.

En approchant de la terre, le lieutenant Furneaux fut surpris de voir sept grandes pirogues à deux mâts, dans lesquelles tous les indigènes allaient s'embarquer. Aussitôt après leur départ, les Anglais descendirent sur la plage et parcoururent l'île en tous sens. Ils y trouvèrent plusieurs citernes remplies de très bonne eau. Le sol était uni, sablonneux, couvert d'arbres, surtout de palmiers et de cocotiers, et parsemé de végétaux antiscorbutiques.

« Les habitants de cette île, dit la relation, étaient d'une taille moyenne, leur teint était brun et ils avaient de longs cheveux noirs, épars sur les épaules. Les hommes étaient bien faits et les femmes belles. Leur vêtement était une espèce d'étoffe grossière, attachée à la ceinture, et qui paraissait faite pour être relevée autour des épaules. »

L'après-midi, Wallis renvoya le lieutenant à terre pour faire de l'eau et prendre possession de cette nouvelle découverte au nom de Georges III, en lui donnant le nom d'île de la Reine-Charlotte, en l'honneur de la reine d'Angleterre.

Après avoir opéré en personne une reconnaissance, Wallis résolut de s'arrêter en cet endroit pendant une semaine, à cause des facilités d'approvisionnement qu'il y rencontrait.

Durant leurs promenades, les marins anglais ramassèrent des outils de coquilles et de pierres aiguisées, façonnées et emmanchées en forme de doloires, de ciseaux et d'alènes. Ils aperçurent également plusieurs canots, en construction, faits de planches cousues ensemble. Mais, ce qui les surprit le plus, ce fut des tombeaux où les cadavres étaient exposés sous une sorte de toit et pourrissaient à l'air libre. En partant, ils laissèrent des haches, des clous, des bouteilles et d'autres objets, en réparation des torts qu'ils avaient causés aux indigènes.

Si le XVIIIe siècle afficha de grandes prétentions à la philanthropie, on voit, par les récits de tous les voyageurs, que ces théories, si fort à la mode, furent pratiquées presque en toute circonstance. L'humanité avait fait un grand pas. La différence de couleur n'empêchait plus de voir un frère en tout homme, et la Convention allait, à la fin du siècle, en décrétant l'affranchissement des noirs, consacrer définitivement une idée qui rencontrait de nombreux adeptes.

Le même jour fut relevée, à l'ouest de l'île de la Reine-Charlotte, une nouvelle terre dont le *Dauphin* rangea la côte sans trouver de fond. Basse, couverte d'arbres, sans cocotiers, sans trace d'habitations, elle ne semblait servir que de rendez-vous de chasse et de pêche aux naturels des îles voisines. Aussi Wallis ne jugea-t-il pas à propos de s'y arrêter. Il lui donna le nom d'Egmont, en l'honneur du comte d'Egmont, alors premier lord de l'Amirauté.

Les jours suivants, nouvelles découvertes. Ce furent tour à tour les îles Glocester, Cumberland, Guillaume-Henri et Osnabruck. Le lieutenant Furneaux, sans débarquer sur cette dernière, put se procurer quelques rafraîchissements. Ayant aperçu sur la grève plusieurs pirogues doubles, il jugea qu'il devait y avoir, à peu de distance, des îles plus étendues où l'on pourrait sans doute trouver des provisions en abondance, et dont l'accès serait, peut-être, moins difficile.

Ces prévisions n'allaient pas tarder à se réaliser. Le 19, au lever du soleil, les marins anglais furent fort étonnés de se voir environnés de plusieurs centaines de pirogues, grandes et petites, montées par plus de huit cents individus. Après s'être concertés quelque temps à l'écart, quelques-uns des indigènes s'approchèrent, tenant à la main des rameaux de bananier. Ils s'étaient décidés à monter sur le bâtiment, et les échanges avaient commencé, lorsqu'un incident assez grotesque faillit compromettre ces relations amicales.

Un des naturels, qui se tenait sur le passavant, fut heurté par une chèvre. Il se retourne, aperçoit cet animal inconnu dressé sur ses pieds de derrière, qui se prépare à l'assaillir de nouveau. Frappé de terreur, il se précipite à la mer, et tous les autres en font autant. On eût dit des moutons de Panurge! Ils se remirent cependant de cette alarme, remontèrent à bord et firent appel à toute leur adresse et à leur subtilité pour dérober quelques objets. Seul, un officier eut son chapeau volé. Pendant ce temps, le bâtiment continuait à suivre le rivage, à la recherche d'un havre sûr et bien abrité, tandis que les embarcations côtoyaient la terre au plus près, pour sonder.

Jamais, durant ce voyage, les Anglais n'avaient vu pays si pittoresque et si attrayant. Sur le bord de la mer, des bosquets de bois, d'où émergeaient les gracieux panaches des cocotiers, ombrageaient les cabanes des naturels. Dans l'intérieur, une série de collines, aux croupes plantureuses, s'élevaient par étages, et l'on distinguait, au milieu de la verdure, les sillons argentés d'une multitude de ruisseaux qui descendaient jusqu'à la mer.

A l'entrée d'une large baie, les chaloupes, qui s'étaient éloignées pour sonder, furent tout à coup entourées d'une multitude de pirogues. Afin d'éviter une collision, Wallis fit tirer neuf coups de pierriers par-dessus la tête des indigènes; mais, malgré la frayeur que leur causèrent les détonations, ceux-ci continuèrent à se rapprocher. Le capitaine fit alors signal à ses embarcations de rallier le bord. Quelques naturels, se voyant à portée, commencèrent à lancer des pierres qui blessèrent plusieurs matelots. Mais le patron de la chaloupe répondit à cette agression par un coup de fusil chargé à plomb, qui atteignit l'un des assaillants et mit tous les autres en fuite.

Le lendemain, à l'embouchure d'une belle rivière, le *Dauphin* put jeter l'ancre par vingt brasses d'eau. La joie fut universelle parmi les matelots. Tout d'abord, les pirogues entourèrent en foule le bâtiment, apportant des cochons, de la volaille et quantité de fruits, bientôt échangés contre de la quincaillerie et des clous. Mais une des embarcations envoyées pour sonder près de terre fut assaillie à coups de pagaie et de bâton, et les matelots furent forcés de se servir de leurs armes. Un des naturels fut tué, un second grièvement blessé : les autres se jetèrent à l'eau. Voyant qu'on ne les poursuivait pas, ayant conscience qu'eux-mêmes s'étaient attiré ce châtiment, ils revinrent trafiquer auprès du *Dauphin*, comme si rien ne s'était passé.

En rentrant à bord, les officiers rapportèrent que les indigènes les avaient pressés de descendre à terre, les femmes surtout, dont les gestes n'étaient pas équivoques. D'ailleurs, près de la côte, il y avait un bon mouillage, à portée de l'aiguade. Le seul inconvénient était une houle assez forte. Le *Dauphin* releva donc ses ancres, et il prenait le large pour gagner le dessus du vent, lorsque s'ouvrit, à sept ou huit milles, une baie où Wallis résolut d'atterrir. Un dicton veut que le mieux soit l'ennemi du bien. Le capitaine en devait faire l'expérience.

Bien que les chaloupes marchassent devant pour sonder, le *Dauphin* toucha sur un récif, et l'avant fut engagé. Les mesures recommandées en pareille circonstance furent prises sans retard. Mais, en dehors de la chaîne des roches madréporiques, on ne trouva pas de fond. Impossible, par conséquent, de laisser tomber les ancres et de se touer sur elles en virant au cabestan. Que faire en cette situation critique? Le bâtiment battait sur l'écueil avec violence, et plusieurs centaines de pirogues semblaient attendre un naufrage certain pour se ruer à la curée. Au bout d'une heure, heureusement, une brise favorable, soufflant de terre, dégagea le *Dauphin*, qui put gagner sans accident un bon ancrage. Les avaries n'étaient pas sérieuses. On les eut aussi vite oubliées que réparées.

Wallis, que les tentatives réitérées des naturels engageaient à la prudence, répartit son monde en quatre quarts, dont l'un devait être toujours armé, et il fit charger les canons. Cependant, après quelques échanges, le nombre des pirogues augmenta. Au lieu d'être chargées de volailles, de cochons et de fruits, elles ne semblaient porter que des pierres. Les plus grandes avaient des équipages plus nombreux.

Tout à coup, à un signal donné, une grêle de cailloux tomba sur le bâtiment. Wallis ordonna une décharge générale, et fit tirer deux pièces chargées à mitraille. Après un peu de désordre et d'hésitation, les assaillants revinrent deux fois à la charge avec une grande bravoure, et le capitaine, voyant la multitude toujours plus serrée des combattants, n'était pas sans crainte sur l'issue de la lutte, lorsqu'un incident inattendu vint y mettre fin.

Parmi les pirogues qui attaquaient avec le plus d'ardeur l'avant du *Dau-*

phin, il en était une qui semblait porter quelque chef, car c'était d'elle qu'était venu le signal du combat. Un coup de canon bien dirigé vint séparer en deux cette pirogue double. Il n'en fallut pas davantage pour décider les naturels à la retraite. Ils l'opérèrent même avec une telle précipitation, qu'une demi-heure plus tard, pas une seule embarcation ne restait en vue. Le navire fut alors toué dans le port et disposé pour protéger le débarquement. A la tête d'un fort détachement de matelots et de soldats de marine, le lieutenant Furneaux prit terre, planta le pavillon anglais et prit possession de l'île au nom du roi d'Angleterre, en l'honneur duquel elle reçut le nom de Georges III. C'est la Taïti des indigènes.

Après s'être prosternés et avoir donné des marques de leur repentir, les naturels semblaient vouloir nouer avec les étrangers un commerce amical et de bonne foi, lorsque Wallis, qu'une grave indisposition retenait à bord, s'aperçut qu'une attaque simultanée par terre et par mer se préparait contre ses hommes occupés à faire de l'eau. Plus courte serait la lutte, moins elle serait meurtrière. Aussi, quand il vit les naturels à portée du canon, il fit tirer quelques volées qui suffirent à disperser leur flottille.

Pour éviter le retour de ces tentatives, il fallait faire un exemple. Wallis s'y détermina à regret. Il expédia immédiatement à terre un fort détachement avec ses charpentiers, pour détruire toutes les pirogues qui avaient été hâlées sur le rivage. Plus de cinquante, dont quelques-unes longues de soixante pieds, furent mises en pièces. Cette exécution détermina les Taïtiens à se soumettre. Ils déposèrent des cochons, des chiens, des étoffes et des fruits sur le rivage, puis se retirèrent. On leur laissa en échange des haches et des babioles, qu'ils emportèrent dans les forêts avec de grandes démonstrations de joie. La paix était faite, et dès le lendemain s'établit un commerce régulier et abondant, qui procura à discrétion des vivres frais aux équipages.

Il y avait lieu d'espérer que les relations amicales se continueraient durant le séjour des Anglais, maintenant que les naturels avaient éprouvé la puissance et la portée des armes des étrangers. Wallis fit donc dresser une tente près de l'aiguade et débarqua ses nombreux scorbutiques, pendant que les hommes valides s'occupaient à raccommoder les agrès, à rapiécer les voiles, à calfater, à repeindre le navire, à le mettre, en un mot, en état de fournir la longue course qui devait le ramener en Angleterre.

A ce moment, la maladie de Wallis prit un caractère alarmant. Le premier lieutenant n'était guère en meilleure santé. Toute la responsabilité retomba donc sur le lieutenant Furneaux, qui ne resta pas au-dessous de sa tâche. Au bout de

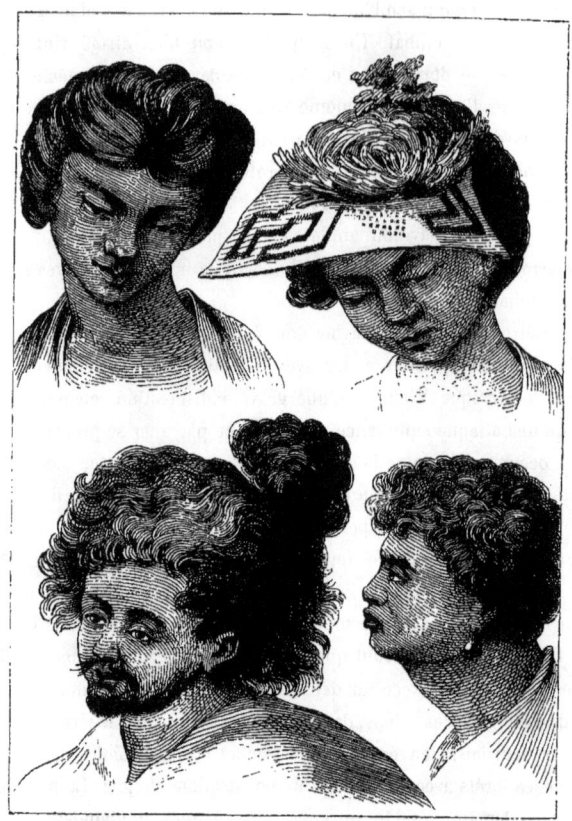

Coiffures des habitants de Taïti. (*Fac-simile. Gravure ancienne.*)

quinze jours, pendant lesquels la paix n'avait pas été troublée, Wallis retrouva tout son monde remis sur pied et bien portant.

Cependant, les vivres se faisaient plus rares. Les naturels, rendus plus difficiles par l'abondance des clous et des haches, se montraient plus exigeants. Le 15 juillet, une grande femme, d'environ quarante-cinq ans, au port majestueux, et à laquelle les indigènes témoignaient un grand respect, vint à bord du *Dauphin*. Wallis, à la dignité de son maintien, à cette liberté d'allures qui distingue les personnes habituées à commander, reconnut qu'elle devait occuper une haute situation. Il lui fit présent d'un grand manteau bleu, d'un miroir et d'autres babioles, qu'elle reçut avec les marques d'un profond con-

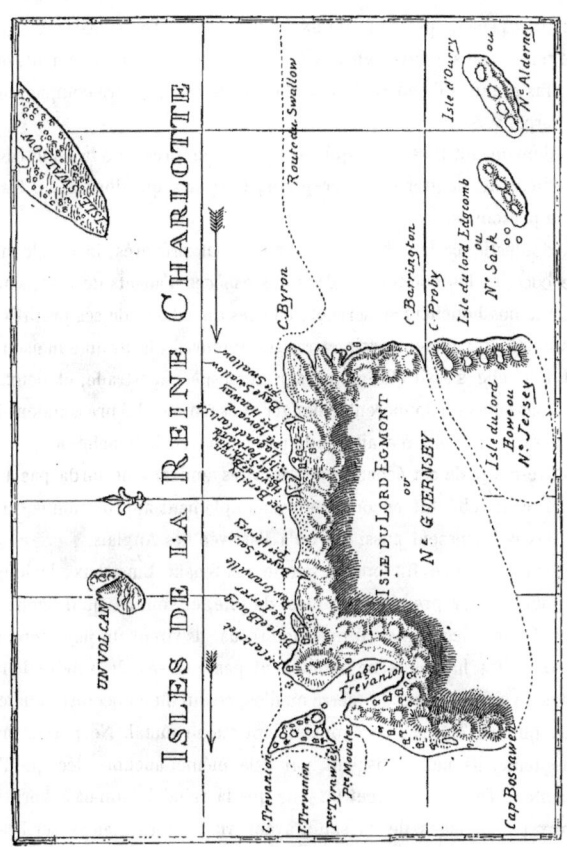

Isles de la Reine Charlotte. (Fac-simile. Gravure ancienne.)

tentement. En quittant le navire, elle engagea le commandant à descendre à terre et à lui rendre visite. Wallis n'y manqua pas le lendemain, bien qu'il fût encore très-faible. Il fut admis dans une grande case, qui occupait un espace de terrain long de 327 pieds et large de 42; elle était couverte d'un toit en feuilles de palmiers que supportaient cinquante-trois piliers. Une foule considérable, réunie pour la circonstance, faisait la haie sur le passage de Wallis, et le reçut respectueusement. Cette visite fut égayée par un incident assez comique. Le chirurgien du bâtiment, que la marche avait mis tout en sueur, enleva sa perruque pour se rafraîchir.

« Une exclamation subite d'un des Indiens, à cette vue, attira l'attention de tous les autres sur ce prodige, qui fixa tous les yeux. Toute l'assemblée demeura quelque temps sans mouvement, et dans le silence de l'étonnement, qui n'eût pas été plus grand, s'ils eussent vu un des membres de notre compagnon séparé de son corps. »

Le lendemain, un messager, qui allait porter un présent à la reine Obéroa, en remerciement de sa gracieuse réception, la trouva qui donnait un festin à un millier de personnes.

« Ses domestiques lui portaient les mets tout préparés, la viande dans des noix de coco, et les coquillages dans des espèces d'augets de bois, semblables à ceux dont nos bouchers se servent; elle les distribuait de ses propres mains à tous ses hôtes, qui étaient assis et rangés autour de la grande maison. Quand cela fut fait, elle s'assit elle-même sur une espèce d'estrade, et deux femmes placées à ses côtés lui donnèrent à manger. Les femmes lui présentaient les mets avec leurs doigts, et elle n'avait que la peine d'ouvrir la bouche. »

Le contre-coup de cet échange de procédés amicaux ne tarda pas à se faire sentir, et le marché fut encore une fois amplement approvisionné, mais sans que les prix redevinssent aussi bas qu'à l'arrivée des Anglais.

Une reconnaissance fut opérée par le lieutenant Furneaux, le long de la côte, à l'ouest, pour prendre une idée de l'île, et voir ce qu'il serait possible d'en tirer. Partout les Anglais furent bien reçus. Ils virent un pays agréable, très peuplé, dont les habitants ne semblaient pas pressés de vendre leurs denrées. Tous les outils étaient de pierre ou d'os, ce qui fit conjecturer au lieutenant Furneaux que les Taïtiens ne connaissaient aucun métal. Ne possédant pas de vases de terre, ils ne se faisaient, par cela même, aucune idée que l'eau pût être chauffée. On s'en aperçut un jour que la reine déjeunait à bord. Un des principaux personnages de sa suite, ayant vu le chirurgien verser l'eau de la bouilloire dans la théière, tourna le robinet et reçut le liquide bouillant sur la main. Se sentant brûlé, il jeta des cris épouvantables et se mit à courir autour de la cabine, en faisant les contorsions les plus extravagantes. Ses compagnons, ne pouvant concevoir ce qui lui était arrivé, restaient les yeux fixés sur lui, avec un mélange d'étonnement et de frayeur. Le chirurgien s'empressa d'intervenir, mais il se passa quelque temps avant que le pauvre Taïtien pût être soulagé.

Quelques jours plus tard, Wallis s'aperçut que les matelots dérobaient des clous pour les donner aux femmes. Ils en étaient même venus à soulever et à détacher les planches du vaisseau afin de se procurer les vis, les clous, les tenons et tous les morceaux de fer qui les fixaient à la membrure. Wallis eut beau sévir, rien n'y fit, et, malgré la précaution qu'il prit de ne laisser personne descendre à terre avant d'être fouillé, ces faits se renouvelèrent à plusieurs reprises.

Une expédition, envoyée dans l'intérieur de l'île, reconnut une large vallée qu'arrosait une belle rivière. Partout le terrain était cultivé avec un soin extrême, et des saignées avaient été pratiquées pour arroser les jardins et les plantations d'arbres fruitiers. Plus on s'enfonçait dans l'intérieur, plus les sinuosités de la rivière devenaient capricieuses; la vallée se rétrécissait, les collines tournaient à la montagne, la route devenait de plus en plus difficile. Un pic, éloigné d'environ six milles du lieu du débarquement, fut escaladé dans l'espoir que l'on découvrirait l'île tout entière jusque dans ses moindres replis. Mais la vue était bornée par des montagnes encore plus élevées. Du côté de la mer, cependant, aucun obstacle ne venait cacher le tableau enchanteur qui se développait sous les yeux : partout des collines tapissées de bois magnifiques; sur leur verdure, les cases des indigènes se détachaient en clair; dans les vallées, le spectacle était encore plus riant, avec cette multitude de cabanes et de jardins entourés de haies vives. La canne à sucre, le gingembre, le tamarin, des fougères arborescentes, telles étaient, avec les cocotiers, les principales essences de ce pays fertile.

Wallis, qui voulait enrichir cette contrée de plusieurs productions de nos climats, fit planter des noyaux de pêches, de cerises et de prunes, ainsi que des pépins de citron, d'orange et de limon, et semer les graines d'une quantité de légumes. En même temps, il faisait présent à la reine d'une chatte pleine, de deux coqs, de poules, d'oies et de plusieurs autres animaux, qu'il supposait pouvoir se reproduire facilement.

Cependant, le temps pressait, et Wallis dut se résoudre au départ. Lorsqu'il annonça sa résolution à la reine, celle-ci se jeta dans un fauteuil et pleura longtemps, avec tant de sensibilité, que rien ne pouvait la calmer. Elle resta jusqu'au dernier moment sur le vaisseau, et quand il eut mis à la voile, « elle nous embrassa de la manière la plus tendre, dit Wallis, en versant beaucoup de pleurs, et nos amis les Taïtiens nous dirent adieu avec tant de regret et d'une façon si touchante, que j'eus le cœur serré et que mes yeux se remplirent de larmes.

La façon peu courtoise dont les Anglais avaient été accueillis, les tentatives réitérées des indigènes pour s'emparer du bâtiment, n'étaient pas pour faire soupçonner une séparation si pénible ; mais, dit le proverbe, tout est bien qui finit bien.

Des renseignements que Wallis recueillit sur les mœurs et les habitudes des

Taïtiens, nous ne retiendrons que les suivants, car nous aurons l'occasion d'y revenir en racontant les voyages de Bougainville et de Cook.

Grands, bien faits, agiles, le teint un peu basané, ces indigènes sont vêtus d'une espèce d'étoffe blanche fabriquée avec l'écorce d'un arbre. Des deux pièces d'étoffe qui composent tout leur costume, l'une est carrée et ressemble à une couverture. Percée d'un trou au centre pour passer la tête, elle rappelle le « zarape » des Mexicains et le « poncho » des indigènes de l'Amérique du Sud. L'autre s'enroule autour du corps, sans être serrée. Presque tous, hommes et femmes, ont l'habitude de se tatouer de lignes noires très rapprochées, qui représentent différentes figures. Cette opération se pratique de la manière suivante : la peau est piquée, et les trous sont remplis d'une sorte de pâte, composée d'huile et de suif, qui laisse une trace indélébile.

La civilisation était peu avancée. Nous avons dit plus haut que les Taïtiens ne connaissaient pas les vases de terre. Aussi, Wallis fit-il présent à la reine d'une marmite que tout le monde vint voir avec une extrême curiosité.

Quant à la religion de ces indigènes, le commandant n'en constata nulle trace. Il lui sembla seulement qu'ils entraient dans certains lieux, qu'il supposa être des cimetières, avec une contenance respectueuse et l'appareil de la douleur.

Un des Taïtiens, qui semblait plus disposé que ses compagnons à imiter et à adopter les manières anglaises, reçut un habillement complet qui lui allait très bien. Jonathan, — c'est ainsi qu'on l'avait nommé, — était tout fier de sa nouvelle parure. Pour mettre le comble à la distinction de ses manières, il voulut apprendre à se servir de la fourchette ; mais il ne put parvenir à manier ce dernier instrument. Emporté par la force de l'habitude, il portait toujours sa main à sa bouche, et le morceau, piqué aux dents de la fourchette, passait à côté de son oreille.

Ce fut le 27 juillet que Wallis quitta l'île de Georges III. Après avoir rangé la côte de l'île du duc d'York, il découvrit successivement plusieurs îles ou îlots, sur lesquels il n'atterrit pas. Telles sont les îles de Charles-Saunders, de Lord-Howe, de Scilly, de Boscawen et de Keppel, où les dispositions hostiles des indigènes et la difficulté du débarquement l'empêchèrent de prendre terre.

L'hiver allait commencer dans la région australe. Le bâtiment faisait eau de toutes parts, l'arrière surtout était très-fatigué par le gouvernail. Était-il bien prudent, dans ces conditions, de faire voile pour le cap Horn ou le détroit de Magellan ? Ne serait-ce pas courir au-devant d'un naufrage certain ? Ne vaudrait-il pas mieux gagner Tinian ou Batavia, où l'on pourrait se réparer, et rentrer en Europe par le cap de Bonne-Espérance ? C'est à ce dernier parti que

Wallis s'arrêta. Il gouverna donc dans le nord-ouest, et, le 19 septembre, après une navigation trop heureuse pour avoir une histoire, il jeta l'ancre dans le havre de Tinian.

Les incidents qui avaient marqué la relâche de Byron en cet endroit se reproduisirent avec une beaucoup trop grande régularité. Pas plus que son prédécesseur, Wallis n'eut à se louer des facilités d'approvisionnement et de la température du pays. Si les scorbutiques guérirent en peu de jours, si les voiles purent être raccommodées, si le bâtiment put être radoubé et calfaté, l'équipage eut le bonheur inattendu de ne pas contracter de fièvres.

Le 16 octobre 1767, le *Dauphin* reprit la mer; mais, cette fois, il essuya une série d'épouvantables tempêtes qui déchirèrent les voiles, rouvrirent la voie d'eau, démolirent en partie le gouvernail et emportèrent les dunettes avec tout ce qui se trouvait sur le château d'avant.

Les Bashees furent cependant doublées et le détroit de Formose franchi. Les îles Sandy, Small-Key, Long-Island, New-Island, furent reconnues, ainsi que Condor, Timor, Aros et Pisang, Pulo-Taya, Pulo-Toté et Sumatra, avant d'arriver à Batavia, le 30 novembre.

La dernière partie du voyage s'accomplit dans des localités dont nous avons eu déjà plusieurs fois occasion de parler. Il nous suffira donc de dire que, de Batavia, où l'équipage avait pris les fièvres, Wallis gagna le Cap, puis Sainte-Hélène, et arriva, le 20 mai 1768, aux Dunes, après six cent trente-sept jours de navigation.

Il est regrettable qu'Hawkesworth n'ait pas reproduit les instructions données à Wallis par l'Amirauté. Faute de les connaître, nous ne pouvons décider si ce hardi marin exécuta rigoureusement les ordres qui lui avaient été remis. Nous voyons qu'il suivit, sans guère s'en écarter, la route tracée par ses prédécesseurs dans l'océan Pacifique. En effet, presque tous abordent à l'archipel Dangereux, laissant de côté la partie de l'Océanie où les îles sont le plus nombreuses et où Cook devait faire tant et de si importantes découvertes. Habile navigateur, Wallis sut tirer d'un armement hâtif, et par cela même incomplet, des ressources imprévues, qui lui permirent de mener à bien une entreprise aventureuse. Il faut également le louer de son humanité et des efforts qu'il fit pour rassembler des documents sérieux sur les populations qu'il visita. S'il eût possédé, à son bord, quelques savants spéciaux, nul doute que la moisson scientifique n'eût été plus abondante. La faute en revient à l'Amirauté.

Nous avons dit que, le 10 avril 1767, au moment où le *Dauphin* et le *Swallow* débouchaient dans l'océan Pacifique, le premier de ces bâtiments, emporté par une bonne brise, n'avait pas tardé à perdre de vue le second, incapable de le suivre. Cette séparation fut très pénible au capitaine Carteret. Mieux que personne de son équipage, il connaissait le lamentable état de son bâtiment et l'insuffisance des provisions. Il savait, enfin, qu'il ne devait plus espérer revoir le *Dauphin* qu'en Angleterre, puisque aucun plan d'opérations n'avait été concerté, puisque aucun lieu de rendez-vous n'avait été fixé, — faute très grave de la part de Wallis, qui était cependant instruit du délabrement de sa conserve. Néanmoins, Carteret ne laissa rien soupçonner de ses inquiétudes à son équipage.

D'ailleurs, le temps détestable qui accueillit le *Swallow* dans l'océan Pacifique, au nom trompeur, ne permettait guère aux hommes de réfléchir. Les dangers du moment présent, auxquels il fallait parer sous peine d'être englouti, leur cachaient les périls de l'avenir.

Carteret gouverna au nord, en longeant la côte du Chili. Lorsqu'il se rendit compte de la quantité d'eau douce qui restait à bord, il reconnut qu'elle était insuffisante pour la traversée qu'il entreprenait. Aussi, avant de faire voile dans l'ouest, il résolut de faire provision d'eau à l'île Juan-Fernandez ou à Mas-a-fuero.

Cependant, le temps continuait à être mauvais. Le 27, dans la soirée, une rafale très forte fit tout à coup sauter le vent, qui prit le vaisseau droit au cap. La violence de l'ouragan manqua d'emporter les mâts et de faire sombrer le bâtiment. La tempête continuait dans toute sa fureur, et les voiles étant extrêmement mouillées, se collèrent si bien aux mâts et aux agrès, qu'il était à peine possible de les manœuvrer.

Le lendemain, un coup de mer rompit la vergue d'artimon à l'endroit où la voile était risée et mit, pendant quelques minutes, tout le bâtiment sous l'eau. La tempête ne s'apaisa que pour donner à l'équipage du *Swallow* le temps de se reposer un peu et de réparer les avaries du bâtiment; puis elle recommença et continua par violentes bourrasques jusqu'au 7 mai. Le vent devint alors favorable, et, trois jours plus tard, l'île Juan-Fernandez fut découverte.

Carteret ignorait que les Espagnols eussent fortifié cette île. Aussi fut-il fort surpris de voir un grand nombre d'hommes sur le rivage, d'apercevoir au bord de l'eau une batterie de quatre pièces, et, sur une colline, un fort percé de vingt embrasures, qui portait pavillon espagnol. Des coups de vent l'empêchèrent d'entrer dans la baie Cumberland, et, après avoir croisé une journée entière, il dut se résigner à gagner Mas-a-fuero. Mais les mêmes obstacles et la houle qui brisait au rivage contrarièrent ses opérations; ce fut à grand'peine qu'il parvint à embarquer quelques futailles pleines d'eau. Plusieurs de ses hommes, que l'état de la mer avait contraints de rester à terre, tuèrent assez de pintades pour régaler tout l'équipage. Ce furent, avec des veaux marins et quantité de poissons, les seuls avantages d'un séjour marqué par une série de rafales et d'orages, qui mirent plus d'une fois le vaisseau en perdition sur cette côte.

Carteret, qui, chassé par des vents impétueux, eut, chaque fois qu'il la regagnait, l'occasion d'observer l'île de Mas-a-fuero, relève plusieurs erreurs du rédacteur du voyage de l'amiral Anson et fournit quelques détails précieux pour les navigateurs.

A son départ de Mas-a-fuero, Carteret porta dans le nord avec l'espoir de rencontrer l'alizé du sud-est. Emporté plus loin qu'il ne comptait, il résolut de chercher les îles Saint-Ambroise et Saint-Félix ou Saint-Paul. Maintenant que Juan-Fernandez était occupée et fortifiée par les Espagnols, ces îles pouvaient être utiles aux Anglais en cas de guerre. Mais les cartes de M. Green et les *Éléments de navigation* de Robertson n'étaient pas d'accord sur leur position. Carteret, plus confiant dans ce dernier ouvrage, les chercha dans le nord et les manqua. En relisant la description qu'en avait donnée Waser, le chirurgien de Davis, il pensa que ces deux îles étaient la terre rencontrée par ce flibustier dans sa route au sud des îles Galapagos, et que la Terre de Davis n'existait point. C'était une double erreur, d'identifier les îles Saint-Félix avec la Terre de Davis et de nier l'existence de cette dernière, qui n'est autre que l'île de Pâques.

« Nous eûmes, dit Carteret, dans ce parallèle (à 18° à l'ouest de son point de départ), de petites fraîcheurs, un fort courant au nord et d'autres raisons de conjecturer que nous étions près de cette Terre de Davis que nous recherchions avec grand soin. Mais, un bon vent s'élevant de rechef, nous gouvernâmes 1/4 S.-O. et nous arrivâmes au 28° degré et demi de latitude sud ; d'où il suit que, si cette terre ou quelque chose de semblable existait, je l'aurais infailliblement rencontrée, ou qu'au moins je l'aurais vue. Je me tins ensuite au 28° degré de latitude sud, 40° à l'ouest de mon point de départ, et, suivant mon estime, à 121° ouest de Londres. »

Tous les navigateurs continuant à admettre l'existence d'un continent austral, Carteret ne pouvait s'imaginer que la Terre de Davis ne fût qu'une petite île, un point perdu au milieu de l'immensité de l'Océan. De ce qu'il ne rencontrait pas de continent, il concluait à la non-existence de cette Terre de Davis. C'est encore en cela qu'il se trompait.

Jusqu'au 7 juin, Carteret continua sa recherche. Il était par 28° de latitude sud et 112° de longitude ouest, c'est-à-dire qu'il se trouvait dans le voisinage immédiat de l'île de Pâques. On était alors au milieu de l'hiver. La mer était continuellement grosse, les vents violents et variables, le temps sombre, brumeux et froid, avec accompagnement de tonnerre, de pluie et de neige. C'est sans doute

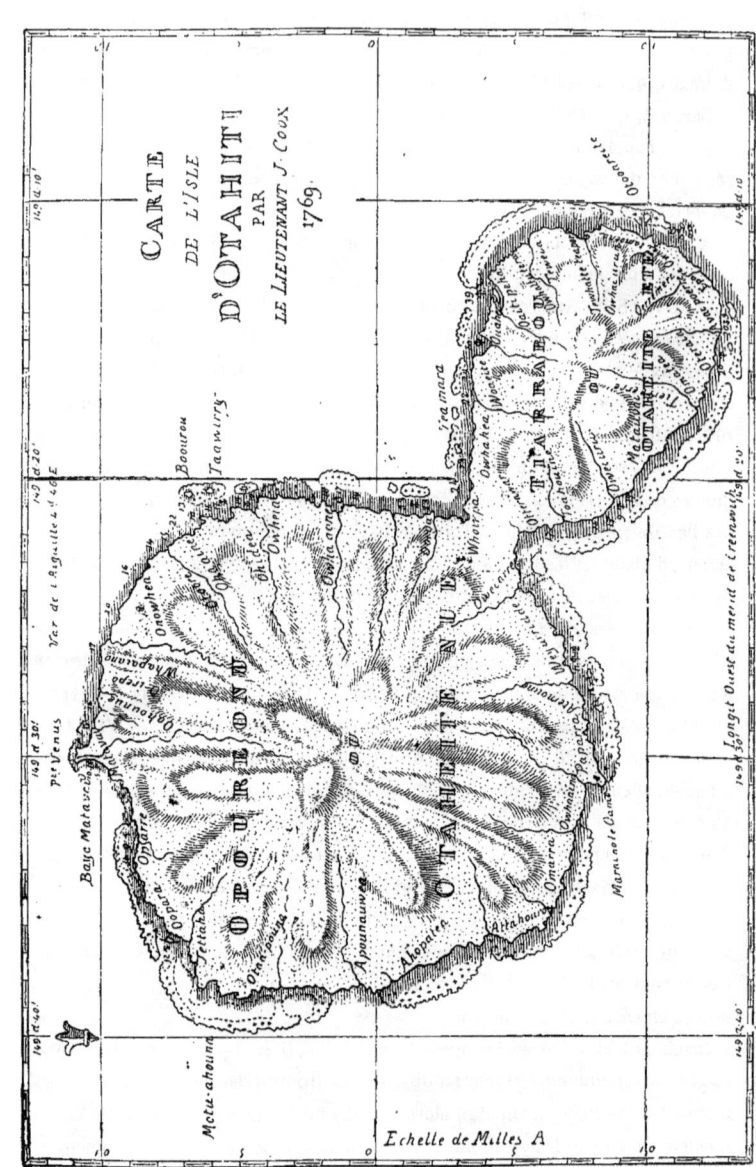

(Fac-simile. Gravure ancienne.)

Combat du *Swallow* et d'un prao malais. (Page 71.)

cette obscurité prodigieuse, ce brouillard épais sous lequel le soleil se cacha pendant plusieurs jours, qui empêcha Carteret d'apercevoir l'île de Pâques, car certains indices, la multitude des oiseaux, les algues flottantes, lui avaient dénoncé le voisinage de quelque terre.

Ces troubles atmosphériques étaient faits pour ralentir encore le voyage. En outre le *Swallow*, était aussi mauvais voilier que possible, et l'on peut juger de l'ennui, des préoccupations, de l'angoisse même du capitaine, qui voyait son équipage à la veille de mourir de faim. Quoi qu'il en soit, la route fut continuée toutes voiles dehors, de jour et de nuit, dans la direction de l'ouest, jusqu'au 2 juillet.

Ce jour-là, une terre fut aperçue dans le nord, et, le lendemain, Carteret la rangea d'assez près pour la reconnaître. Ce n'était qu'un grand rocher de cinq milles de circonférence, couvert d'arbres, qui paraissait inhabité, et que la houle, très violente en cette saison, l'empêcha d'accoster. On l'appela Pitcairn, du nom de celui qui l'avait découverte le premier. Ce fut dans ces parages que les matelots, jusqu'alors en bonne santé, ressentirent les premières atteintes du scorbut.

Le 11, une nouvelle terre fut aperçue par 22° de latitude sud et 141°31′ de longitude. On lui donna le nom d'Osnabruck, en l'honneur du second fils du roi.

Le lendemain, Carteret expédia un détachement sur deux autres îles, où l'on ne trouva ni végétaux comestibles ni eau. On y prit à la main plusieurs oiseaux, si peu sauvages, qu'ils ne fuyaient pas à l'approche de l'homme.

Toutes ces terres faisaient partie de l'archipel Dangereux, longue chaîne d'îles basses, d'attolls, qui firent le désespoir de tous les navigateurs par le peu de ressources qu'elles leur offraient. Carteret crut reconnaître la terre vue par Quiros; mais cette dernière, qui porte le nom indigène de Taïti, est située plus au nord.

Cependant, la maladie faisait tous les jours de nouveaux progrès. Les sautes de vent, et, par-dessus tout, les avaries du vaisseau rendant la marche très lente, Carteret jugea nécessaire de prendre la route sur laquelle il avait chance de rencontrer les rafraîchissements et les facilités de réparations dont il avait un si pressant besoin.

« J'avais dessein, dit Carteret, si le vaisseau pouvait être réparé, de poursuivre mon voyage dans le sud au retour de la saison convenable, pour faire de nouvelles découvertes dans cette partie du globe. Je projetais enfin, si je découvrais un continent, et que je pusse y trouver une quantité suffisante de provisions, de me maintenir le long de la côte du sud jusqu'à ce que le soleil eût passé l'équateur, de gagner alors une latitude sud fort avancée et de tirer à l'ouest vers le cap de Bonne-Espérance ou de m'en revenir à l'est, après avoir touché aux îles Falkland, s'il était nécessaire, et de partir promptement de là pour aborder en Europe. »

Ces louables projets, qui dénotent en Carteret le véritable explorateur, plutôt stimulé qu'intimidé par le péril, il allait être dans l'impuissance absolue de les mettre à exécution.

En effet, il ne rencontra l'alizé que par 16°, et le temps continua d'être détestable. Aussi, quoi qu'il naviguât dans le voisinage de l'île du Danger, découverte par Byron en 1765, et de certaines autres, il ne vit aucune terre.

« Nous passâmes probablement, dit-il, près de quelqu'une, que la brume nous empêcha de voir, car, dans cette traversée, un grand nombre d'oiseaux de mer voltigèrent souvent autour du vaisseau. Le commodore Byron, dans son dernier voyage, avait dépassé les limites septentrionales de cette partie de l'Océan, dans laquelle on dit que les îles Salomon sont situées ; et, comme j'ai été moi-même au delà des limites sud sans les voir, j'ai de grandes raisons de conclure que, si ces îles existent, leur situation est mal déterminée dans toutes les cartes. »

Cette dernière supposition était exacte ; mais les îles Salomon existaient si bien, que Carteret allait, quelques jours plus tard, y atterrir sans les reconnaître.

Cependant, les vivres étaient presque entièrement consommés ou corrompus, les manœuvres et les voiles hachées par la tempête, les rechanges épuisées, la moitié de l'équipage clouée sur les cadres, lorsque survint, pour le capitaine, un nouveau sujet d'alarmes. Une voie d'eau fut signalée. Placée au-dessous de la la ligne de flottaison, il était impossible de l'aveugler tant qu'on serait en pleine mer. Par une chance inespérée, le lendemain, la terre fut découverte. Dire de quels cris de joie, de quelles acclamations elle fut saluée, ce serait superflu. Le sentiment de surprise et de soulagement qu'éprouva l'équipage ne peut être comparé, suivant les expressions mêmes de Carteret, qu'à celui que ressent le criminel qui reçoit sur l'échafaud l'annonce de sa grâce. C'était l'île de Nitendit, déjà vue par Mendana.

A peine l'ancre avait-elle touché le fond, qu'une embarcation fut expédiée à la recherche d'une aiguade. Des indigènes, noirs, à la tête laineuse, entièrement nus, parurent sur le rivage et s'enfuirent avant que le canot pût accoster. Un beau courant d'eau douce au milieu d'une forêt impénétrable d'arbres et d'arbustes qui poussaient jusque dans la mer même, une contrée sauvage, hérissée de montagnes, voilà le tableau que fit du pays le patron de l'embarcation.

Le lendemain, le maître fut renvoyé à la recherche d'un lieu de débarquement plus facile, avec l'ordre de gagner par des cadeaux la bienveillance des naturels. Il lui était expressément recommandé de ne pas s'exposer, de regagner le bord si plusieurs pirogues se dirigeaient vers lui, de ne point quitter lui-même l'embarcation, et de ne laisser descendre à terre que deux hommes à la fois, tandis que les autres se tiendraient sur la défensive. De son côté, Carteret envoya son canot à terre pour faire de l'eau. Quelques naturels lui décochèrent des flèches, qui n'atteignirent heureusement personne. Pendant ce temps, la chaloupe regagnait le *Swallow*. Le maître avait trois flèches dans le corps, et la moitié de son équipage était si dangereusement blessée, que lui-même ainsi que trois matelots moururent quelques jours après.

Voici ce qui s'était passé. Débarqué, lui cinquième, dans un endroit où il avait aperçu plusieurs cabanes, le maître était entré en relations d'échange avec les indigènes. Bientôt le nombre de ceux-ci augmenta, et plusieurs grandes pirogues se dirigeant vers sa chaloupe, il n'avait pu la rejoindre qu'au moment où l'attaque commençait. Poursuivi à coups de flèches par les naturels, qui entrèrent dans l'eau jusqu'aux épaules, chassé par les pirogues, il n'était parvenu à s'échapper qu'après avoir tué plusieurs indigènes et coulé une de leurs embarcations.

Cette tentative, à la recherche d'un endroit plus favorable pour échouer le *Swallow*, avait été si malheureuse, que Carteret fit abattre son navire en carène, à l'endroit même où il était, et là, on travailla à boucher la voie d'eau. Si le charpentier, seul homme de l'équipage dont la santé fût passable, ne put parvenir à l'aveugler entièrement, il la diminua cependant beaucoup. Tandis qu'une nouvelle embarcation était dirigée vers l'aiguade, on balaya les bois, du vaisseau à coups de canon, de la chaloupe à coups de mousquet. Cependant, les matelots travaillaient depuis un quart d'heure, lorsqu'ils furent assaillis par une volée de flèches, qui blessa grièvement l'un d'eux à la poitrine. Il fallut recourir aux mêmes mesures toutes les fois qu'on voulut faire de l'eau.

A ce moment, trente hommes étaient incapables de faire leur service. Le maître se mourait de ses blessures. Le lieutenant Gower était très mal. Carteret, lui-même, attaqué d'une maladie bilieuse et inflammatoire, était obligé de garder le lit. Ces trois officiers étaient seuls capables de reconduire le *Swallow* en Angleterre, et ils étaient sur le point de succomber!

Si l'on voulait enrayer les progrès de la maladie, il fallait à tout prix se procurer des rafraîchissements, et il était impossible de le faire en cet endroit. Carteret leva donc l'ancre le 17 août, après avoir donné à cette île le nom d'Egmont, en l'honneur du lord de l'Amirauté, et appelé baie Swallow celle où il avait mouillé. Persuadé que c'était la terre à laquelle les Espagnols ont donné le nom de Santa-Cruz, le navigateur n'en céda pas moins à la manie, alors à la mode, d'imposer de nouveaux vocables à tous les endroits qu'on visitait. Puis il longea la côte à peu de distance, constata que la population était très nombreuse, et eut, mainte fois, maille à partir avec ses habitants. Ces obstacles, ainsi que l'impossibilité de se procurer des rafraîchissements, empêchèrent Carteret de reconnaître les autres îles de ce groupe, auquel il imposa le nom d'îles de la Reine-Charlotte.

« Les habitants de l'île d'Egmont, dit-il, sont extrêmement agiles, vigoureux, actifs. Ils semblent aussi propres à vivre dans l'eau que sur terre, car ils sautent de leurs pirogues dans la mer presque à toutes les minutes... Une des flèches qu'ils tirèrent traversa les planches du bateau et blessa dangereusement un officier de poupe à la cuisse. Ces flèches ont une pointe de pierre, et nous ne vîmes parmi eux aucune espèce de métal. Le pays, en général, est couvert de bois et de montagnes et entrecoupé d'un grand nombre de vallées. »

Ce fut le 18 août 1767 que Carteret quitta cet archipel, avec le projet de gagner la Nouvelle-Bretagne. Avant de l'atteindre, il comptait bien rencontrer quelques îles où il serait plus heureux. En effet, le 20, il découvrit une petite île basse qu'il appela Gower, où il put se procurer quelques cocos. Le lendemain, il reconnut les îles Simpson et Carteret, plus un groupe de neuf îles qu'il estima être les Ohang-Java, découvertes par Tasman ; puis, successivement, celles de sir Charles Hardy, Winchelsea, qu'il ne supposa pas faire partie de l'archipel des Salomon, l'île Saint-Jean de Schouten, et enfin la Nouvelle-Bretagne, qu'il atteignit le 28 août.

Carteret longea la côte de cette île, cherchant un port commode et sûr, et s'arrêta en diverses baies, où il se procura du bois, de l'eau, des cocos, des muscades, de l'aloès, des cannes à sucre, des bambous et des choux palmistes.

« Ce chou, dit-il, est blanc, frisé, d'une substance remplie de suc ; lorsqu'on le mange cru, il a une saveur ressemblant à celle de la châtaigne, et, quand il est bouilli, il est supérieur au meilleur panais. Nous le coupâmes en petites tranches dans du bouillon fait avec nos tablettes, et ce bouillon, épaissi ensuite avec du gruau d'avoine, nous fournit un très bon mets. »

Les bois étaient animés par des vols nombreux de pigeons, de tourterelles, de perroquets et de divers oiseaux inconnus. Les Anglais visitèrent plusieurs habitations abandonnées. S'il est permis de juger de la civilisation d'un peuple par ses demeures, ces insulaires devaient être au dernier degré de l'échelle, car ils habitaient les plus misérables huttes que Carteret eût jamais rencontrées.

Le commandant profita de son séjour en ce lieu pour mettre encore une fois le *Swallow* à la bande et visiter sa voie d'eau, que les charpentiers arrêtèrent de leur mieux. Le doublage étant fort usé et la quille toute rongée des vers, on l'enduisit de poix et de goudron chaud mêlés ensemble.

Le 7 septembre, Carteret accomplit cette ridicule cérémonie de la prise de possession du pays au nom de Georges III ; puis il expédia en reconnaissance une de ses embarcations, qui rapporta quantité de cocos et de choux palmistes rafraîchissements des plus précieux pour les nombreux malades du bord.

Bien que la mousson dût continuer à souffler de l'est longtemps encore, le commandant, qui appréciait le mauvais état de son vaisseau, résolut de partir aussitôt pour Batavia, où il espérait pouvoir refaire son équipage et réparer le *Swallow*.

Il quitta donc, le 9 septembre, le havre de Carteret, le meilleur qu'il eût rencontré depuis son départ du détroit de Magellan.

Il pénétra bientôt dans un golfe que Dampier avait appelé baie Saint-Georges et qu'il ne tarda pas à reconnaître pour un détroit qui séparait la Nouvelle-Bretagne de la Nouvelle-Irlande. Il reconnut ce canal, auquel il laissa le nom de Saint-Georges, et le décrit, dans sa relation, avec un soin que durent hautement apprécier les navigateurs de son temps. Puis il suivit la côte de la Nouvelle-Irlande jusqu'à son extrémité occidentale. Près d'une petite île, qu'il nomma Sandwich, le capitaine Carteret eut quelques relations avec les indigènes.

« Ces insulaires, dit-il, sont noirs et ont de la laine à la tête comme les nègres, mais ils n'ont pas le nez plat et les lèvres grosses. Nous pensâmes que c'était la même race d'hommes que les habitants de l'île d'Egmont. Comme eux, ils sont entièrement nus, si l'on excepte quelques parures de coquillages qu'ils attachent à leurs bras et à leurs jambes. Ils ont pourtant adopté une pratique sans laquelle nos dames et nos petits-maîtres ne sont pas supposés être habillés complètement. Leurs cheveux, ou plutôt la laine de leurs têtes, étaient chargés de poudre blanche, d'où il suit que la mode de se poudrer est probablement d'une plus haute antiquité et d'un usage plus étendu qu'on ne le croit communément..... Ils sont armés de piques et de grands bâtons en forme de massue, mais nous n'avons aperçu parmi eux ni arcs ni flèches. »

À l'extrémité sud-ouest de la Nouvelle-Irlande, Carteret reconnut encore une terre, à laquelle il donna le nom de Nouvelle-Hanovre, puis, bientôt après, l'archipel du Duc-de-Portland.

Bien que toute cette partie de sa relation de voyage, dans des contrées inconnues avant lui, abonde en détails précieux, Carteret, navigateur bien plus exact, bien plus zélé que ses prédécesseurs Byron et Wallis, s'excuse encore de n'avoir pu en réunir davantage.

« La description du pays, dit-il, de ses productions et de ses habitants aurait été beaucoup plus complète et plus détaillée, si je n'avais pas été tellement affaibli et épuisé par la maladie que je succombais presque sous les fonctions qui retombaient sur moi faute d'officiers. Lorsque je pouvais à peine me traîner, j'étais obligé de faire quart sur quart et de partager d'autres travaux avec mon lieutenant, dont la santé était aussi en fort mauvais état. »

En débouquant du canal Saint-Georges, la route fut faite à l'ouest. Carteret découvrit encore plusieurs îles ; mais, la maladie l'ayant, pendant plusieurs jours, empêché de monter sur le pont, il ne put en déterminer exactement la position. Il leur donna le nom d'îles de l'Amirauté et se vit contraint d'employer, à deux reprises, les armes à feu pour repousser les attaques des naturels. Il reconnut ensuite l'île Durour, Matty et les Cuèdes, dont les habitants furent tout joyeux de recevoir quelques morceaux d'un cercle de fer. Carteret déclare que, pour quelques instruments de ce métal, il aurait acheté toutes les productions du pays. Bien qu'ils fussent voisins de la Nouvelle-Guinée et des archipels qu'il venait d'explorer, ces peuples n'étaient pas noirs, mais cuivrés. Ils avaient de beaux cheveux noirs très longs, les traits réguliers et des dents d'une blancheur éclatante. De taille moyenne, forts et agiles, ils étaient gais, familiers, et montèrent sans crainte à bord du bâtiment. L'un d'eux demanda même à Carteret de l'accompagner dans son voyage, et, malgré tout ce que ses compatriotes et le capitaine lui-même purent lui dire, il refusa de quitter le *Swallow*. Carteret, devant une volonté aussi ferme, céda, mais le pauvre Indien, qui avait reçu le nom de Joseph Freewill, ne tarda pas à dépérir et mourut à Célèbes.

Le 29 octobre, les Anglais atteignirent la partie nord-est de Mindanao. Toujours à la poursuite d'eau et de vivres frais, Carteret chercha, vainement, la baie que Dampier avait signalée comme très giboyeuse. Un peu plus loin, il rencontra une aiguade, mais les dispositions hostiles des habitants le forcèrent encore une fois à reprendre la mer.

En quittant Mindanao, le commandant fit voile pour gagner le détroit de Macassar, entre les îles Bornéo et Célèbes. Il l'embouqua le 14 novembre. Le vaisseau marchait alors si mal qu'il mit quinze jours à faire vingt-huit lieues.

« Malades, dit-il, affaiblis, mourants, voyant des terres où nous ne pouvions pas arriver, exposés à des tempêtes qu'il nous était impossible de surmonter, nous fûmes attaqués par un pirate. »

Celui-ci, espérant trouver l'équipage anglais endormi, attaqua le *Swallow* au milieu de la nuit. Mais, loin de se laisser abattre par ce nouveau danger, les matelots se défendirent avec tant de vaillance et d'habileté, qu'ils coulèrent bas le prao malais.

Le 12 décembre, Carteret eut le chagrin de voir que la mousson d'ouest avait commencé. Le *Swallow* n'était pas en état de lutter contre ce vent et le courant pour atteindre Batavia par l'ouest. Il fallut donc se résigner à gagner Macassar, qui était alors le principal établissement des Hollandais dans les Célèbes. Lorsque les Anglais y arrivèrent, il y avait trente-cinq semaines qu'ils avaient quitté le détroit de Magellan.

A peine l'ancre fut-elle jetée en vue du port, qu'un Hollandais, dépêché par le gouverneur, monta à bord du *Swallow*. En apprenant que ce bâtiment appartenait à la marine militaire anglaise, il parut très alarmé. Aussi, le lendemain,

Poursuivis à coups de flèche. (Page 67.)

lorsque Carteret envoya son lieutenant, M. Gower, demander l'accès du port, afin d'y acheter des rafraîchissements pour son équipage mourant, d'y réparer son bâtiment délabré, et d'attendre le renversement de la mousson, non seulement on ne lui permit pas de descendre à terre, mais les Hollandais s'empressèrent de réunir leurs troupes et d'armer leurs bâtiments. Enfin, au bout de cinq heures, la réponse du gouverneur fut apportée à bord. C'était un refus aussi peu poli que peu déguisé. En même temps, il était fait défense aux Anglais de débarquer dans aucun endroit soumis au gouvernement hollandais.

Toutes les représentations de Carteret, qui fit remarquer l'inhumanité de ce refus, ses démonstrations hostiles mêmes, n'amenèrent d'autres résultats que la

Portrait de Bougainville. (*Fac-simile. Gravure ancienne.*)

vente de quelques provisions et l'autorisation de gagner une petite baie voisine. Il y trouverait, disait-on, un abri assuré contre la mousson ; il pourrait y installer un hôpital pour ses malades ; enfin, il s'y procurerait des rafraîchissements plus abondants qu'à Macassar, d'où on lui enverrait, d'ailleurs, tout ce dont il pourrait avoir besoin. Sous peine de mourir de faim et de couler bas, il fallut en passer par ces exigences, et Carteret dut se résoudre à gagner la rade de Bonthain.

Là, les malades, installés dans une maison, se virent refuser la permission de s'écarter à plus de trente verges de leur hôpital. Ils étaient gardés à vue et ne pouvaient communiquer avec les naturels. Enfin, il leur était défendu de rien acheter que par l'entremise des soldats hollandais, qui abusèrent étrangement de leur pouvoir, car ils faisaient quelquefois plus de mille pour cent de profit. Toutes les plaintes des Anglais furent inutiles ; ils durent se soumettre, pendant tout leur séjour, à une surveillance humiliante au suprême degré.

Ce fut seulement le 22 mai 1768, au retour de la mousson, que le capitaine Carteret put quitter Bonthain, après une longue série d'ennuis, de vexations et d'alarmes qu'il nous est impossible de raconter en détail, et qui avaient mis sa patience à une rude épreuve.

« Célèbes, dit-il, est la clé des Moluques, ou îles à Épiceries, qui sont nécessairement sous la domination du peuple qui est maître de cette île. La ville de Macassar est bâtie sur une pointe de terre, et elle est arrosée par une rivière ou deux, qui la traversent ou qui coulent dans son voisinage. Le terrain est uni et d'une très belle apparence. Il y a beaucoup de plantations et de bois de cocotiers, entremêlés d'un grand nombre de maisons, qui font juger que le pays est bien peuplé.... A Bonthain, le bœuf est excellent, mais il serait difficile d'en trouver pour approvisionner une escadre. On peut s'y procurer autant de riz, de volailles et de fruits qu'on le désirera ; il y a aussi, dans les bois, une grande abondance de cochons sauvages, qu'il est facile d'avoir à bon marché, parce que les naturels du pays, qui sont mahométans, n'en mangent jamais... »

Ces informations, tout incomplètes qu'elles sont, avaient leur intérêt à l'époque où elles furent recueillies, et nous penchons à croire que, bien que vieilles de plus de cent ans, elles présentent encore aujourd'hui un certain fond de vérité.

Aucun incident ne vint marquer la traversée jusqu'à Batavia. Après plusieurs retards, causés par le désir qu'avait la Compagnie hollandaise de se faire délivrer par le commandant un *satisfecit* de la conduite qu'avait tenue à son égard le gouverneur de Macassar, et qu'il refusa avec beaucoup de fermeté, Carteret obtint la permission de faire réparer son bâtiment.

Le 15 septembre, le *Swallow*, radoubé tant bien que mal, mit à la voile. Il était muni d'un supplément de matelots anglais, sans lesquels il lui eût été impossible de regagner l'Europe. Vingt-quatre hommes de son équipage primitif étaient morts, et vingt-quatre autres étaient dans un tel état, que sept d'entre eux périrent avant d'atteindre le Cap.

Après un séjour dans ce port, séjour très salutaire à l'équipage, qui se prolongea jusqu'au 6 janvier 1769, Carteret reprit la mer, et rencontra, un peu plus haut que l'Ascension, où il avait touché, un bâtiment français. C'était la frégate *la Boudeuse*, sur laquelle Bougainville venait de faire le tour du monde.

Le 20 mars 1769, le *Swallow* jetait l'ancre sur la rade de Spithead, après trente et un mois d'un voyage aussi pénible que dangereux.

Il avait fallu toute l'habileté nautique, tout le sang-froid, toute l'ardeur de Carteret pour ne pas périr sur un bâtiment aussi insuffisant, et pour faire des découvertes importantes, dans de telles conditions. Si sa gloire tire un nouveau lustre des obstacles qu'il dut surmonter, la honte d'un si misérable armement retombe tout entière sur l'Amirauté anglaise, qui, au mépris des représentations de l'habile capitaine, exposa sa vie et celle de tant de braves marins dans un si long voyage.

III

Bougainville. — Les métamorphoses d'un fils de notaire. — Colonisation des Malouines. — Buenos-Ayres et Rio-de-Janeiro. — Remise des Malouines aux Espagnols. — Hydrographie du détroit de Magellan. — Les Pécherais. — Les Quatre-Facardins. — Taïti. — Incidents de la relâche. — Productions du pays et mœurs des habitants. — Les Samoa. — La Terre du Saint-Esprit ou les Nouvelles-Hébrides. — La Louisiade. — Les îles des Anachorètes. — La Nouvelle-Guinée. — Boutan. — De Batavia à Saint-Malo.

Tandis que Wallis achevait de faire le tour du monde, pendant que Carteret continuait sa longue et pénible circumnavigation, une expédition française était armée dans le but de faire des découvertes dans la mer du Sud.

Sous l'ancien régime, où tout était arbitraire, les titres, les grades et les places se donnaient à la faveur. Il n'était donc pas étonnant qu'un militaire, qui venait de quitter depuis quatre ans à peine le service de terre et le grade de colonel, pour entrer dans la marine avec celui de capitaine de vaisseau, reçût cet important commandement.

Par extraordinaire, cette singulière mesure se trouva justifiée, grâce aux talents de celui qui en fut l'objet.

Louis-Antoine de Bougainville était né à Paris, le 13 novembre 1729. Fils d'un notaire, il fut d'abord destiné au barreau et se fit recevoir avocat. Mais, sans goût pour la profession paternelle, il s'adonnait particulièrement aux sciences et publiait un *Traité de calcul intégral*, tandis qu'il se faisait recevoir aux mousquetaires noirs. Des trois carrières qu'il avait commencé à parcourir, il abandonna sans retour les deux premières, fit quelques infidélités à la troisième pour une quatrième, la diplomatie, jusqu'à ce qu'il la quittât définitivement pour une cinquième, la marine. Il devait mourir sénateur, après un sixième avatar.

Aide de camp de Chevert, puis secrétaire d'ambassade à Londres, où il fut reçu membre de la Société royale, il partit de Brest, en 1756, avec le grade de capitaine de dragons, pour rejoindre Montcalm au Canada. Aide de camp de ce général, il se fit remarquer en différentes occasions, qui lui méritèrent la confiance de son chef, et fut envoyé en France demander des renforts.

Notre malheureuse patrie ne comptait plus ses revers en Europe, où elle avait besoin de toutes ses ressources. Aussi, lorsque le jeune Bougainville exposa à M. de Choiseul l'objet de sa mission, le ministre répondit-il avec brusquerie :

« Lorsque le feu est à la maison, on ne s'occupe guère des écuries. — Au moins, monsieur, répondit Bougainville, on ne dira pas que vous parlez comme un cheval. »

Cette saillie était trop spirituelle et trop mordante pour lui concilier la bienveillance du ministre. Heureusement, Mme de Pompadour aimait les gens d'esprit ; elle présenta au roi Bougainville, qui, s'il ne put rien obtenir pour son général, eut le talent de se faire nommer colonel et chevalier de Saint-Louis, bien qu'il n'eût que sept ans de service. De retour au Canada, il eut à cœur de justifier la confiance de Louis XV et se fit remarquer dans plusieurs affaires. Après la perte de cette colonie, il servit en Allemagne sous M. de Choiseul-Stainville.

La paix de 1763 vint arrêter sa carrière militaire. La vie de garnison ne pouvait convenir à un esprit aussi actif, aussi amoureux du mouvement que celui de Bougainville. Il conçut alors le singulier projet de coloniser les îles Falkland, à l'extrémité méridionale de l'Amérique du Sud, et d'y transporter, de bonne volonté, les colons canadiens qui avaient émigré en France, pour échapper au joug tyrannique de l'Angleterre. Enthousiasmé de cette idée, il s'adressa à certains armateurs de Saint-Malo, qui, depuis le commencement du siècle, fréquentaient cet archipel et lui avaient donné le nom d'îles Malouines.

Dès qu'il eut gagné leur confiance, Bougainville fit miroiter aux yeux du ministère les avantages, cependant bien problématiques, de cet établissement, qui, par son heureuse situation, pouvait servir de relâche aux bâtiments allant dans la mer du Sud. Fortement épaulé, il obtint l'autorisation qu'il demandait et enleva sa nomination de capitaine de vaisseau.

On était en 1763. Il y a peu d'apparence que les officiers de marine, qui avaient conquis leur avancement en passant par tous les grades, aient vu d'un bon œil une nomination que rien n'avait justifiée jusqu'alors. Peu importait, d'ailleurs, au ministre de la marine, M. de Choiseul-Stainville. Il avait eu Bougainville sous ses ordres, et était trop grand seigneur pour ne pas mépriser les criailleries du corps des officiers de vaisseau.

Boügainville, après avoir converti à ses projets MM. de Nerville et d'Arboulin, son cousin et son oncle, fit aussitôt construire et armer à Saint-Malo, par les soins de M. Guyot-Duclos, l'*Aigle*, de 20 canons, et le *Sphinx*, de 12, sur lesquels il embarqua plusieurs familles canadiennes. Parti de Saint-Malo le 15 septembre 1763, il relâcha à l'île Sainte-Catherine, sur la côte du Brésil, à Montevideo, où il prit beaucoup de chevaux et de bêtes à cornes, et débarqua aux Malouines, dans une grande baie qui lui parut tout à fait propre à ses projets ; mais il ne lui fallut pas longtemps pour voir que ce qui avait été pris par tous les navigateurs pour des bois de moyenne hauteur n'était que roseaux. Pas un arbre, pas un arbrisseau ne poussait sur ces îles. On pouvait heureusement les remplacer comme combustible par une excellente tourbe. La pêche et la chasse y offraient aussi d'abondantes ressources.

La colonie ne fut d'abord composée que de vingt-neuf personnes, auxquelles on bâtit des cases et un magasin aux vivres. En même temps, on traçait et on commençait un fort capable de contenir quatorze pièces de canon. M. de Nerville consentit à rester à la tête de l'établissement, tandis que Bougainville repartait pour la France, le 5 avril. Là, il raccola de nouveaux colons et prit un chargement considérable de provisions de toute espèce, qu'il débarqua le 5 janvier 1765. Puis, il alla chercher dans le détroit de Magellan une cargaison de bois, et rencontra, comme nous l'avons dit plus haut, les bâtiments du commodore Byron, qu'il suivit jusqu'au port Famine. Il y embarqua plus de dix mille plants d'arbres de différents âges, qu'il avait l'intention de transporter aux Malouines. Lorsqu'il quitta cet archipel, le 27 avril suivant, la colonie se composait de quatre-vingts personnes, en y comprenant un état-major payé par le roi. Vers la fin de 1765, les deux mêmes bâtiments furent renvoyés avec des vivres et de nouveaux habitants.

L'établissement commençait alors à prendre figure, lorsque les Anglais vinrent s'établir au port Egmont reconnu par Byron. En même temps, le capitaine Macbride essayait de se faire livrer l'établissement en prétendant que ces terres appartenaient au roi d'Angleterre, bien que Byron n'eût reconnu les Malouines qu'en 1765, alors que les Français y étaient établis depuis deux ans. Sur ces entrefaites, l'Espagne les revendiqua à son tour, comme une dépendance de l'Amérique méridionale. L'Angleterre, pas plus que la France, ne voulut rompre la paix pour la possession de cet archipel sans grande importance commerciale, et Bougainville fut obligé d'abandonner son entreprise, sous la condition que la cour de Madrid l'indemniserait de ses frais. Bien plus, il fut chargé par le gouvernement français d'effectuer la remise des Malouines aux commissaires espagnols.

Cette tentative insensée de colonisation fut l'origine et la source de la fortune de Bougainville, car, pour utiliser ce dernier armement, le ministère le chargea de revenir par la mer du Sud et d'y faire des découvertes.

Dans les premiers jours de novembre 1766, Bougainville se rendit à Nantes, où son second, M. Duclos-Guyot, capitaine de brûlot et habile marin vieilli dans les rangs inférieurs parce qu'il n'était pas noble, surveillait les détails de l'armement de la frégate *la Boudeuse*, de 26 canons.

Ce fut le 15 novembre que Bougainville partit de la rade de Mindin, à l'embouchure de la Loire, pour la rivière de la Plata, où il devait trouver les deux frégates espagnoles *la Esmeralda* et *la Liebre*. Mais à peine la *Boudeuse* avait-elle pris le large, qu'une horrible tempête s'éleva. La frégate, dont le gréement était neuf, fit des avaries assez sérieuses pour être obligée de venir se réparer à Brest, où elle entra le 21 novembre. Cette épreuve avait suffi à son commandant pour se rendre compte que la *Boudeuse* était peu propre au service qu'on en attendait. Il fit donc diminuer la hauteur des mâts, changea son artillerie pour une autre plus légère; mais, malgré ces modifications, *la Boudeuse* ne convenait nullement pour les grosses mers et les tempêtes du cap Horn. Cependant, le rendez-vous était fixé avec les Espagnols, et Bougainville dut reprendre la mer. L'état-major de la frégate se composait de onze officiers et trois volontaires, au nombre desquels était le prince de Nassau-Sieghen. L'équipage comprenait deux cent trois matelots, mousses ou domestiques.

Jusqu'à la Plata, la mer fut assez calme pour permettre à Bougainville de faire nombre d'observations sur les courants, causes fréquentes des erreurs commises par les navigateurs dans leur estime.

Le 31 janvier, la *Boudeuse* mouilla dans la baie de Montevideo, où l'attendaient, depuis un mois, les deux frégates espagnoles, sous le commandement de D. Philippe Ruis-Puente. Le séjour de Bougainville sur cette rade et bientôt à Buenos-Ayres, où il alla s'entendre avec le gouverneur au sujet de sa mission, le mit à même de recueillir sur la ville et les mœurs de ses habitants des renseignements trop curieux pour que nous les passions sous silence. Buenos-Ayres lui parut beaucoup trop grand pour le nombre de ses habitants, qui ne dépassait pas 20,000. Cela tient à ce que les maisons n'ont qu'un seul étage avec une grande cour et un jardin. Non seulement cette ville n'a pas de port, mais pas même de môle. Aussi les navires sont-ils forcés de décharger leur cargaison sur des allèges, qui entrent dans une petite rivière où des chariots viennent prendre les ballots pour les porter à la ville.

Ce qui donne à Buenos-Ayres un caractère original, c'est le grand nombre de ses communautés d'hommes et de femmes.

« L'année y est remplie, dit Bougainville, des fêtes de saints qu'on célèbre par des processions et des feux d'artifice. Les cérémonies du culte tiennent lieu de spectacles.... Les jésuites offraient à la piété des femmes un moyen de sanctification plus austère que les précédents. Il avaient, attenant à leur couvent, une maison nommée *casa de los ejercicios de las mujeres*, c'est-à-dire maison des exercices des femmes. Les femmes et les filles, sans le consentement des maris ni des parents, venaient s'y sanctifier par une retraite de douze jours. Elles y étaient logées et nourries aux dépens de la compagnie. Nul homme ne pénétrait dans ce sanctuaire, s'il n'était revêtu de l'habit de Saint-Ignace ; les domestiques, même du sexe féminin, n'y pouvaient accompagner leurs maîtresses. Les exercices dans ce lieu saint étaient la méditation, la prière, les catéchismes, la confession et la flagellation. On nous a fait remarquer les murs de la chapelle encore teints du sang que faisaient, nous a-t-on dit, rejaillir les disciplines dont la pénitence armait les mains de ces Madeleines. »

Les environs de la ville étaient bien cultivés et égayés par un grand nombre de maisons de campagne appelées « quintas ». Mais, à deux ou trois lieues seulement de Buenos-Ayres, ce n'étaient plus que des plaines immenses, sans une ondulation, abandonnées aux taureaux et aux chevaux, qui en sont à peu près les seuls habitants. Ces animaux étaient en telle abondance, dit Bougainville, « que les voyageurs, lorsqu'ils ont faim, tuent un bœuf, en prennent ce qu'ils peuvent manger et abandonnent le reste, qui devient la proie des chiens sauvages et des tigres ».

Les Indiens qui habitent les deux rives de la Plata n'avaient encore pu être soumis par les Espagnols. Ils portaient le nom d'« Indios bravos. »

« Ils sont d'une taille médiocre, fort laids et presque tous galeux. Leur couleur est très basanée, et la graisse, dont ils se frottent continuellement, les rend encore plus noirs. Ils n'ont d'autre vêtement qu'un grand manteau de peau de chevreuil qui leur descend jusqu'aux talons et dans lequel ils s'enveloppent.... Ces Indiens passent leur vie à cheval, du moins auprès des établissements espagnols. Ils viennent quelquefois avec leurs femmes pour y acheter de l'eau-de-vie, et ils ne cessent d'en boire que quand l'ivresse les laisse absolument sans mouvement... Quelquefois, ils s'assemblent en troupe de deux ou trois cents pour venir enlever des bestiaux sur les terres des Espagnols, ou

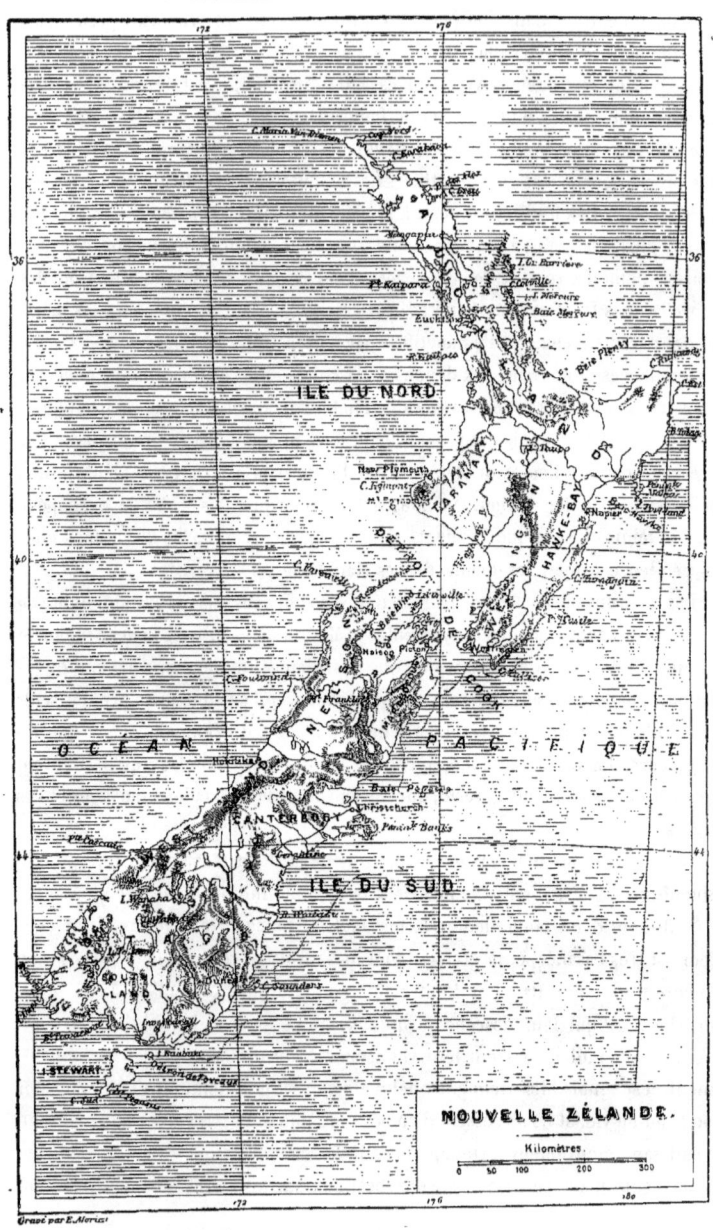

On les fit danser. (Page 85.)

pour attaquer les caravanes de voyageurs. Ils pillent, massacrent et emmènent en esclavage C'est un mal sans remède; comment dompter une nation errante, dans un pays immense et inculte, où il serait même difficile de la rencontrer ? »

Quant au commerce, il était loin d'être florissant depuis qu'il était défendu de faire passer, par terre, au Pérou et au Chili, les marchandises d'Europe. Cependant, Bougainville vit encore sortir de Buenos-Ayres un vaisseau porteur d'un million de piastres, « et si tous les habitants de ce pays, ajoute-t-il, avaient le débouché de leurs cuirs en Europe, ce commerce seul suffirait à les enrichir. »

Le mouillage de Montevideo est sûr, quoiqu'on y essuie quelquefois des « pamperos », tourmentes du sud-ouest accompagnées d'orages affreux. La ville n'offre rien d'intéressant ; ses environs sont si incultes, qu'il faut faire venir de Buenos-Ayres la farine, le biscuit et tout ce qui est nécessaire aux bâtiments. On y trouve cependant en abondance des fruits, tels que figues, pêches, pommes, coins, etc., ainsi que la même quantité de viande de boucherie que dans le reste du pays.

Ces documents, qui datent de cent ans, sont curieux à rapprocher de ceux que nous fournissent les voyageurs contemporains, et notamment M. Émile Daireaux, dans son livre sur la Plata. Sous bien des rapports, ce tableau est encore exact ; mais il est certains autres détails, — tels que l'instruction, dont Bougainville n'avait pas à parler puisqu'elle n'existait pas, — qui ont fait des progrès immenses.

Lorsque les vivres, les provisions d'eau et de viande sur pied furent embarqués, les trois bâtiments firent voile, le 28 février 1767, pour les îles Malouines. La traversée ne fut pas heureuse. Des vents variables, un gros temps et une mer démontée causèrent quelques avaries à la *Boudeuse*. Ce fut le 23 mars qu'elle jeta l'ancre dans la baie Française, où elle fut rejointe le lendemain par les deux bâtiments espagnols, qui avaient été sérieusement éprouvés par la tempête.

Le 1er avril eut lieu la remise solennelle de l'établissement aux Espagnols. Peu de Français profitèrent de la permission que le roi leur donnait de rester aux Malouines ; presque tous préférèrent s'embarquer sur les frégates espagnoles en partance pour Montevideo. Quant à Bougainville, il était obligé d'attendre la flûte *l'Étoile*, qui devait lui apporter des provisions et l'accompagner dans son voyage autour du monde.

Cependant, les mois de mars, d'avril et de mai s'écoulèrent sans que *l'Etoile* parût. Il était impossible de traverser l'océan Pacifique avec les six mois de vivres seulement que portait la *Boudeuse*. Bougainville se détermina donc, le 2 juin, à gagner Rio-de-Janeiro, qu'il avait indiqué à M. de La Giraudais, commandant de *l'Étoile*, comme lieu de réunion, dans le cas où des circonstances imprévues l'empêcheraient de se rendre aux Malouines.

La traversée se fit par un temps si favorable, qu'il ne fallut que dix-huit jours pour gagner cette colonie portugaise. L'*Étoile*, qui l'y attendait depuis quatre jours, avait quitté la France plus tard qu'on ne l'espérait. Elle avait dû chercher un refuge contre la tempête à Montevideo, d'où elle avait gagné Rio, suivant ses instructions.

Fort bien accueillis par le comte d'Acunha, vice-roi du Brésil, les Français purent voir, à l'Opéra, les comédies de Métastase représentées par une troupe de mulâtres, et entendre les chefs-d'œuvre des grands maîtres italiens, exécutés par un mauvais orchestre, que dirigeait un abbé bossu, en costume ecclésiastique.

Mais les bons procédés du comte d'Acunha ne durèrent pas. Bougainville, qui, avec la permission du vice-roi, avait acheté un senau, s'en vit, sans motifs, refuser la livraison. Il lui fut défendu de prendre dans le chantier royal les bois qui lui étaient nécessaires et pour lesquels il avait conclu un marché ; enfin, on l'empêcha de se loger avec son état-major, pendant le temps que durèrent les réparations de la *Boudeuse*, dans une maison voisine de la ville, qu'un particulier avait mise à sa disposition. Pour éviter toute altercation, Bougainville fit à la hâte ses préparatifs de départ.

Avant de quitter la capitale du Brésil, le commandant français entre dans quelques détails sur la beauté du port et le pittoresque de ses environs, et termine par une très-curieuse digression sur les richesses prodigieuses du pays, dont le port est l'entrepôt.

« Les mines appelées *générales*, dit-il, sont les plus voisines de la ville, dont elles sont distantes d'environ soixante-quinze lieues. Elles rendent au roi tous les ans, pour son droit de quint, au moins cent douze arobes d'or; l'année 1762, elles en rapportèrent cent dix-neuf. Sous la capitainerie des mines générales, on comprend celles de *Rio-des-Morts*, de *Sabara* et de *Sero-Frio*. Cette dernière, outre l'or qu'on en retire, produit encore tous les diamants qui viennent du Brésil. Toutes ces pierres, excepté les diamants, ne sont point de contrebande; elles appartiennent aux entrepreneurs, qui sont obligés de donner un compte exact des diamants trouvés et de les remettre entre les mains de l'intendant préposé par le roi à cet effet. Cet intendant les dépose aussitôt dans une cassette cerclée de fer et fermée avec trois serrures. Il a une des clés, le vice-roi une autre et le *Provedor de hacienda reale* la troisième. Cette cassette est renfermée dans une seconde, où sont posés les cachets des trois personnes mentionnées ci-dessus et qui contient les trois clefs de la première. Le vice-roi n'a pas le pouvoir de visiter ce qu'elle renferme. Il consigne seulement le tout à un troisième coffre-fort, qu'il envoie à Lisbonne, après avoir apposé son cachet sur la serrure. »

Malgré toutes ces précautions et la sévérité avec laquelle étaient punis les voleurs de diamants, il se faisait une contrebande effrénée. Mais ce n'était pas la seule branche de revenus, et Bougainville calcule qu'en défalquant l'entretien des troupes, la solde des officiers civils et toutes les dépenses d'administration, le revenu que le roi de Portugal tirait du Brésil dépassait dix millions de livres.

De Rio à Montevideo, aucun incident ne se produisit; mais, sur la Plata, pendant une tourmente, l'*Étoile* fut abordée par un bâtiment espagnol, qui lui rompit son beaupré, sa poulaine et quantité de manœuvres. Les avaries et la violence du choc qui avait augmenté la voie d'eau du navire, le forcèrent à remonter à Enceñada de Baragan, où il était plus facile qu'à Montevideo de faire les réparations nécessaires. Il ne fut donc possible de sortir de la rivière que le 14 novembre.

Treize jours plus tard, les deux bâtiments étaient en vue du cap des Vierges, à l'entrée du détroit de Magellan, où ils ne tardèrent pas à pénétrer. La baie Possession, la première qu'on y rencontre, est un grand enfoncement ouvert à tous les vents et n'offrant que de très mauvais mouillages. Du cap des Vierges au cap d'Orange, on compte près de quinze lieues, et le détroit est partout large de cinq à sept lieues. Le premier goulet fut franchi sans difficulté, et l'ancre fut alors jetée dans la baie Boucault, où une dizaine d'officiers et de matelots descendirent à terre.

Ils ne tardèrent pas à lier connaissance avec les Patagons et à échanger quelques bagatelles, précieuses pour ceux-ci, contre des peaux de vigogne et de guanaco. Ces naturels étaient d'une taille élevée, mais pas un n'avait six pieds.

« Ce qui m'a paru être gigantesque en eux, dit Bougainville, c'est leur énorme carrure, la grosseur de leur tête et l'épaisseur de leurs membres. Ils sont robustes et bien nourris; leurs nerfs sont tendus, leur chair est ferme et soutenue; c'est l'homme qui, livré à la nature et à un aliment plein de sucs, a pris tout l'accroissement dont il est susceptible. »

Du premier au second goulet, qui fut passé aussi heureusement, il peut y avoir six ou sept lieues. Ce goulet n'a qu'une lieue et demie de largeur et quatre de longueur. Dans cette partie du détroit, les bâtiments ne tardèrent pas à rencontrer les îles Saint-Barthélemy et Sainte-Élisabeth. Les Français descendirent sur cette dernière. Ils n'y trouvèrent ni bois ni eau. C'est une terre absolument stérile.

A partir de cet endroit, la côte américaine du détroit est abondamment garnie de bois. Si les premiers pas difficiles avaient été franchis avec bonheur, Bougainville allait cependant trouver à exercer sa patience. En effet, le caractère distinctif de ce climat, c'est que les variations de l'atmosphère s'y succèdent avec une telle promptitude qu'il est impossible de prévoir leurs brusques et dangereuses révolutions. De là des avaries qu'il est impossible de prévenir, qui retardent les bâtiments, lorsqu'elles ne les forcent pas à chercher un abri à la côte pour se réparer.

La baie Guyot-Duclos est un excellent mouillage, où l'on trouve, avec un bon fond, six ou huit brasses d'eau. Bougainville s'y arrêta pour remplir quelques futailles et tâcher de s'y procurer un peu de viande fraîche; mais il n'y rencontra qu'un petit nombre d'animaux sauvages. La pointe Sainte-Anne fut ensuite relevée. C'est là qu'avait été établie, en 1581, la colonie de Philippeville par Sarmiento. Nous avons raconté dans un volume précédent l'épouvantable catastrophe qui a valu à ce lieu le nom de port Famine.

Les Français reconnurent ensuite plusieurs baies, caps et havres où ils entrèrent en relâche. Ce sont la baie Bougainville, où l'*Étoile* fut radoubée, le port Beau-Bassin, la baie de la Cormandière, à la côte de la Terre de Feu, le cap Forward, qui forme la pointe la plus méridionale du détroit et de la Patagonie, la baie de la Cascade, sur la Terre de Feu, dont la sûreté, la commodité de l'ancrage, la facilité à faire de l'eau et du bois font un asile qui ne laisse rien à désirer aux navigateurs. Ces ports, que Bougainville venait de découvrir, sont précieux en ce qu'ils permettent de prendre des bordées avantageuses pour doubler le cap Forward, un des points les plus redoutés des marins à cause des vents impétueux et contraires qu'on y rencontre ordinairement.

L'année 1768 fut commencée dans la baie Fortescue, au fond de laquelle s'ouvre le port Galant, dont le plan avait été autrefois très exactement levé par M. de Gennes. Un temps détestable, dont le plus mauvais hiver de Paris ne peut donner une idée, y retint l'expédition française pendant plus de trois semaines. Elle y fut visitée par une bande de « Pécherais », habitants de la Terre de Feu, qui montèrent à bord des navires.

« On les fit chanter, dit la relation, danser, entendre des instruments et surtout manger, ce dont ils s'acquittèrent avec grand appétit. Tout leur était bon : pain, viande salée, suif, ils dévoraient tout ce qu'on leur présentait..... Ils ne témoignèrent aucune surprise, ni à la vue des navires, ni à celle des objets divers qu'on offrit à leurs regards; c'est sans doute que, pour être surpris de l'ouvrage des arts, il en faut avoir quelques idées élémentaires. Ces hommes bruts traitaient les chefs-d'œuvre de l'industrie humaine comme ils traitent les lois de la nature et ses phénomènes.... Ces sauvages sont petits, vilains, maigres, et d'une puanteur insupportable. Ils sont presque nus, n'ayant pour vêtement que de mauvaises peaux de loups marins, trop petites pour les envelopper...... Leurs femmes sont hideuses, et les hommes semblent avoir pour elles peu d'égards.... Ces sauvages habitent pêle-mêle, hommes, femmes et enfants, dans des cabanes, au milieu desquelles est allumé le feu. Ils se nourrissent principalement de coquillages ; cependant, ils ont des chiens et des lacs faits de barbe de baleine... Au reste, ils paraissent assez bonnes gens, mais ils sont si faibles, qu'on est tenté de ne pas leur en savoir gré... De tous les sauvages que j'ai vus, les Pécherais sont les plus dénués de tout. »

La relâche en cet endroit fut attristée par un pénible événement. Un enfant d'une douzaine d'années était venu à bord, où on lui avait donné des morceaux de verre et de glace, ne prévoyant pas l'usage qu'il en devait faire. Ces sauvages ont, paraît-il, l'habitude de s'enfoncer dans la gorge des morceaux de talc en guise de talisman. Ce garçon en avait, sans doute, voulu faire autant avec le verre ; aussi, lorsque les Français débarquèrent, ils le trouvèrent en proie à des vomissements violents et à des crachements de sang. Son gosier et ses gencives étaient coupés et ensanglantés. Malgré les enchantements et les frictions enragées d'un jongleur, ou peut-être même à cause de ce massage par trop énergique, l'enfant souffrait énormément, et il ne tarda pas à mourir. Ce fut pour les Pécherais le signal d'une fuite précipitée. Ils craignaient sans doute que les Français ne leur eussent jeté un sort et qu'ils ne vinssent tous à mourir de la même manière.

Le 16 janvier, alors qu'elle essayait de gagner l'île Rupert, la *Boudeuse* fut entraînée par le courant à une demi-encâblure du rivage. L'ancre, qui avait été aussitôt jetée, cassa, et, sans une petite brise de terre, la frégate échouait. Il fallut regagner le havre Galant. C'était à propos, car, le lendemain, se déchaînait un épouvantable ouragan.

« Après avoir essuyé pendant vingt-six jours, au port Galant, des vents constamment mauvais et contraires, trente-six heures d'un bon vent, tel que jamais nous n'eussions osé l'espérer, ont suffi pour nous amener dans la mer Pacifique, exemple que je crois unique d'une navigation sans mouillage depuis le port Galant jusqu'au débouquement. J'estime la longueur entière du détroit, depuis le cap des Vierges jusqu'au cap des Piliers, d'environ cent quatorze lieues. Nous avons employé cinquante-deux jours à les faire.... Malgré les difficultés que nous avons essuyées dans le passage du détroit de Magellan (et ici Bougainville est absolument d'accord avec Byron), je conseillerai toujours de préférer cette route à celle du cap Horn, depuis le mois de septembre jusqu'à la fin de mars. Pendant les autres mois de l'année, je prendrais le parti de passer à mer ouverte. Le vent contraire et la grosse mer ne sont pas des dangers, au lieu qu'il n'est pas sage de se mettre à tâtons entre des terres. On sera sans doute retenu quelque temps dans le détroit, mais ce retard n'est pas en pure perte. On y trouve en abondance de l'eau, du bois et des coquillages, quelquefois aussi de très bons poissons, et assurément je ne doute pas que le scorbut ne fît plus de dégât dans un équipage qui serait parvenu à la mer Occidentale en doublant le cap Horn que dans celui qui y sera entré par le détroit de Magellan. Lorsque nous en sortîmes, nous n'avions personne sur les cadres. »

Cette opinion de Bougainville a, jusqu'à ces derniers temps, rencontré de nombreux contradicteurs, et la route qu'il avait si chaudement recommandée demeura tout à fait abandonnée des navigateurs. A plus forte raison en est-il de même aujourd'hui que la vapeur a transformé complètement la marine et changé toutes les conditions de l'art nautique.

A peine avait-il pénétré dans la mer du Sud, que Bougainville, à sa grande surprise, trouva les vents du sud. Aussi dut-il renoncer à gagner l'île de Juan-Fernandez, comme il l'avait résolu.

Il avait été convenu avec le commandant de l'*Étoile*, M. de La Giraudais, que, dans le but de découvrir un plus grand espace de mer, les deux bâtiments se tiendraient aussi éloignés l'un de l'autre qu'il serait nécessaire pour ne pas se perdre de vue, et que chaque soir la flûte rallierait la frégate en se tenant à la distance d'une demi-lieue, de façon que, si la *Boudeuse* venait à rencontrer quelque danger, l'*Étoile* pût facilement l'éviter.

Bougainville chercha quelque temps l'île de Pâques sans la trouver. Puis, il gagna, pendant le mois de mars, le parallèle des terres et des îles marquées par erreur, sur la carte de M. Bellin, sous le nom d'îles de Quiros. Le 22 du même mois, il eut connaissance de quatre îlots, auxquels il donna le nom des Quatre-Facardins, et qui faisaient partie de cet archipel Dangereux, amas d'îlots madréporiques, bas et noyés, que tous les navigateurs, qui pénétraient dans l'océan Pacifique par le détroit de Magellan ou le cap Horn, semblaient s'être donné le mot pour rencontrer. Un peu plus loin fut découverte une île fertile, habitée par des sauvages entièrement nus et armés de longues piques qu'ils brandissaient avec des démonstrations de menace, ce qui lui valut le nom d'île des Lanciers.

Nous ne répéterons pas ce que nous avons eu déjà l'occasion de dire à plusieurs reprises au sujet de la nature de ces îles, de leur difficulté d'accès, de leur population sauvage et inhospitalière. Cette même île des Lanciers fut appelée par Cook Thrum-Cap; et l'île de la Harpe, que Bougainville reconnut le 24, est l'île Bow du même navigateur.

L'île des Lanciers. (Page 87.)

Le commandant, sachant que Roggewein avait failli périr en visitant ces parages et pensant que l'intérêt de leur exploration ne valait pas les dangers qu'on pourrait courir, marcha au sud et perdit bientôt de vue cet immense archipel, qui s'étend sur une longueur de cinq cents lieues et ne comprend pas moins de soixantes îles ou groupes d'îles.

Le 2 avril, Bouganiville aperçut une montagne haute et escarpée, à laquelle il imposa le nom de pic de la Boudeuse. C'était l'île Maïtea, que Quiros avait déjà nommée la Dezana. Le 4, au lever du soleil, les navires étaient en présence de Taïti, longue île composée de deux presqu'îles réunies par une langue de terre qui n'a pas plus d'un mille de large.

Pirogues des îles Marquises. (*Fac-simile. Gravure ancienne.*)

Plus de cent pirogues à balancier ne tardèrent pas à entourer les deux bâtiments; elles étaient chargées de cocos et d'une foule de fruits délicieux, qu'on échangea facilement contre toute sorte de bagatelles. Lorsque la nuit survint, le rivage s'éclaira de mille feux, auxquels on répondit du bord en lançant quelques fusées.

« L'aspect de cette côte, élevée en amphithéâtre, dit Bougainville, nous offrait le plus riant spectacle. Quoique les montagnes y soient d'une grande hauteur, le rocher n'y montre nulle part son aride nudité; tout y est couvert de bois. A peine en crûmes nous nos yeux, lorsque nous découvrîmes un pic chargé d'arbres jusqu'à sa cime isolée, qui s'élevait au niveau des montagnes, dans l'intérieur de la partie méridionale de l'île ; il ne paraissait pas avoir plus de trente toises de diamètre et il diminuait de grosseur en montant ; on l'eût pris de loin pour une pyramide immense, que la main d'un décorateur habile aurait parée de guirlandes de feuillage. Les terrains moins élevés sont entrecoupés de prairies et de bosquets, et, dans toute l'étendue de la côte, il règne sur les bords de la mer, au pied du pays haut, une lisière de terre basse et unie couverte de plantations. C'est là que, au milieu des bananiers, des cocotiers et d'autres arbres chargés de fruits, nous aperçûmes les maisons des insulaires. »

Toute la journée du lendemain se passa en échanges. Outre des fruits, les indigènes offraient des poules, des pigeons, des instruments de pêche, des outils, des étoffes, des coquilles, pour lesquels ils demandaient des clous et des pendants d'oreilles.

Le 6 au matin, après trois jours passés à louvoyer pour reconnaître la côte et y chercher une rade, Bougainville se détermina à mouiller dans la baie qu'il avait vue le jour de son arrivée.

« L'affluence des pirogues, dit-il, fut si grande autour des vaisseaux, que nous eûmes beaucoup de peine à nous amarrer au milieu de la foule et du bruit. Tous venaient en criant « Tayo! » qui veut dire « ami », et nous donnant mille témoignages d'amitié.... Les pirogues étaient remplies de femmes, qui ne le cèdent pas pour l'agrément de la figure au plus grand nombre des Européennes, et qui, pour la beauté du corps, pourraient le disputer à toutes avec avantage. »

Le cuisinier de Bougainville avait trouvé moyen de s'échapper, malgré les défenses qui avaient été faites, et de gagner le rivage. Mais il ne fut pas plus tôt arrivé à terre, qu'il se vit entouré d'une foule considérable, qui le déshabilla entièrement pour considérer toutes les parties de son corps. Il ne savait ce qu'on allait faire de lui et déjà il se croyait perdu, lorsque les indigènes lui remirent ses habits et le ramenèrent à bord plus mort que vif. Bougainville voulait le réprimander ; mais le pauvre homme lui avoua qu'il aurait beau le menacer, jamais il ne lui ferait autant de peur qu'il venait d'en avoir à terre.

Dès que le bâtiment fut amarré, Bougainville descendit sur le rivage avec quelques officiers pour reconnaître l'aiguade. Une foule énorme ne tarda pas à les entourer et à les considérer avec une extrême curiosité tout en criant : « Tayo! tayo! » Un indigène les reçut dans sa maison et leur fit servir des fruits, des poissons grillés et de l'eau. En regagnant la plage, les Français furent arrêtés par un insulaire d'une belle figure qui, couché sous un arbre, leur offrit de partager le gazon qui lui servait de siège.

« Nous l'acceptâmes, dit Bougainville. Cet homme alors se pencha vers nous, et d'un air tendre, aux accords d'une flûte dans laquelle un autre Indien soufflait avec le nez, il nous chanta lentement une chanson, sans doute anacréontique ; scène charmante et digne du pinceau de Boucher. Quatre insulaires vinrent avec confiance souper et coucher à bord. Nous leur fîmes entendre flûte, basse, violon, et nous leur donnâmes un feu d'artifice composé de fusées et de serpenteaux. Ce spectacle leur causa une surprise mêlée d'effroi. »

Avant d'aller plus loin et de reproduire d'autres extraits du récit de Bougainville, nous croyons à propos de prévenir le lecteur de ne pas prendre au pied de la lettre ces tableaux dignes des *Bucoliques*. L'imagination fertile du narrateur veut tout embellir. Les scènes ravissantes qu'il a sous les yeux, cette nature pittoresque ne lui suffisent pas, et il croit ajouter de nouveaux agréments au tableau, quand il ne fait que le charger. Ce travail, il l'accomplit de bonne foi, presque inconsciemment. Il n'en est pas moins vrai qu'il ne faut accepter toutes ces descriptions qu'avec une extrême réserve. De cette tendance générale à cette époque, nous trouvons un exemple assez singulier dans le récit du second voyage de Cook. Le peintre qui avait été attaché à l'expédition, M. Hodges, voulant représenter le débarquement des Anglais dans l'île de Middelbourg, nous peint des individus qui n'ont pas le moins du monde l'air océanien, et qu'avec leur toge on prendrait bien plutôt pour des contemporains de César ou d'Auguste. Et, cependant, il avait eu les originaux sous les yeux, et rien ne lui eût été plus facile que de représenter avec fidélité une scène dont il avait été témoin ! Comme nous savons mieux aujourd'hui respecter la vérité ! Nulle broderie, nul enjolivement dans les relations de nos voyageurs ! Si quelquefois ce n'est qu'un procès-verbal un peu sec, qui ne plaît que médiocrement à l'homme du monde, le savant y trouve presque toujours les éléments d'une étude sérieuse, les bases d'un travail utile à l'avancement de la science.

Ces réserves faites, continuons à suivre le narrateur.

Sur les bords de la petite rivière qui débouchait au fond de la baie, Bougainville fit installer ses malades et ses pièces à eau avec une garde pour leur sûreté. Ces dispositions ne furent pas sans éveiller la susceptibilité et la méfiance des indigènes. Ceux-ci voulaient bien permettre aux étrangers de débarquer et de se promener dans leur île pendant le jour, mais à la condition de les voir coucher à bord des bâtiments. Bougainville insista, et, finalement, il dut fixer la durée de son séjour.

Dès ce moment, la bonne harmonie se rétablit. Un hangar très vaste fut désigné pour recevoir les scorbutiques, au nombre de trente-quatre, et leur garde, qui se composait de trente hommes. Ce hangar fut soigneusement fermé de tous les côtés, et l'on n'y laissa qu'une issue devant laquelle les indigènes apportaient en masse les objets qu'ils voulaient échanger. Le seul ennui qu'on eut à supporter, ce fut d'avoir constamment l'œil sur tout ce qui avait été débarqué, car « il n'y a point en Europe de plus adroits filous que ces gens-là. » Suivant une louable coutume qui commençait à se généraliser, Bougainville fit cadeau au chef de ce canton d'un couple de dindes et de canards mâles et femelles, puis il fit défricher un terrain, où il sema du blé, de l'orge, de l'avoine, du riz, du maïs, des oignons, etc.

Le 10, un insulaire fut tué d'un coup de feu, sans que Bougainville, malgré les plus exactes perquisitions, pût connaître l'auteur de cet abominable assassinat. Les naturels crurent sans doute que leur compatriote s'était mis dans son tort, car ils continuèrent à alimenter le marché avec leur confiance accoutumée. Cependant, le capitaine savait que la rade n'était pas bien abritée ; de plus, le fond était d'un gros corail.

Le 12, pendant un coup de vent, la *Boudeuse*, dont le grelin d'une ancre avait été coupé par le corail, faillit causer de grosses avaries à l'*Étoile*, sur laquelle elle avait dérivé. Tandis que les hommes restés à bord étaient occupés à réparer les avaries, et qu'un canot était allé à la recherche d'une seconde passe qui aurait permis aux bâtiments de sortir par tous les vents, Bougainville apprit que trois insulaires avaient été tués ou blessés dans leurs cases à coups de bayonnette, et que, l'alarme s'étant répandue, tous les naturels avaient fui dans l'intérieur du pays.

Malgré le danger que pouvaient courir les bâtiments, le capitaine descendit aussitôt à terre et fit mettre aux fers les auteurs présumés d'un crime qui aurait pu soulever contre les Français toute la population. Grâce à cette mesure rigoureuse et immédiate, les indigènes se calmèrent et la nuit se passa sans incident.

D'ailleurs, les inquiétudes les plus vives de Bougainville n'étaient pas de ce côté. Il rentra donc à son bord dès que ce fut possible. Pendant un fort grain accompagné de rafales, d'une grosse houle et de tonnerre, les deux navires eussent été jetés à la côte sans un vent de terre qui s'éleva fort à propos. Les grelins des ancres se rompirent, et peu s'en fallut que les bâtiments ne s'échouassent sur des brisants, où ils n'auraient pas tardé à être démolis. Par bonheur, l'*Étoile* put prendre le large, et bientôt la *Boudeuse* fit de même, abandonnant sur cette rade foraine six ancres, qui lui eussent été d'un grand secours pendant le reste de la campagne.

Dès qu'ils s'étaient aperçus du prochain départ des Français, les insulaires étaient venus, en foule, avec des rafraîchissements de toute sorte. En même temps, un indigène, appelé Aotourou, demanda et finit par obtenir la permission de suivre Bougainville dans son voyage. Arrivé en Europe, Aotourou demeura onze mois à Paris, où il trouva, auprès de la meilleure société, l'accueil le plus empressé et le plus bienveillant. En 1770, lorsqu'il voulut retourner dans sa patrie, le gouvernement saisit une occasion pour le faire passer à l'Ile de France. Il devait se rendre à Taïti aussitôt que la saison le permettrait ; mais il mourut dans cette île, sans avoir pu transporter dans son pays l'immense cargaison d'outils de première nécessité, de graines et de bestiaux qui lui avait été remise par le gouvernement français.

Taïti, qui reçut de Bougainville le nom de Nouvelle-Cythère, à cause de la beauté de ses femmes, est la plus grande du groupe de la Société. Bien qu'elle ait été visitée par Wallis, comme nous l'avons dit plus haut, nous reproduirons certains des renseignements que nous devons à Bougainville.

Les principales productions étaient alors le coco, la banane, l'arbre à pain, l'igname, le curassol, la canne à sucre, etc. M. de Commerson, naturaliste, embarqué sur l'*Etoile*, y reconnaissait la flore des Indes. Les seuls quadrupèdes étaient les cochons, les chiens et les rats, qui pullulaient.

« Le climat est si sain, dit Bougainville, que, malgré les travaux forcés que nous y avons faits, quoique nos gens y fussent continuellement dans l'eau et au grand soleil, qu'ils couchassent sur le sol nu et à la belle étoile, personne n'y est tombé malade. Les scorbutiques que nous y avions débarqués et qui n'y ont pas eu une seule nuit tranquille, y ont repris des forces et s'y sont rétablis en très peu de temps, au point que quelques-uns ont été depuis parfaitement guéris à bord. Au reste, la santé et la force des insulaires, qui habitent des maisons ouvertes à tous les vents, et couvrent à peine de quelques feuillages la terre qui leur sert de lit, l'heureuse vieillesse à laquelle ils parviennent sans aucune incommodité, la finesse de tous leurs sens et la beauté singulière de leurs dents, qu'ils conservent dans le plus grand âge, quelles meilleures preuves et de la salubrité de l'air et de la bonté du régime que suivent les habitants! »

Le caractère de ces peuples parut doux et bon. S'il ne semble pas qu'il y ait chez eux de guerres civiles, bien que le pays soit partagé en petits cantons dont les chefs sont indépendants les uns des autres, ils sont toutefois assez fréquemment en guerre avec les habitants des îles voisines. Non contents de massacrer les hommes et les enfants mâles pris les armes à la main, ils leur enlèvent la peau du menton avec la barbe, et conservent précieusement ce hideux trophée. Bougainville ne recueillit sur leur religion et leurs cérémonies que des notions extrêmement vagues. Il fut cependant à même de constater le culte qu'ils rendent aux morts. Ils conservent longtemps les cadavres à l'air libre, sur une sorte d'échafaud abrité par un hangar. Malgré la puanteur qu'exhalent ces corps en décomposition, les femmes vont pleurer dans le voisinage de ces monuments une partie du jour, et arrosent de leurs larmes et d'huile de coco les dégoûtantes reliques de leur affection.

Les productions du sol sont tellement abondantes, elles exigent si peu de travail, que les hommes et les femmes vivent dans une oisiveté presque continuelle. Aussi ne faut-il pas s'étonner que le soin de plaire soit l'unique occupation de ces dernières. La danse, les chants, les longues conversations où règne la plus franche gaieté, avaient développé chez les Taïtiens une mobilité d'impressions, une légèreté d'esprit qui surprirent même les Français, peuple qui ne passe cependant pas pour sérieux, sans doute parce qu'il est plus vif, plus gai, plus spirituel que ceux qui lui font ce reproche. Impossible de fixer l'attention de ces indigènes. Un rien les frappait, mais rien ne les occupait. Malgré ce manque de réflexion, ils étaient industrieux et adroits. Leurs pirogues étaient construites d'une façon aussi ingénieuse que solide. Leurs hameçons et tous leurs instruments de pêche étaient délicatement travaillés. Leurs filets ressemblaient aux nôtres. Leurs étoffes, faites avec l'écorce d'un arbre, étaient habilement tissées et teintes de diverses couleurs.

Nous croyons résumer les impressions de Bougainville, en disant que les Taïtiens sont un peuple de « lazzaroni ».

Le 16 avril, à huit heures du matin, Bougainville était à dix lieues environ dans le nord de Taïti, lorsqu'il aperçut une terre sous le vent. Bien qu'elle parût former trois îles séparées, ce n'en était qu'une en réalité. Elle se nommait Oumaitia, suivant Aotourou. Le commandant, ne jugeant pas à propos de s'y arrêter, dirigea sa route de manière à éviter les îles Pernicieuses, que le désastre de Roggewein lui commandait de fuir. Pendant tout le reste du mois d'avril, le temps fut très beau, mais avec peu de vent.

Le 3 mai, Bougainville fit porter sur une nouvelle terre, qu'il venait de découvrir, et ne tarda pas, dans la même journée, à en apercevoir plusieurs autres. Les côtes de la plus grande étaient partout escarpées; ce n'était, à vrai dire, qu'une montagne couverte d'arbres jusqu'à son sommet, sans vallées ni plage. On y vit quelques feux, des cabanes construites à l'ombre des cocotiers et une trentaine d'hommes qui couraient au bord de la mer.

Le soir, plusieurs pirogues s'approchèrent des navires, et, après quelques instants d'une hésitation bien naturelle, les échanges commencèrent. Les insulaires, pour des cocos, des ignames et des étoffes moins belles que celles de Taïti, exigeaient des morceaux de drap rouge, et repoussaient avec mépris le fer, les clous et ces pendants d'oreilles qui venaient pourtant d'obtenir un si grand succès dans l'archipel Bourbon, nom sous lequel Bougainville désigne le groupe taïtien. Les naturels avaient la poitrine et les cuisses, jusqu'au-dessus du genou, peintes d'un bleu foncé; ils ne portaient pas de barbe, et leurs cheveux étaient relevés en touffe sur le haut de la tête.

Le jour suivant, de nouvelles îles, qui appartenaient au même archipel, furent reconnues. Leurs habitants, qui semblaient assez sauvages, ne voulurent jamais accoster les navires.

« La longitude de ces îles, dit la relation, est à peu près la même par laquelle s'estimait être Abel Tasman, lorsqu'il découvrit les îles d'Amsterdam et de Rotterdam, des Pilstaars, du Prince-Guillaume, et les bas-fonds de Fleemskerk. C'est aussi celle qu'on assigne, à peu de chose près, aux îles de Salomon. D'ailleurs, les pirogues que nous avons vues voguer au large et dans le sud semblent indiquer d'autres îles dans cette partie. Ainsi, ces terres paraissent former une chaîne étendue sous le même méridien. Les îles qui composent cet archipel des Navigateurs gisent sous le quatorzième parallèle austral entre 171 et 172 degrés de longitude à l'ouest de Paris. »

Le scorbut commençait à reparaître avec l'épuisement des vivres frais. Il fallait donc songer à relâcher de nouveau. Le 22 du même mois et les jours suivants, furent reconnues les îles de la Pentecôte, Aurore et l'île des Lépreux, qui font partie de l'archipel des Nouvelles-Hébrides, qu'avait découvert Quiros en 1606. L'abordage paraissant facile, le commandant résolut d'envoyer à terre un détachement qui rapporterait des cocos et d'autres fruits antiscorbutiques. Pendant la journée, Bougainville alla le rejoindre. Les matelots coupaient du bois, et les indigènes les aidaient à l'embarquer. Malgré ces bonnes dispositions apparentes, ces derniers n'avaient pas abandonné toute méfiance et conservaient leurs armes à la main; ceux mêmes qui n'en avaient pas, tenaient de grosses pierres, qu'ils étaient prêts à lancer. Quand les bateaux furent chargés de bois et de fruits, Bougainville fit rembarquer tout son monde. Les indigènes s'approchèrent à ce moment en troupe nombreuse, firent voler une grêle de flèches, de lances et de zagaies; quelques-uns entrèrent même dans l'eau pour mieux ajuster les Français. Plusieurs coups de fusil tirés en l'air n'ayant produit aucun effet, une décharge bien nourrie fit fuir les naturels.

Quelques jours plus tard, un canot, qui cherchait un mouillage sur la côte de

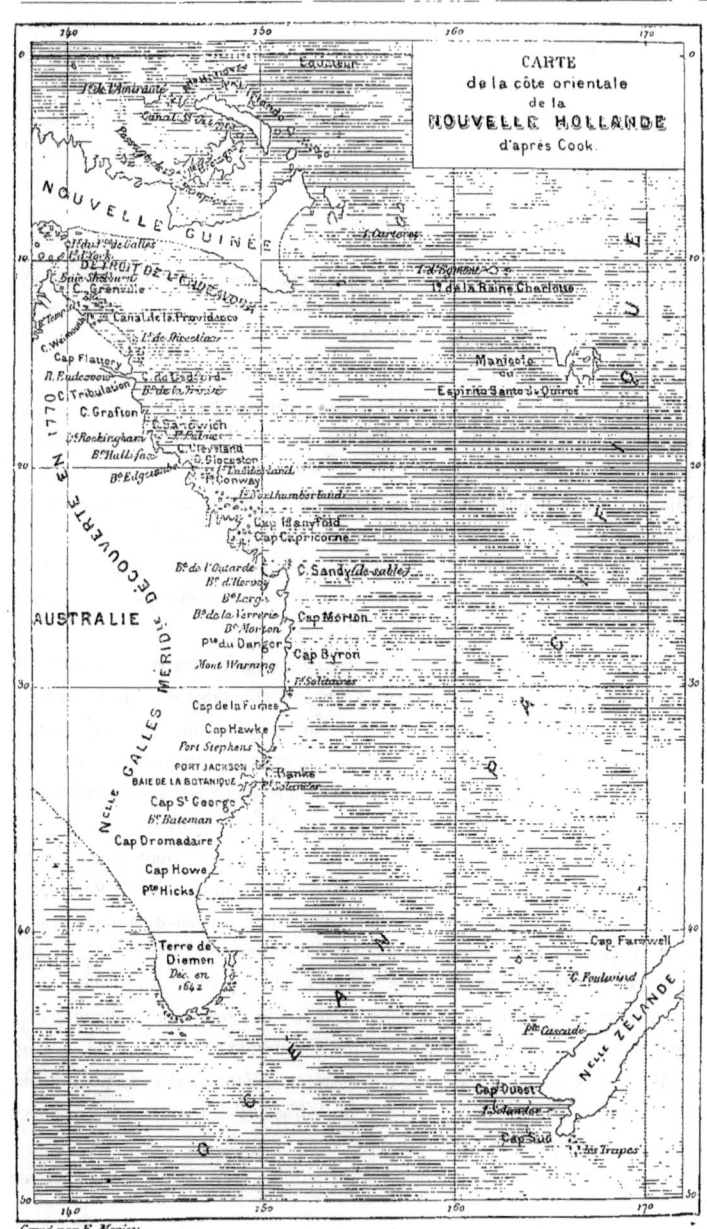

L'aventure de Barré. (Page 99.)

l'île aux Lépreux, se mit dans le cas d'être attaqué. Deux flèches, qui lui furent tirées, servirent de prétexte à la première décharge, bientôt suivie d'un feu si nourri, que Bougainville crut son embarcation en grand danger. Le nombre des victimes fut considérable; les indigènes poussaient des cris épouvantables dans les bois où ils s'étaient réfugiés. Ce fut un véritable massacre. Le commandant, très inquiet de cette mousquetade prolongée, allait détacher au secours de son canot une nouvelle embarcation, lorsqu'il le vit doubler une pointe. Il lui fit aussitôt le signal de ralliement. « Je pris, dit-il, des mesures pour que nous ne fussions plus déshonorés par un pareil abus de la supériorité de nos forces. »

Qu'elle est triste, cette facilité de tous les navigateurs à abuser de leur puissance! Cette manie de la destruction, sans aucun mobile, sans nécessité, sans attrait même, ne soulève-t-elle pas l'indignation? A quelque nation qu'appartiennent les explorateurs, nous les voyons commettre les mêmes actes. Ce n'est donc pas à tel ou tel peuple qu'il faut faire ce reproche de cruauté, mais bien à l'humanité tout entière.

Après s'être procuré les ressources dont il avait besoin, Bougainville reprit la mer.

Il semble que ce navigateur ait tenu surtout à faire beaucoup de découvertes, car toutes les terres qu'il rencontre, il les reconnaît très superficiellement, à la hâte, et de toutes les cartes, pourtant assez nombreuses, qui illustrent sa relation de voyage, il n'en est aucune qui embrasse en entier un archipel, qui résolve les diverses questions que peut faire naître une nouvelle découverte. Ce n'est pas ainsi que devait procéder le capitaine Cook. Ses explorations, toujours conduites avec soin, avec une persévérance très rare, l'ont, par cela même, classé bien au-dessus du navigateur français.

Ces terres, que les Français venaient de rencontrer, n'étaient autres que les îles du Saint-Esprit, de Mallicolo, avec Saint-Barthélemy et les îlots qui en dépendent. Bien qu'il eût parfaitement reconnu l'identité de ce groupe avec la *Tierra del Espiritu-Santo* de Quiros, Bougainville ne put se dispenser de lui donner un nouveau nom, et l'appela archipel des « Grandes-Cyclades », — dénomination à laquelle on a préféré celle de « Nouvelles-Hébrides ».

« Je croirais volontiers, dit-il, que c'est son extrémité septentrionale que Roggewein a vue sous le onzième parallèle, et qu'il a nommée *Thienhoven* et *Groningue*. Pour nous, quand nous y atterrîmes, tout devait nous persuader que nous étions à la *Terre australe du Saint-Esprit*. Les apparences semblaient se conformer au récit de Quiros, et ce que nous découvrions chaque jour encourageait nos recherches. Il est bien singulier que, précisément par la même latitude et la même longitude où Quiros place sa grande baie de *Saint-Jacques et Saint-Philippe*, sur une côte qui paraissait, au premier coup d'œil, celle d'un continent, nous ayons trouvé un passage de largeur égale à celle qu'il donne à l'ouverture de sa baie. Le navigateur espagnol a-t-il mal vu? A-t-il voulu masquer ses découvertes? Les géographes avaient-ils deviné, en faisant de la Terre du Saint-Esprit un même continent avec la Nouvelle-Guinée? Pour résoudre ce problème, il fallait suivre encore le même parallèle pendant plus de 350 lieues. Je m'y déterminai, quoique l'état et la quantité de nos vivres nous avertissent d'aller promptement chercher quelque établissement européen.

On verra qu'il s'en est peu fallu que nous n'ayons été les victimes de notre constance. »

Tandis que Bougainville était dans ces parages, certaines affaires de service l'ayant appelé sur sa conserve l'*Étoile*, il y vérifia un fait singulier, objet, depuis quelque temps déjà, des conversations de tout l'équipage. M. de Commerson, le naturaliste, avait pour domestique un nommé Barré. Infatigable, intelligent, déjà botaniste très exercé, on avait vu Barré prendre part à toutes les herborisations, porter les boîtes, les provisions, les armes et les cahiers de plantes avec un courage qui lui avait mérité du botaniste le surnom de sa « bête de somme ». Or, depuis quelque temps déjà, Barré passait pour être une femme. Son visage glabre, le son de sa voix, sa réserve, et certains autres indices semblaient justifier cette supposition, lorsqu'un fait, arrivé à Taïti, vint changer les soupçons en certitude.

M. de Commerson était descendu à terre pour herboriser, et, suivant sa coutume, Barré le suivait avec les boîtes, lorsqu'il est entouré par les indigènes, qui, criant que c'est une femme, se mettent en devoir de vérifier leurs assertions. Un enseigne, M. de Bournand, eut toutes les peines du monde à le tirer des mains des naturels et à l'escorter jusqu'à l'embarcation.

Durant sa visite à l'*Étoile*, Bougainville reçut la confession de Barré. Tout en pleurs, l'aide naturaliste lui avoua son sexe, et s'excusa d'avoir trompé son maître, en se présentant sous des habits d'homme, au moment même de l'embarquement. N'ayant plus de famille, ruinée par un procès, cette fille avait pris le vêtement masculin pour se faire respecter. Elle savait, d'ailleurs, en s'embarquant, qu'elle devait faire un voyage de circumnavigation, et cette perspective, loin de l'effrayer, l'avait affermie dans sa résolution.

« Elle sera la première femme qui ait fait le tour du monde, dit Bougainville, et je lui dois la justice qu'elle s'est toujours conduite à bord avec la plus scrupuleuse sagesse. Elle n'est ni laide ni jolie, et n'a pas plus de vingt-six ou vingt-sept ans. Il faut convenir que, si les deux vaisseaux eussent fait naufrage sur quelque île déserte, la chance eût été fort singulière pour Barré. »

Ce fut le 29 mai que l'expédition cessa de voir la terre. La route fut dirigée à l'ouest. Le 4 juin, par 15° 50′ de latitude et 148° 10′ de longitude est, fut aperçu un très dangereux écueil, qui émerge si peu de l'eau, qu'à deux lieues de distance on ne le voit pas du haut des mâts. La rencontre d'autres brisants, de quantité de troncs d'arbres, de fruits et de goémons, la tranquillité de la mer, tout indiquait le voisinage d'une grande terre au sud-est. C'était la Nouvelle-Hollande.

Bougainville résolut alors de sortir de ces parages dangereux, où il n'avait chance de rencontrer qu'une région ingrate, une mer semée d'écueils et de basfonds. Une autre raison le pressait de changer de route : ses provisions tiraient à leur fin, la viande salée infectait, et l'on préférait se nourrir des rats que l'on pouvait prendre. Il ne restait plus que pour deux mois de pain et quarante jours de légumes. Tout commandait de remonter au nord.

Malheureusement, les vents du sud cessèrent, et, lorsqu'ils se rétablirent, ce fut pour mettre l'expédition à deux doigts de sa perte. Le 10 juin, la terre fut aperçue au nord. C'était le fond du golfe de la Louisiade qui a reçu le nom de Cul-de-Sac-de-l'Orangerie. Le pays était splendide. Au bord de la mer, une plaine basse, couverte d'arbres et de bosquets, dont les senteurs embaumées parvenaient jusqu'aux navires, se relevait en amphithéâtre vers les montagnes qui perdaient leur cime dans les nues.

Bientôt, il devint impossible de visiter cette riche et fertile contrée, tout autant que de chercher, dans l'ouest, un passage au sud de la Nouvelle-Guinée, qui, par le golfe de Carpentarie, aurait rapidement conduit aux Moluques. D'ailleurs, ce passage existait-il? Rien n'était plus problématique, car on croyait avoir vu la terre s'étendre au loin dans l'ouest. Il fallait sortir au plus tôt du golfe où l'on s'était imprudemment engagé.

Mais il y a loin du désir à la réalité. Jusqu'au 21 juin, les deux bâtiments s'efforcèrent, vainement, de s'éloigner, dans l'ouest, de cette côte semée d'écueils et de brisants, sur laquelle le vent et les courants semblaient vouloir les affaler. La brume et la pluie se mirent si bien de la partie qu'il n'y avait moyen de marcher de conserve avec l'*Étoile* qu'en tirant des coups de canon. Si le vent venait à changer, on en profitait aussitôt pour prendre du large ; mais il ne tardait pas à souffler encore de l'est-sud-est, et le chemin qu'on avait gagné était bientôt reperdu. Pendant cette rude croisière, il fallut diminuer la ration de pain et de légumes, défendre, sous des peines sévères, de manger les vieux cuirs, et sacrifier la dernière chèvre qui fût à bord.

Le lecteur, tranquillement assis au coin de son feu, se figure difficilement avec quelles inquiétudes on naviguait sur ces mers inconnues, menacé de toutes parts de la rencontre inopinée d'écueils et de brisants, avec des vents contraires, des courants ignorés et un brouillard qui cachait la vue des dangers.

Ce fut seulement le 26 que fut doublé le cap de la Délivrance. Il était désormais possible de faire route au nord-nord-est.

Deux jours plus tard, on avait fait à peu près soixante lieues dans le nord, lorsqu'on aperçut plusieurs terres à l'avant. Bougainville, dans sa pensée, les rattachait au groupe de la Louisiade ; mais elles sont plus ordinairement considérées comme dépendant de l'archipel Salomon, que Carteret, qui les avait vues l'année précédente, ne croyait pas plus avoir retrouvées que le navigateur français.

De nombreuses pirogues sans balancier ne tardèrent pas à entourer les deux navires. Elles étaient montées par des hommes aussi noirs que des Africains, aux cheveux crépus, longs et de couleur rousse. Armés de zagaies, ils poussaient de grands cris et annonçaient des dispositions peu pacifiques. Au reste, il fallut renoncer à accoster. La lame brisait partout avec violence, et la plage était si étroite qu'à peine semblait-il y en avoir.

Entouré d'îles de tous côtés, noyé dans une brume épaisse, Bougainville donna, d'instinct, dans un passage large de quatre ou cinq lieues, où la mer était si mauvaise que l'*Étoile* fut forcée de fermer ses écoutilles. Sur la côte orientale fut aperçue une jolie baie, qui promettait un bon mouillage. Des embarcations furent envoyées pour sonder. Tandis qu'elles étaient occupées à ce travail, une dizaine de pirogues, sur lesquelles pouvaient être embarqués cent cinquante hommes armés de boucliers, de lances et d'arcs, s'avancèrent contre elles. Ces pirogues se séparèrent bientôt en deux bandes pour envelopper les embarcations françaises. Les naturels, dès qu'ils furent arrivés à portée, firent pleuvoir sur les bateaux une nuée de flèches et de javelots. Une première décharge ne les arrêta pas. Il en fallut une seconde pour les mettre en fuite. Deux pirogues, dont l'équipage s'était jeté à la mer, furent capturées. Longues et bien travaillées, elles étaient décorées, à l'avant, d'une tête d'homme sculptée, dont les yeux étaient de nacre, les oreilles d'écaille de tortue, les lèvres peintes en rouge. Le cours d'eau où cette attaque s'était produite reçut le nom de rivière des Guerriers, et l'île prit celui de Choiseul, en l'honneur du ministre de la marine.

A la sortie de ce passage, une nouvelle terre fut découverte : c'est l'île Bougainville, dont l'extrémité septentrionale ou cap de Laverdy semble se joindre à l'île de Bouka. Cette dernière, que Carteret avait vue l'année précédente et qu'il avait appelée Winchelsea, paraissait excessivement peuplée, si l'on en juge d'après le nombre de cases dont elle était couverte. Les habitants, que Bougainville qualifie de nègres, sans doute pour les distinguer des Polynésiens et des Malais, sont des Papuas, de la même race que les indigènes de la Nouvelle-Guinée. Leurs cheveux crépus et courts étaient teints de rouge, leurs dents avaient emprunté la même couleur au bétel, qu'ils mâchent constamment. La côte, plantée de cocotiers et d'autres arbres, promettait des rafraîchissements en abondance ; mais les vents contraires et les courants entraînèrent rapidement les deux navires.

Le 6 juillet, Bougainville jetait l'ancre sur la côte méridionale de la Nouvelle-Irlande, qui avait été découverte par Schouten, dans le port Praslin, à l'endroit même où Carteret s'était arrêté.

« Nous envoyâmes à terre nos pièces à l'eau, dit la relation ; nous y dressâmes quelques tentes, et l'on commença à faire l'eau, le bois et les lessives, toutes choses de première nécessité. Le débarquement était magnifique, sur un sable fin, sans aucune roche ni vague ; l'intérieur du port, dans un espace de quatre cents pas, contenait quatre ruisseaux. Nous en prîmes trois pour notre usage ; un destiné à faire l'eau de la *Boudeuse*, un second pour celle de l'*Étoile*, le troisième pour laver. Le bois se trouvait au bord de la mer, et il y en avait de plusieurs espèces, toutes très bonnes à brûler, quelques-unes superbes pour les ouvrages de charpente, de menuiserie et même de tabletterie. Les deux vaisseaux étaient à portée de la voix l'un de l'autre et de la rive. D'ailleurs, le port et ses environs, fort au loin, étaient inhabités, ce qui nous procurait une paix et une liberté précieuses. Ainsi, nous ne pouvions désirer un ancrage plus sûr, un lieu plus commode pour faire l'eau, le bois et les diverses réparations dont les navires avaient le plus urgent besoin, et pour laisser errer à leur fantaisie nos scorbutiques dans les bois. Tels étaient les avantages de cette relâche ; elle avait aussi ses inconvénients. Malgré les recherches que l'on en fit, on n'y découvrit ni cocos, ni bananes, ni aucune des ressources qu'on aurait pu, de gré ou de force, tirer d'un pays habité. Si la pêche n'était pas abondante, on ne devait attendre, ici, que la sûreté et le strict nécessaire. Il y avait alors tout lieu de craindre que les malades ne s'y rétablissent pas. A la vérité, nous n'en avions pas qui fussent attaqués fortement ; mais plusieurs étaient atteints, et, s'ils ne s'amendaient point ici, le progrès du mal ne pouvait plus être que rapide. »

Il y avait à peine quelques jours que les Français étaient arrêtés en cet endroit, lorsqu'un matelot trouva un morceau de plaque de plomb, sur lequel se lisait encore un fragment d'inscription en anglais. On n'eut pas de peine à retrouver l'endroit où Carteret avait campé l'année précédente.

Les ressources que le pays offrait aux chasseurs étaient des plus médiocres. Ils aperçurent bien quelques sangliers ou cochons marrons, mais il leur fut impossible de les tirer. En revanche, ils abattirent des pigeons de la plus grande beauté, au ventre et au cou d'un gris blanc, au plumage vert doré, des tourterelles, des veuves, des perroquets, des oiseaux couronnés et une espèce de corbeau dont le cri ressemble, à s'y méprendre, à l'aboiement d'un chien. Les arbres étaient grands et magnifiques ; c'étaient le bétel, l'arec, le jonc, le poivrier, etc.

Les reptiles malfaisants fourmillaient dans ces terrains marécageux, au milieu de ces forêts vierges, serpents, scorpions et quantité d'autres animaux venimeux. Il n'y en avait malheureusement pas que sur terre. Un matelot qui cherchait des « marteaux », molusque bivalve très rare, fut piqué par une espèce de serpent. Après cinq ou six heures de souffrances terribles et de convulsions effrayantes, les douleurs diminuèrent, et enfin, la thériaque et l'eau de lusse, qu'on lui avait administrées après la morsure, le remirent sur pied. Cet accident ralentit singulièrement le zèle des amateurs de conchyliologie.

Le 22, après une grosse tourmente, le navires ressentirent plusieurs secousses de tremblement de terre, la mer haussa et baissa plusieurs fois de suite, ce qui effraya terriblement les matelots occupés à pêcher. Malgré la pluie et les orages, qui se succédaient sans discontinuer, tous les jours, un détachement partait à la recherche des lataniers, des palmistes et des tourterelles. On se promettait monts et merveilles ; mais, le plus souvent, on revenait les mains vides et sans autre résultat que d'être trempé jusqu'aux os. Une curiosité naturelle, mille fois plus belle que les merveilles inventées pour l'ornement des palais des souverains, attirait chaque jour, à quelque distance du mouillage, de nombreux visiteurs qui ne se lassaient pas de l'admirer.

« C'était une cascade. La décrire serait impossible. Il faudrait, pour en faire comprendre toute la beauté, reproduire par le pinceau les feux étincelants des nappes frappées par le soleil, l'ombre vaporeuse des arbres tropicaux qui s'élançaient de l'eau même, et les jeux fantastiques de la lumière sur un paysage grandiose, que la main de l'homme n'avait pas encore gâté. »

Dès que le temps changea, les vaisseaux quittèrent le port Praslin et continuèrent à suivre la côte de la Nouvelle-Bretagne, jusqu'au 3 août. L'*Étoile*, attaquée en route par une multitude de pirogues, avait été obligée de répondre aux pierres et aux flèches par quelques coups de fusil qui avaient mis en fuite les assaillants. Le 4, furent aperçues les terres nommées par Dampier île Mathias et île Orageuse. Trois jours plus tard fut reconnue l'île des Anachorètes, ainsi nommée parce qu'un grand nombre de pirogues, occupées à la pêche, ne se dérangèrent pas à la vue de l'*Étoile* et de la *Boudeuse*, dédaignant de nouer aucune relation avec ces étrangers.

Après une série d'îlots à demi submergés, sur lesquels les bâtiments faillirent s'échouer, et que Bougainville nomma l'Échiquier, la côte de la Nouvelle Guinée fut aperçue. Haute et montueuse, elle courait dans l'ouest-nord-ouest. Le 12, fut découverte une grande baie ; mais les courants qui, jusqu'alors, avaient été contraires, ne tardèrent pas à entraîner les bâtiments loin de cette baie, si-

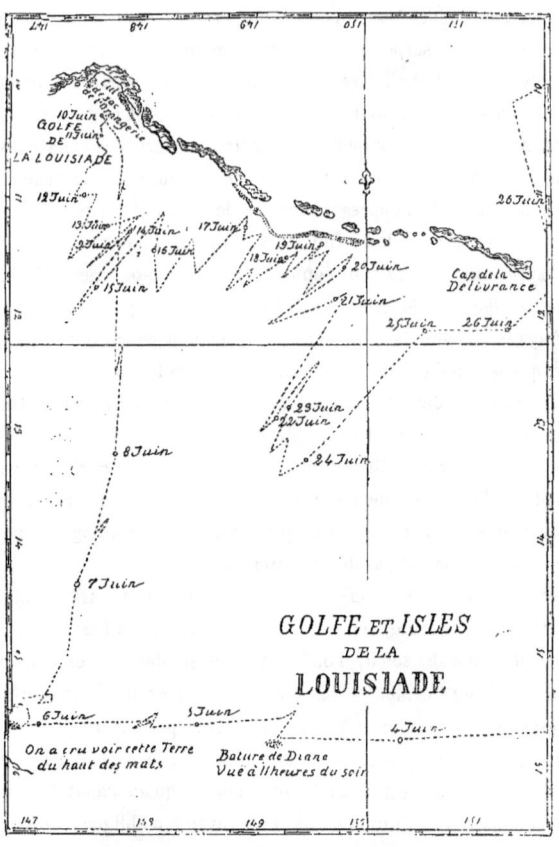

(Fac-simile. Gravure ancienne.)

gnalée, à plus de vingt lieues au large, par deux sentinelles gigantesques, les monts Cyclope et Bougainville.

Les îles Arimoa, dont la plus grande n'a que quatre milles d'étendue, furent reconnues ensuite ; mais le mauvais temps et les courants obligèrent les deux navires à tenir la haute mer et à cesser toute exploration. Il fallut cependant se rapprocher de la terre pour ne pas commettre quelque erreur dangereuse, et manquer le débouquement dans la mer des Indes. Les îles Mispulu et Waigiou, cette dernière à l'extrémité nord-est de la Nouvelle-Guinée, furent successivement dépassées.

Le canal des Français, qui permit aux bâtiments de quitter cet amas de

Portrait de Cook. *(Fac-simile. Gravure ancienne.)*

petites îles et de rochers, fut heureusement franchi. Dès lors, Bougainville pénétrait dans l'archipel des Moluques, où il comptait trouver les rafraîchissements nécessaires pour les quarante-cinq scorbutiques qu'il comptait à son bord.

Dans l'ignorance absolue des événements qui avaient pu se passer en Europe depuis son départ, Bougainville ne voulait pas se risquer dans une colonie où il n'aurait pas été le plus fort. Le petit comptoir que les Hollandais avaient établi sur l'île de Boero ou Bourou, convenait parfaitement à ses projets, d'autant mieux qu'il était facile de s'y procurer des rafraîchissements. Les équipages reçurent, avec la joie la plus vive, l'ordre de pénétrer dans le golfe de Cajeti. Il n'était personne à bord qui n'eût ressenti les atteintes du scorbut, et la moitié des équipages se trouvait, dit Bougainville, dans l'impossibilité absolue de faire son service.

« Les vivres qui nous restaient étaient si pourris et d'une odeur si cadavéreuse, que les moments les plus durs de nos tristes journées étaient ceux où la cloche avertissait de prendre ces aliments dégoûtants et malsains. Combien cette situation embellissait encore à nos yeux le charmant paysage des îles Boero ! Dès le milieu de la nuit, une odeur agréable, exhalée des plantes aromatiques dont les îles Moluques sont couvertes, s'était fait sentir à plusieurs lieues en mer et avait semblé l'avant-coureur qui annonçait la fin de nos maux. L'aspect du bourg assez grand, situé au fond du golfe, celui des vaisseaux à l'ancre, la vue des bestiaux errant dans les prairies qui environnent le bourg, causèrent des transports, que j'ai partagés sans doute, et que je ne saurais dépeindre. »

A peine la *Boudeuse* et l'*Étoile* avaient-elles mouillé, que le résident du comptoir envoya deux soldats s'informer, auprès du commandant français, des motifs qui le faisaient s'arrêter en cet endroit, alors qu'il devait savoir que l'entrée n'en était permise qu'aux seuls navires de la Compagnie des Indes. Bougainville lui dépêcha aussitôt un officier chargé d'expliquer que, pressé par la faim et la maladie, il était forcé d'entrer dans le premier port qu'il rencontrait sur sa route. D'ailleurs, il quitterait Boero dès qu'il aurait reçu les secours dont il avait le plus urgent besoin, et qu'il réclamait au nom de l'humanité. Le résident lui renvoya alors l'ordre du gouverneur d'Amboine qui lui défendait expressément de recevoir dans son port aucun navire étranger, et pria Bougainville de vouloir bien consigner par écrit les motifs de sa relâche, afin de pouvoir prouver à son supérieur qu'il n'avait enfreint ses ordres que sous la pression de la plus impérieuse nécessité.

Lorsque Bougainville eut signé ce certificat, la plus franche cordialité présida aux rapports qui s'établirent aussitôt avec les Hollandais. Le résident voulut recevoir à sa table l'état-major des deux navires, et une convention fut conclue pour la fourniture de la viande fraîche. Le pain fut remplacé par le riz, nourriture ordinaire des Hollandais, et les légumes frais, qui ne sont point communément cultivés dans cette île, furent fournis aux équipages par le résident, qui les tira du jardin de la Compagnie. Certes, il eût été à souhaiter pour le rétablissement des malades qu'on pût prolonger cette relâche ; mais la fin de la mousson d'est pressait Bougainville de partir pour Batavia.

Ce fut le 7 septembre que le commandant quitta Boero, avec la persuasion que la navigation dans cet archipel n'était pas aussi difficile que les Hollandais voulaient bien le dire. Quant à se fier aux cartes françaises, il n'y fallait pas compter; elles étaient plus propres à faire perdre les navires qu'à les guider. Bougainville dirigea donc sa route par les détroits de Button et de Saleyer. Ce chemin, fréquenté par les Hollandais, était très peu connu des autres nations. Aussi la relation décrit-elle avec le plus grand soin et de cap en cap le chemin qu'il a suivi. Nous n'insisterons pas sur cette partie du voyage, bien qu'elle ait été très instructive; mais, par cela même, elle s'adresse spécialement aux hommes du métier.

Le 28 septembre, après dix mois et demi de voyage depuis le départ de Montevideo, l'*Étoile* et la *Boudeuse* arrivaient à Batavia, l'une des plus belles colonies de l'univers. On peut dire que, dès lors, le voyage était terminé. Après avoir touché à l'île de France, au cap de Bonne-Espérance et à l'île de l'Ascension, près de laquelle il rencontra Carteret, Bougainville rentra, le 16 février 1769, à Saint-Malo, n'ayant perdu que sept hommes, depuis deux ans et quatre mois qu'il avait quitté Nantes.

Le reste de la carrière de cet heureux navigateur ne rentre pas dans notre cadre; aussi n'en dirons-nous que peu de mots. Il prit part à la guerre d'Amérique et soutint, en 1781, un combat honorable devant le Fort-Royal de la Martinique. Chef d'escadre depuis 1780, il fut chargé, dix ans plus tard, de rétablir l'ordre dans la flottille mutinée de M. d'Albert de Rions. Nommé vice-amiral en 1792, il ne crut pas devoir accepter un grade éminent, qu'il considérait, suivant ses propres expressions, comme un titre sans fonctions. Successivement appelé au Bureau des longitudes et à l'Institut, élevé à la dignité de sénateur, créé comte par Napoléon Ier, Bougainville mourut, le 31 août 1811, chargé d'ans et d'honneurs.

Ce qui a rendu populaire le nom de Bougainville, c'est d'avoir été le premier Français qui ait accompli le tour du monde. S'il eut le mérite de découvrir et de reconnaître, sinon d'explorer, plusieurs archipels ignorés ou peu connus avant lui, on peut dire qu'il dut sa réputation bien plutôt au charme, à la facilité, à l'animation de son récit de voyage qu'à ses travaux. S'il est plus connu que tant d'autres marins français, ses émules, ce n'est pas qu'il ait fait plus ou mieux qu'eux, c'est qu'il sut raconter ses aventures de manière à charmer ses contemporains.

Quant à Guyot-Duclos, son poste secondaire dans l'entreprise et sa roture ne lui valurent aucune récompense. S'il fut nommé plus tard chevalier de Saint-Louis, il le mérita par son sauvetage de la *Belle-Poule*. Bien qu'il fût né en 1722, et qu'il naviguât depuis 1734, il n'était encore que lieutenant de vaisseau en 1791. Il fallut l'avènement de ministres imbus de l'esprit nouveau pour qu'il obtint à cette époque le grade de capitaine de vaisseau, tardive récompense de longs et signalés services. Il mourut à Saint-Servan le 10 mars 1794.

CHAPITRE III

PREMIER VOYAGE DU CAPITAINE COOK

I

Les commencements de sa carrière maritime. — Le commandement de l'*Aventure* lui est confié. — La Terre de Feu. — Découverte de quelques îles de l'archipel Pomoutou. — Arrivée à Taïti. — Mœurs et coutumes des habitants. — Reconnaissance des autres îles de l'archipel de la Société. — Arrivée à la Nouvelle-Zélande. — Entrevues avec les naturels. — Découverte du détroit de Cook. — Circumnavigation des deux grandes îles. — Mœurs et productions du pays.

Lorsqu'il s'agit de raconter la carrière d'un homme célèbre, il est bon de ne négliger aucun de ces petits faits qui paraîtraient d'un mince intérêt chez tout autre. Ils prennent, alors, une importance singulière, car on y découvre souvent les indices d'une vocation qui s'ignore elle-même, et jettent toujours une vive lumière sur le caractère du héros qu'on veut peindre. Aussi nous étendrons-nous quelque peu sur les humbles commencements de l'un des plus illustres navigateurs dont l'Angleterre puisse s'enorgueillir.

Le 27 octobre 1728, James Cook naquit à Morton, dans le Yorkshire. Il était le neuvième enfant d'un valet de ferme et d'une paysanne nommée Grace. A peine en sa huitième année, le petit James aidait son père dans ses rudes travaux à la ferme d'Airy-Holme, près d'Ayton. Sa gentillesse, son ardeur au travail intéressèrent le fermier, qui lui fit apprendre à lire. Puis, lorsqu'il eut treize ans, il fut mis en apprentissage chez William Sanderson, mercier à Staith, petit havre de pêche assez important. Mais, d'être assidu derrière un comptoir, cela ne pouvait plaire au jeune Cook, qui profitait de ses moindres instants de liberté pour aller causer avec les marins du port.

Du consentement de ses parents, James quitta bientôt la boutique du mercier, pour s'engager comme mousse, sous le patronage de Jean et Henri Walker, dont les bâtiments servaient au transport du charbon sur les côtes d'Angleterre et d'Irlande. Mousse, matelot, puis patron, Cook se familiarisa rapidement avec tous les détails de sa nouvelle profession.

Au printemps de 1755, lorsque éclatèrent les premières hostilités entre la France et l'Angleterre, le bâtiment sur lequel Cook servait était ancré dans la Tamise. La marine militaire recrutait alors ses équipages au moyen de la « presse » des matelots. Cook commença par se cacher; mais, poussé sans doute par quelque pressentiment, il alla s'engager sur l'*Aigle*, navire de soixante canons, que devait presque aussitôt commander le capitaine sir Hugues Palliser.

Intelligent, actif, au courant de tous les travaux du métier, Cook fut en peu de temps remarqué de ses officiers et signalé à l'attention du commandant. Ce dernier recevait, en même temps, une lettre du membre du Parlement pour Scarborough qui lui recommandait chaudement, sur les sollicitations pressantes de tous les habitants du village d'Ayton, le jeune Cook, qui ne tarda pas à obtenir une commission de maître d'équipage. Le 15 mai 1759, il embarqua sur le vaisseau le *Mercure*, à destination du Canada, où il rejoignit l'escadre de sir Charles Saunders, qui, de concert avec le général Wolf, faisait le siège de Québec.

Ce fut pendant cette campagne que Cook trouva la première occasion de se signaler. Chargé de sonder le Saint-Laurent entre l'île d'Orléans et la rive septentrionale du fleuve, il remplit cette mission avec habileté et put dresser une carte du canal, malgré les difficultés et les dangers de l'entreprise. Si exacts et si complets furent reconnus ces relevés hydrographiques, qu'il reçut l'ordre d'examiner les passages de la rivière au-dessous de Québec. Il s'acquitta de cette opération avec tant de soin et d'intelligence, que sa carte du Saint-Laurent fut publiée par les soins de l'Amirauté anglaise.

Après la prise de Québec, Cook passa à bord du *Northumberland*, commandé par lord Colville, et profita de sa station sur les côtes de Terre-Neuve pour s'appliquer à l'étude de l'astronomie. Bientôt, des travaux importants lui furent confiés. Il dressa le plan de Placentia et releva les côtes de Saint-Pierre et Miquelon. Nommé en 1764 ingénieur de la marine pour Terre-Neuve et le Labrador, il fut employé pendant trois années consécutives à des travaux hydrographiques, qui appelèrent sur lui l'attention du ministère et servirent à relever les innombrables erreurs des cartes de l'Amérique. En même temps, il adressait à la Société royale de Londres un mémoire sur une éclipse de soleil, dont il fit observation à Terre-Neuve en 1766, mémoire qui parut dans les *Transactions philosophiques*. Cook ne devait pas tarder à recevoir la récompense de tant de travaux si habilement conduits, d'études patientes et d'autant plus méritoires, que l'instruction première lui avait fait défaut, et qu'il avait dû se former sans le secours d'aucun maître.

Une question scientifique d'une haute importance, le passage de Vénus sur le disque du soleil, annoncé pour 1769, passionnait alors les savants du monde entier. Le gouvernement anglais, persuadé que cette observation ne pouvait être faite avec fruit que dans la mer du Sud, avait résolu d'y envoyer une expédition scientifique. Le commandement en fut offert au fameux hydrographe A. Dalrymple, aussi célèbre par ses connaissances astronomiques que par ses recherches géographiques sur les mers australes. Mais ses exigences, sa demande d'une commission de capitaine de vaisseau, que lui refusait obstinément sir Edouard Hawker, déterminèrent le secrétaire de l'Amirauté à proposer un autre commandant pour l'expédition projetée. Son choix s'arrêta sur James Cook, chaleureusement appuyé par sir Hugues Palliser, et qui reçut, avec le rang de lieutenant de vaisseau, le commandement de l'*Endeavour*.

Cook avait alors quarante ans. C'était son premier commandement dans la marine royale. La mission qu'on lui confiait exigeait des qualités multiples, qu'on trouvait alors rarement réunies chez un marin. En effet, si l'observation du passage de Vénus était le principal objet du voyage, il n'en était pas le seul, et Cook devait faire une campagne de reconnaissance et de découverte dans l'océan Pacifique. L'humble enfant du Yorkshire ne devait pas se trouver au-dessous de la tâche difficile qu'on lui imposait.

Tandis qu'on procédait à l'armement de l'*Endeavour*, qu'on choisissait les quatre-vingt-quatre hommes de son équipage, qu'on embarquait ses dix-huit mois de vivres, ses dix canons et ses douze pierriers avec les munitions nécessaires, le capitaine Wallis, qui venait de faire le tour du monde, rentrait en Angleterre. Consulté sur le lieu le plus favorable à l'observation du passage de Vénus, ce navigateur désigna une île qu'il avait découverte, à laquelle il donnait le nom de Georges III, et qu'on sut, depuis, être appelée Taïti par les indigènes. Ce fut l'endroit fixé à Cook pour faire ses observations.

Avec lui s'embarquèrent Charles Green, assistant du docteur Bradley à l'observatoire de Greenwich, à qui était confiée la partie astronomique, le docteur Solander, médecin suédois, disciple de Linné, professeur au British Museum, chargé de la partie botanique, et enfin sir Joseph Banks, qui cherchait dans les voyages l'emploi de son activité et de son immense fortune. En sortant de l'université d'Oxford, cet homme du monde avait visité les côtes de Terre-Neuve et du Labrador et pris, durant ce voyage, un goût très vif pour la botanique. Il s'adjoignit deux peintres, l'un pour le paysage et la figure, l'autre pour les objets d'histoire naturelle, plus un secrétaire et quatre domestiques, dont deux nègres.

Le 26 août 1768, l'*Endeavour* quitta Plymouth et relâcha, le 13 septembre, à Funchal, dans l'île de Madère, pour y prendre des vivres frais et faire quelques recherches. L'accueil qu'y reçut l'expédition fut des plus empressés. Pendant une visite que fit l'état-major de l'*Endeavour* à un couvent de religieuses Clarisses, ces pauvres et ignorantes recluses les prièrent sérieusement de leur dire quand il tonnerait et leur demandèrent de leur trouver dans l'enceinte du couvent une source de bonne eau, dont elles avaient besoin. Si instruits qu'ils fussent, Banks, Solander et Cook furent dans l'impossibilité de répondre à ces naïves demandes.

De Madère à Rio-de-Janeiro, où l'expédition arriva le 13 novembre, aucun incident ne marqua le voyage; mais l'accueil que Cook reçut des Portugais ne fut pas celui qu'il attendait. Tout le temps de la relâche se passa en altercations avec le vice-roi, homme fort peu instruit et tout à fait hors d'état de comprendre l'importance scientifique de l'expédition. Il ne put cependant se refuser à fournir aux Anglais les vivres frais dont ils manquaient absolument. Toutefois, le 5 décembre, au moment où Cook passait devant le fort Santa-Cruz pour sortir de la baie, on lui tira deux coups de canon à boulet, ce qui lui fit immédiatement jeter l'ancre et demander raison de cette insulte. Le vice-roi répondit que le commandant du fort avait ordre de ne laisser sortir aucun bâtiment sans être prévenu, et que, bien que le vice-roi eût reçu de Cook l'annonce de son départ, c'était par pure négligence qu'on n'avait pas averti le commandant du fort. Était-ce un parti pris extrêmement désobligeant de la part du vice-roi? Était-ce simplement incurie? Si ce fonctionnaire était aussi négligent pour tous les détails de son administration, la colonie portugaise devait être bien gouvernée!

Ce fut le 14 janvier 1769, que Cook pénétra dans le détroit de Lemaire.

« La marée était alors si forte, dit Kippis dans sa *Vie du capitaine Cook*, que l'eau s'élevait jusqu'au-dessus du cap San-Diego, et le vaisseau, poussé avec violence, eut longtemps son beaupré sous les flots. Le lendemain, on jeta l'ancre dans un petit havre, qu'on reconnut pour le port Maurice, et, bientôt après, on alla mouiller dans la baie de Bon-Succès. Pendant que l'*Endeavour* était mouillé en cet endroit, il arriva une singulière et fâcheuse aventure à MM. Banks et Solander, au docteur Green, à M. Monkhouse, chirurgien du vaisseau, et aux personnes de leur suite. Ils s'étaient acheminés vers une montagne pour y chercher des plantes, ils la gravissaient, lorsqu'ils furent surpris par un froid si vif et si imprévu, qu'ils furent tous en danger de périr. Le docteur Solander éprouva un engourdissement général. Deux domestiques nègres moururent sur la place; enfin, ce ne fut qu'au bout de deux jours que ces messieurs purent regagner le

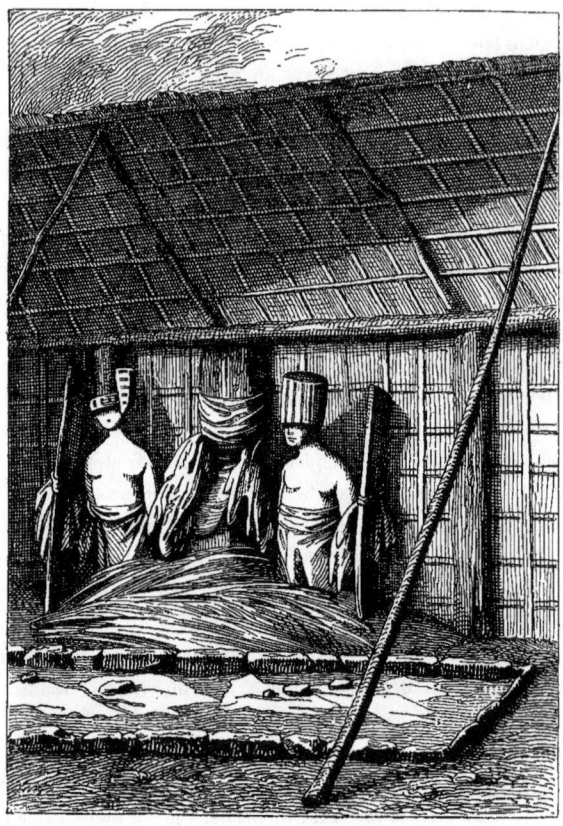

Intérieur d'un Moraï d'Otooï. (Fac-simile. Gravure ancienne.)

vaisseau. Ils se félicitèrent de leur délivrance, avec une joie qui ne peut être comprise que par ceux qui ont échappé à semblables dangers, tandis que Cook leur témoignait le plaisir de voir cesser les inquiétudes que lui avait causées leur absence. Cet événement leur donna une preuve de la rigueur du climat. C'était alors le milieu de l'été pour cette partie du monde, et le commencement du jour où le froid les surprit avait été aussi chaud que le mois de mai l'est ordinairement en Angleterre. »

James Cook put faire aussi quelques curieuses observations sur les sauvages habitants de ces terres désolées. Dépourvus de toutes les commodités de l'existence, sans vêtements, sans abri sérieux contre les intempéries presque conti-

Un « i-pah. » *(Fac-simile. Gravure ancienne.)* (Page 119.)

nuelles de ces climats glacés, sans armes, sans industrie qui leur permette de fabriquer les ustensiles les plus nécessaires, ils mènent une vie misérable, et ne peuvent qu'à grand'peine pourvoir à leur existence. Cependant, de tous les objets d'échange qu'on leur offrit, ce furent ceux qui pouvaient leur être le moins utiles qu'ils préférèrent. Ils acceptèrent avec empressement les bracelets et les colliers, en laissant de côté les haches, les couteaux et les hameçons. Insensibles au bien-être qui nous est si précieux, le superflu était pour eux le nécessaire.

Cook n'eut qu'à s'applaudir d'avoir suivi cette route. En effet, il ne mit que trente jours à doubler la Terre de Feu, depuis l'entrée du détroit de Lemaire, jusqu'à trois degrés au nord de celui de Magellan. Nul doute qu'il lui eût fallu un temps bien plus considérable pour traverser les passes sinueuses du détroit de Magellan. Les très-exactes observations astronomiques qu'il fit, de concert avec Green, les instructions qu'il rédigea pour cette navigation dangereuse, ont rendu plus facile la tâche de ses successeurs, et rectifié les cartes de L'Hermite, de Lemaire et de Schouten.

Depuis le 21 janvier, jour où il doubla le cap Horn, jusqu'au 1er mars, sur un espace de six cent soixante lieues de mer, Cook ne remarqua aucun courant sensible. Il découvrit un certain nombre d'îles de l'archipel Dangereux, auxquelles il donna les noms d'îles du Lagon, du Bonnet, de l'Arc, des Groupes, des Oiseaux et de la Chaîne. La plupart étaient habitées, couvertes d'une végétation qui parut luxuriante à des marins habitués depuis trois mois à ne voir que le ciel, l'eau et les rocs glacés de la Terre de Feu. Puis, ce fut l'île Maitea, que Wallis avait appelée Osnabruck, et, le lendemain 11 juin au matin, fut découverte l'île de Taïti.

Deux jours plus tard, l'*Endeavour* jeta l'ancre dans le port de Matavaï, appelé par Wallis baie de Port-Royal, et où ce capitaine avait dû lutter contre les indigènes, dont il n'avait, d'ailleurs, pas eu de peine à triompher. Cook, connaissant les incidents qui avaient marqué la relâche de son prédécesseur à Taïti, voulut à tout prix éviter le retour des mêmes scènes. De plus, il importait à la réussite de ses observations de n'être troublé par aucune inquiétude, ni distrait par aucune préoccupation. Aussi, son premier soin fut-il de lire à son équipage un règlement, qu'il était défendu d'enfreindre sous les peines les plus sévères.

Cook déclara tout d'abord qu'il chercherait, par tous les moyens en son pouvoir, à gagner l'amitié des naturels; puis, il désigna ceux qui devaient acheter les provisions nécessaires et défendit à qui que ce fût d'entreprendre aucune espèce d'échange sans une permission spéciale. Enfin, les hommes débarqués ne devaient, sous aucun prétexte, s'éloigner de leur poste, et si un ouvrier ou un soldat se laissait enlever son outil ou son arme, non seulement le prix lui en serait retenu sur la paye, mais il serait puni suivant l'exigence des cas.

De plus, pour garantir les observateurs contre toute attaque, Cook résolut de construire une sorte de fort, dans lequel ils seraient renfermés à portée de canon de l'*Endeavour*. Il descendit donc à terre avec MM. Banks, Solander et Green, trouva bientôt l'endroit favorable et traça immédiatement devant les indigènes l'enceinte du terrain qu'il entendait occuper. Un de ceux-ci, nommé Owhaw, qui avait eu de bons rapports avec Wallis, se montra particulièrement prodigue de démonstrations amicales. Aussitôt que le plan du fort eut été tracé, Cook laissa treize hommes avec un officier pour garder les tentes et s'enfonça avec ses compagnons dans l'intérieur du pays. Des détonations d'armes à feu les rappelèrent presque aussitôt.

Un incident très pénible, et dont les conséquences pouvaient être fort graves, venait de se produire.

Un des naturels qui rôdaient autour des tentes avait surpris une sentinelle et s'était emparé de son fusil. Une décharge générale fut aussitôt faite sur la foule inoffensive, mais qui heureusement n'atteignit personne. Toutefois, le voleur, ayant été poursuivi, fut pris et tué.

Il est facile de comprendre l'émotion qui s'ensuivit. Cook dut prodiguer ses protestations pour ramener les indigènes. Il leur paya tout ce dont il avait besoin pour la construction de son fort, et ne permit pas qu'on touchât à un arbre sans leur autorisation. Enfin, il fit attacher au mât et frapper de coups de garcette le boucher de l'*Endeavour*, qui avait menacé de mort la femme de l'un des principaux chefs. Ces procédés firent oublier ce qu'avait eu de pénible le premier incident, et, sauf quelques larcins commis par les insulaires, les relations ne cessèrent d'être amicales.

Cependant, le moment d'exécuter le principal objet du voyage approchait. Cook prit aussitôt ses mesures pour mettre à exécution les instructions qu'il avait reçues. A cet effet, il expédia une partie des observateurs avec Joseph Banks à Eimeo, l'une des îles voisines. Quatre autres gagnèrent un endroit commode et assez éloigné du fort, où Cook lui-même se proposait d'attendre le passage de la planète, et qui a gardé le nom de « pointe de Vénus ».

La nuit qui précéda l'observation s'écoula dans la crainte que le temps ne fût pas favorable; mais, le 3 juin, le soleil se montra dès le matin dans tout son éclat, et pas un nuage ne vint pendant toute la journée gêner les observateurs.

« L'observation fut très fatigante pour les astronomes, dit M. W. de Fonvielle dans un article de la *Nature* du 28 mars 1874, car elle commença à 9 heures 21 minutes du matin et se termina à 3 heures 10 minutes du soir, à un moment où la chaleur était étouffante. Le thermomètre marquait 120 degrés Fahrenheit. Cook nous avertit, et on le croit facilement, qu'il n'était pas sûr lui-même de la fin de son observation. Dans de pareilles circonstances thermométriques, l'organisme humain, cet admirable instrument, perd toujours de sa puissance. »

En entrant sur le soleil, le bord de Vénus s'allongea comme s'il avait été attiré par l'astre ; il se forma un point noir ou ligament obscur un peu moins noir que le corps de l'astre. Le même phénomène se produisit lors du second contact intérieur.

« En somme, dit Cook, l'observation fut faite avec un égal succès au fort et par les personnes que j'avais envoyées à l'est de l'île. Depuis le lever du soleil jusqu'à son coucher, il n'y eut pas un seul nuage au ciel, et nous observâmes, M. Green, le Dr Solander et moi, tout le passage de Vénus avec la plus grande facilité. Le télescope de M. Green et le mien étaient de la même force, et celui du Dr Solander était plus grand. Nous vîmes tout autour de la planète une atmosphère ou brouillard lumineux qui rendait moins distinct les temps des contacts et surtout des contacts intérieurs, ce qui nous fit différer les uns des autres dans nos observations plus qu'on ne devait l'attendre. »

Tandis que les officiers et les savants étaient occupés de cette observation importante, quelques gens de l'équipage, enfonçant la porte du magasin aux marchandises, volèrent un quintal de clous. C'était là un fait grave, qui pouvait avoir des conséquences désastreuses pour l'expédition. Le marché se trouvait tout d'un coup encombré de cet article d'échange, que les indigènes montraient le plus vif désir de posséder, et il y avait à craindre de voir augmenter leurs exigences. Un des voleurs fut découvert, mais on ne lui trouva que soixante-dix clous, et, bien qu'on lui appliquât vingt-quatre coups de verge, il ne voulut pas dénoncer ses complices.

D'autres incidents du même genre se produisirent encore, mais les relations ne furent pas sérieusement troublées. Les officiers purent donc faire quelques promenades dans l'intérieur de l'île, pour se rendre compte des mœurs des habitants et se livrer aux recherches scientifiques.

Ce fut pendant l'une de ces excursions que Joseph Banks rencontra une troupe de musiciens ambulants et d'improvisateurs. Il ne s'aperçut pas sans étonnement que la venue des Anglais et les diverses particularités de leur séjour formaient le sujet des chansons indigènes. Banks remonta assez loin dans l'intérieur la rivière qui se jetait dans la mer à Matavaï, et put distinguer plusieurs traces d'un volcan depuis longtemps éteint. Il planta et distribua aux indigènes un grand nombre de graines potagères, telles que melons d'eau, oranges, limons, etc., et fit tracer près du fort un jardin, où il sema quantité de graines qu'il avait prises à Rio-de-Janeiro.

Avant de lever l'ancre, Cook et ses principaux collaborateurs voulurent accomplir le périple entier de l'île, à laquelle ils donnèrent une trentaine de lieues de tour. Pendant ce voyage, ils se mirent en relations avec les chefs des différents districts et recueillirent une foule d'observations intéressantes sur les mœurs et les coutumes des naturels.

L'une des plus curieuses consiste à laisser les morts se décomposer à l'air libre et à n'enterrer que les ossements. Le cadavre est placé sous un hangar de quinze pieds de long sur onze de large, avec une hauteur proportionnée ; l'un des bouts est ouvert, et les trois autres côtés sont enfermés par un treillage d'osier. Le plancher sur lequel repose le corps est élevé d'environ cinq pieds au-dessus de terre. Là, le cadavre est étendu enveloppé d'étoffes, avec sa massue et une hache de pierre. Quelques noix de coco, enfilées en chapelet, sont suspendues à l'extrémité ouverte du hangar ; une moitié de noix de coco, placée à l'extérieur, est remplie d'eau douce, et un sac, renfermant quelques morceaux de l'arbre à pain tout grillé, est attaché à un poteau. Cette espèce de monument porte le nom de « toupapow ». Comment a été introduit cet usage singulier d'élever le mort au-dessus de la terre jusqu'à ce que la chair soit consumée par la putréfaction ? C'est ce qu'il fut impossible de savoir. Cook remarqua seulement que les cimetières, appelés « moraï », sont des lieux où les indigènes vont rendre une sorte de culte religieux, et que jamais ceux-ci ne les virent s'en approcher sans inquiétude.

Un mets qui est considéré comme des plus délicats, c'est le chien. Tous ceux qu'on élève pour la table ne mangent jamais de viande, mais seulement des fruits à pain, des noix de coco, des ignames et autres végétaux. Étendu dans un trou sur des pierres brûlantes, recouvert de feuilles vertes et de pierres chaudes sur lesquelles on rejette la terre, en quatre heures l'animal est cuit à l'étuvée, et Cook, qui en mangea, convient que c'est une chair délicieuse.

Le 7 juillet, on commença les préparatifs du départ. En peu de temps, les portes et les palissades de la forteresse furent démontées, les murailles abattues.

C'est à ce moment qu'un des naturels, qui avaient le plus familièrement reçu les Européens, vint à bord de l'*Endeavour* avec un jeune garçon de treize ans qui lui servait de domestique. Il avait nom Tupia. Autrefois premier ministre de la reine Oberea, il était alors un des prêtres principaux de Taïti. Il demanda à partir pour l'Angleterre. Plusieurs raisons décidèrent Cook à le prendre à bord. Très au courant de tout ce qui regardait Taïti, par la haute situation qu'il avait occupée, par les fonctions qu'il remplissait encore, cet indigène était en état de donner les renseignements les plus circonstanciés sur ses compatriotes, en même temps qu'il pourrait initier ceux-ci à la civilisation européenne. Enfin, il avait visité les îles voisines et connaissait parfaitement la navigation de ces parages.

Le 13 juillet, il y eut foule à bord de l'*Endeavour*. Les naturels venaient prendre congé de leurs amis les Anglais et de leur compatriote Tupia. Les uns, pénétrés d'une douleur modeste et silencieuse, versaient des larmes; les autres semblaient, au contraire, se disputer à qui pousserait les plus grands cris, mais il y avait dans leurs démonstrations moins de véritable douleur que d'affectation.

Dans le voisinage immédiat de Taïti se trouvaient, au dire de Tupia, quatre îles: Huaheine, Ulietea, Otaha et Bolabola, où il serait facile de se procurer des cochons, des volailles et d'autres rafraîchissements qui avaient un peu fait défaut pendant la dernière partie du séjour à Matavaï. Cependant, Cook préférait visiter une petite île appelée Tethuroa, placée à huit lieues dans le nord de Taïti; mais les indigènes n'y avaient pas d'établissement fixe. Aussi jugea-t-on inutile de s'y arrêter.

Lorsqu'on fut en vue d'Huaheine, des pirogues s'approchèrent de l'*Endeavour*, et ce fut seulement après avoir vu Tupia, que les naturels consentirent à monter à bord. Le roi Orée, qui se trouvait au nombre des passagers, fut frappé de surprise à la vue de tout ce que contenait le vaisseau. Bientôt calmé par l'accueil amical des Anglais, il se familiarisa au point de vouloir changer de nom avec Cook; pendant tout le temps de la relâche, il ne s'appela que Cookée et ne désignait le commandant que sous son propre nom. L'ancre tomba dans un beau havre, et l'état-major débarqua aussitôt. Mêmes mœurs, même langage, mêmes productions qu'à Taïti.

A sept ou huit lieues dans le sud-ouest, se trouve Ulietea. Cook y descendit également, et prit solennellement possession de cette île et de ses trois voisines. En même temps, il mit à profit son séjour en procédant au relevé hydrographique des côtes, pendant qu'on aveuglait une voie d'eau qui s'était déclarée sous la sainte-barbe de l'*Endeavour*. Puis, après avoir reconnu quelques autres petites îles, il donna au groupe tout entier le nom d'îles de la Société.

Cook remit à la voile le 7 août. Six jours plus tard, il reconnaissait l'île d'Oteroah. Les dispositions hostiles des habitants empêchèrent l'*Endeavour* de s'y arrêter, et il fit voile au sud.

Le 25 août, fut célébré par l'équipage l'anniversaire de son départ d'Angleterre. Le 1er septembre, par 40° 22′ de latitude sud et 174° 29′ de longitude occidentale, la mer, que soulevait un violent vent d'ouest, devint très forte; l'*Endeavour* fut obligé de mettre le cap au nord et de fuir devant la tempête. Jusqu'au 3, le temps fut le même, puis il se rétablit, et il fut possible de reprendre la route de l'ouest.

Pendant les derniers jours du mois, différents indices, pièces de bois, paquets d'herbes flottantes, oiseaux de terre, annoncèrent le voisinage d'une île ou d'un continent. Le 5 octobre, l'eau changea de couleur, et, le 6 au matin, on aperçut une grande côte qui courait à l'ouest quart nord-ouest. A mesure qu'on s'en approchait, elle paraissait plus considérable. De l'avis unanime, ce fameux continent, depuis si longtemps cherché et déclaré nécessaire pour faire contre-poids au reste du monde, d'après les cosmographes, la *Terra australis incognita*, était enfin découverte. C'était la côte orientale de la plus septentrionale des deux îles qui ont reçu le nom de Nouvelle-Zélande.

On ne tarda pas à apercevoir de la fumée qui s'élevait de différents points du rivage, dont on discerna bientôt tous les détails. Les collines étaient couvertes de bois, et, dans les vallées, on distinguait de très gros arbres. Ensuite apparurent des maisons petites, mais propres, des pirogues, puis des naturels, assemblés sur la grève. Enfin, sur une petite éminence, on aperçut une palissade haute et régulière qui enfermait tout le sommet de la colline. Les uns voulurent y voir un parc à daims, les autres un enclos à bestiaux, sans compter nombre de suppositions aussi ingénieuses, mais qui toutes furent reconnues fausses, lorsqu'on sut plus tard ce qu'était un « i-pah ».

Le 8, vers les quatre heures de l'après-midi, l'ancre fut jetée dans une baie à l'embouchure d'une petite rivière. De chaque côté, de hautes roches blanches; au milieu, un sol brun qui se relevait par degrés et paraissait, par une succession de croupes étagées, rejoindre une grande chaîne de montagnes, qui semblait fort loin dans l'intérieur; tel était l'aspect de cette partie de la côte.

Cook, Banks et Solander se jetèrent dans deux embarcations, montées par un détachement de l'équipage. Lorsqu'ils approchèrent de l'endroit où les naturels étaient rassemblés, ceux-ci prirent la fuite. Cela n'empêcha pas les Anglais de débarquer en laissant quatre mousses à la garde d'une des embarcations, tandis que l'autre restait au large.

A peine étaient-ils à quelque distance de la chaloupe, que quatre hommes, armés de longues lances, sortirent des bois et se précipitèrent pour s'en emparer. Ils y seraient arrivés facilement, si l'équipage de l'embarcation, restée au large, ne les avait aperçus et n'eût crié aux mousses de se laisser entraîner par le courant. Ceux-ci furent poursuivis de si près, que le maître de la pinasse dut tirer un coup de fusil au-dessus de la tête des indigènes. Après s'être arrêtés un instant, les naturels reprirent leur poursuite, lorsqu'un second coup de feu étendit l'un d'eux mort sur place. Ses compagnons essayèrent, un instant, de l'emporter avec eux, mais ils durent l'abandonner pour ne pas retarder leur fuite. Au bruit des détonations, les officiers débarqués regagnèrent le vaisseau,

Ceux-ci furent poursuivis de si près... (Page 119.)

d'où ils entendirent bientôt les indigènes, revenus sur la plage, discuter avec animation sur ce qui s'était passé.

Cependant, Cook désirait entrer en relations avec eux. Il fit donc équiper trois embarcations et descendit à terre avec MM. Banks, Solander et Tupia. Une cinquantaine d'indigènes, assis sur la rive, les attendaient. Pour armes, ils portaient de longues lances ou un instrument de talc vert, bien poli, long d'un pied et qui pouvait peser quatre ou cinq livres. C'était le « patou-patou » ou « toki », sorte de hache de bataille en talc ou en os avec un tranchant très aigu. Tous se levèrent aussitôt et firent signe aux Anglais de s'éloigner.

Dès que les soldats de marine furent descendus à terre, Cook et ses compa-

Joueur de flûte taïtien. (*Fac-simile. Gravure ancienne.*)

gnons s'avancèrent vers les naturels. Tupia leur dit que les Anglais étaient venus avec des intentions pacifiques, qu'ils ne voulaient que de l'eau et des provisions, qu'ils payeraient tout ce qu'on leur apporterait avec du fer, dont il leur expliqua l'usage. On vit avec plaisir que ces peuples l'entendaient parfaitement, leur langue n'étant qu'un dialecte particulier de celle qu'on parle à Taïti.

Après différents pourparlers, une trentaine de sauvages traversèrent la rivière. On leur donna de la verroterie et du fer, dont il ne parurent pas faire grand cas. Mais l'un d'eux, étant parvenu à s'emparer par surprise du coutelas de M. Green, et les autres recommençant leurs démonstrations hostiles, il fallut tirer sur le voleur, qui fut abattu, et tous se jetèrent à la nage pour regagner la rive opposée.

Ces diverses tentatives, pour entrer en relations commerciales avec les naturels, étaient trop malheureuses pour que Cook y persévérât plus longtemps. Il résolut donc de chercher ailleurs une aiguade. Sur ces entrefaites, deux pirogues, qui tâchaient de regagner la côte, furent aperçues. Cook prit ses dispositions pour leur en couper le chemin. L'une échappa à force de rames, l'autre fut rattrapée, et, bien que Tupia criât aux naturels que les Anglais venaient en amis, ils saisirent leurs armes et commencèrent l'attaque. Une décharge en tua quatre, et les trois autres, qui s'étaient jetés à la mer, furent saisis malgré une vive résistance.

Les réflexions que ce fâcheux incident suggère à Cook sont trop à son honneur, elles sont en contradiction trop flagrante avec la manière de procéder alors en usage, pour que nous ne les rapportions pas textuellement.

« Je ne peux pas me dissimuler, dit-il, que toutes les âmes humaines et sensibles me blâmeront d'avoir fait tirer sur ces malheureux Indiens, et il me serait impossible de ne pas blâmer moi-même une telle violence, si je l'examinais de sang-froid. Sans doute, ils ne méritaient pas la mort pour avoir refusé de se fier à mes promesses et de venir à mon bord, quand même ils n'y eussent vu aucun danger ; mais la nature de ma commission m'obligeait à prendre connaissance de leur pays, et je ne pouvais le faire qu'en y pénétrant à force ouverte ou en obtenant la confiance et la bonne volonté des habitants. J'avais déjà tenté, sans succès, la voie des présents ; le désir d'éviter de nouvelles hostilités m'avait fait entreprendre d'en avoir quelques-uns à mon bord, comme l'unique moyen de les convaincre que, loin de vouloir leur faire aucun mal, nous étions disposés à leur être utiles. Jusque-là, mes intentions n'avaient certainement rien de criminel ; il est vrai que dans le combat, auquel je ne m'étais pas attendu, notre victoire eût pu être également complète sans ôter la vie à quatre de ces Indiens, mais il faut considérer que, dans une semblable situation, quand l'ordre de faire feu a été donné, on n'est plus le maître d'en prescrire ni d'en modérer les effets. »

Accueillis à bord avec toutes les démonstrations nécessaires, sinon pour leur faire oublier, du moins pour leur rendre moins pénible le souvenir de leur capture, comblés de présents, parés de bracelets et de colliers, on se disposait à débarquer ces naturels, lorsqu'ils déclarèrent, en voyant les bateaux se diriger vers l'embouchure de la rivière, que leurs ennemis habitaient en cet endroit et qu'ils seraient bientôt tués et mangés. Cependant, ils furent débarqués, et l'on eut lieu de penser que rien de fâcheux ne leur était advenu.

Le lendemain 11 octobre au matin, Cook quitta ce canton misérable. Il lui donna le nom de « baie de la Pauvreté », parce que, de toutes les choses dont il avait besoin, il n'avait pu s'y procurer que du bois. Située par 38° 42′ de latitude sud et 181° 36′ de longitude ouest, cette baie a la forme d'un fer à cheval et offre un bon mouillage, bien qu'elle soit ouverte aux vents entre le sud et l'est.

Cook continua de longer la côte en descendant vers le sud, nommant les points remarquables, et appelant Portland une île à laquelle il trouva une grande ressemblance avec celle du même nom qui se trouve dans la Manche. Les relations avec les naturels étaient toujours mauvaises; si elles ne dégénéraient pas en lutte ouverte, c'est que les Anglais montraient une patience à toute épreuve.

Un jour, plusieurs pirogues entouraient le vaisseau, on échangeait des clous et de la verroterie pour du poisson, lorsque les naturels s'emparèrent de Tayeto, le domestique de Tupia, et firent aussitôt force de rames pour s'échapper. Il fallut tirer sur les ravisseurs; le petit Taïtien profita du désordre, causé par la décharge, pour sauter à la mer, où il fut recueilli par la pinasse de l'*Endeavour*.

Le 17 octobre, Cook n'ayant pu trouver de havre, et considérant que, la mer devenant de plus en plus mauvaise, il perdrait un temps qui serait mieux employé à reconnaître la côte au nord, vira de bord et reprit la route qu'il venait de suivre.

Le 23 octobre, l'*Endeavour* atteignit une baie, appelée Tolaga, où ne se faisait sentir aucune houle. L'eau était excellente, et il était facile d'y compléter les provisions, d'autant plus que les naturels montraient des dispositions amicales.

Après avoir tout réglé pour la protection des travailleurs, MM. Banks et Solander descendirent à terre afin de recueillir des plantes, et ils virent dans leur promenade plusieurs choses dignes de remarque. Au fond d'une vallée, encaissée au milieu de montagnes escarpées, se dressait un rocher percé à jour, si bien que d'un côté on apercevait la mer et de l'autre on découvrait une partie de la baie et les collines environnantes. En revenant à bord, les excursionnistes furent arrêtés par un vieillard, qui les fit assister aux exercices militaires du pays avec la lance et le patou-patou. Pendant une autre promenade, le docteur Solander acheta une toupie entièrement semblable aux toupies européennes, et les indigènes lui firent entendre par signes qu'il fallait la fouetter pour la faire aller.

Sur une île à gauche de l'entrée de la baie, les Anglais virent la plus grande pirogue qu'ils eussent encore rencontrée. Elle n'avait pas moins de soixante-huit pieds et demi de long, cinq de large, trois pieds six pouces de haut, et portait à l'avant des sculptures en relief d'un goût bizarre où dominaient les lignes en spirale et des figures étrangement contournées.

Le 30 octobre, dès qu'il eut achevé ses provisions de bois et d'eau, Cook remit à la voile et continua de suivre la côte vers le nord.

Dans les environs d'une île, à laquelle le capitaine donna le nom de Maire, les naturels se montrèrent plus insolents et plus voleurs encore qu'ils ne l'avaient été jusque-là. Cependant, il fallait s'arrêter cinq ou six jours dans ce canton pour observer le passage de Mercure. Afin de prouver à ces sauvages que les Anglais ne pouvaient être maltraités impunément, on tira à plomb sur un voleur qui venait de dérober une pièce de toile; mais la décharge, qu'il reçut dans le dos, ne lui fit pas plus d'effet qu'un violent coup de rotin. Mais alors un boulet, qui ricocha à la surface de l'eau et passa plusieurs fois par-dessus les pirogues, frappa les indigènes d'une terreur telle, qu'ils regagnèrent la côte à force de rames.

Le 9 novembre, Cook et Green descendirent à terre pour observer le passage de Mercure. Green observa seul l'immersion, pendant que Cook prenait la hauteur du soleil.

Notre intention n'est pas de suivre jour par jour, heure par heure, les navigateurs anglais dans leur reconnaissance très approfondie de la Nouvelle-Zélande. Les mêmes incidents sans cesse répétés, le récit des mêmes luttes avec les habitants, les descriptions de beautés naturelles, si attrayantes qu'elles soient, ne pourraient longtemps plaire au lecteur. Il vaut donc mieux passer rapidement sur la partie hydrographique du voyage, pour ne nous attacher qu'à la peinture des mœurs des indigènes, aujourd'hui si profondément modifiées.

La baie Mercure est située à la base de la longue péninsule découpée qui, courant de l'est au nord-est, forme l'extrémité septentrionale de la Nouvelle-Zelande. Le 15 novembre, au moment où l'*Endeavour* quitta cette baie, plusieurs canots s'avancèrent à la fois vers le bâtiment.

« Deux d'entre eux, dit la relation, qui portaient environ soixante hommes armés, s'approchèrent à portée de la voix, et les naturels commencèrent à chanter leur chanson de guerre; mais, voyant qu'on faisait peu d'attention à eux, ils commencèrent à jeter des pierres aux Anglais, et pagayèrent du côté du rivage. Bientôt, ils revinrent à la charge, en apparence résolus à combattre nos voyageurs, et s'animant entre eux par leur chanson. Sans que personne l'y eût excité, Tupia leur adressa quelques reproches et leur dit que les Anglais avaient des armes en état de les foudroyer dans l'instant. Mais ils répondirent en propres termes : « Venez à terre, et nous vous tuerons tous. — A la bonne heure, dit Tupia, mais pourquoi venez-vous nous insulter pendant que nous sommes en mer ? Nous ne désirons pas combattre et nous n'acceptons pas votre défi, parce qu'il n'y a entre vous et nous aucun sujet de querelle. La mer ne vous appartient pas plus qu'elle n'appartient à notre vaisseau. » Une éloquence si simple et si juste n'avait point été suggérée à Tupia. Aussi surprit-elle beaucoup Cook et les autres Anglais. »

Pendant qu'il était à la baie des îles, le capitaine reconnut une rivière assez considérable, à laquelle il donna le nom de Tamise. Elle était bordée de beaux arbres, de la même espèce que ceux qu'on avait rencontrés dans la baie Pauvreté. L'un deux, à six pieds au-dessus de terre, mesurait dix-neuf pieds de circonférence; un autre n'avait pas moins de quatre-vingt-dix pieds depuis le sol jusqu'aux premières branches.

Si les altercations avec les naturels étaient fréquentes, ces derniers pourtant n'avaient pas toujours tort.

« Quelques hommes du vaisseau, dit Kippis, qui, dès que les Indiens étaient surpris en faute, ne manquaient pas de montrer une sévérité digne de Lycurgue, jugèrent à propos d'entrer dans une plantation zélandaise et d'y dérober beaucoup de patates. M. Cook les condamna à douze coups de verge. Deux d'entre eux les reçurent tranquillement; mais le troisième soutint que ce n'était point un crime pour un Anglais de piller les plantations des Indiens. La méthode que M. Cook jugea convenable pour répondre à ce casuiste fut de l'envoyer à fond de cale et de ne pas permettre qu'il en sortît jusqu'à ce qu'il eût consenti à recevoir six coups de plus. »

Le 30 décembre, les Anglais doublèrent ce qu'ils jugèrent être le cap Maria-Van-Diemen de Tasman, mais ils furent aussitôt assaillis par des vents contraires, qui obligèrent Cook à ne faire que dix lieues en trois semaines. Fort heureusement, il se tint, pendant tout ce temps, à une certaine distance du rivage. Sans cela, nous n'aurions probablement pas, aujourd'hui, à raconter ses aventures.

Le 16 janvier 1770, après avoir nommé un certain nombre d'accidents de la côte occidentale, Cook arriva en vue d'un pic imposant et couvert de neige, qu'il appela mont Egmont, en l'honneur du comte de ce nom. A peine ce pic fut-il doublé, qu'on vit la côte décrire un grand arc de cercle. Elle était découpée en un grand nombre de rades, où Cook résolut d'entrer, afin de caréner et de réparer son bâtiment et de faire provision d'eau et de bois. Il débarqua au fond d'une anse où il trouva un beau ruisseau et des arbres en très grande abondance, car la forêt ne finissait qu'au bord de la mer, là où le sol lui manquait. Il profita des bonnes relations, qui furent entretenues en cet endroit avec les naturels, pour leur demander s'ils avaient jamais vu un vaisseau semblable à l'*Endeavour*.

Mais il constata que toute tradition relative à Tasman était effacée, bien qu'on fût seulement à quinze milles au sud de la baie des Assassins.

Dans un des paniers à provisions des Zélandais, on aperçut deux os à demi rongés. Il ne semblait pas que ce fussent des os de chien, et lorsqu'on les examina de près, on reconnut que c'étaient des débris humains. Les indigènes interrogés ne firent pas difficulté de répondre qu'ils avaient l'habitude de manger leurs ennemis. Quelques jours plus tard, ils apportèrent même à bord de l'*Endeavour* sept têtes d'hommes, auxquelles adhéraient encore les cheveux et la chair, mais dont ils avaient tiré la cervelle, qu'ils considèrent comme un mets très-délicat. La chair était molle, et, sans doute, on l'avait préservée de la putréfaction au moyen de quelque ingrédient, car elle n'avait point d'odeur désagréable. Banks acheta avec beaucoup de peine une de ces têtes; mais il ne put décider le vieillard qui les avait apportées à lui en céder une seconde, peut-être parce que les Zélandais les considèrent comme un trophée et une preuve de leur bravoure.

Les jours suivants furent consacrés à la visite des environs et à quelques promenades. Pendant l'une de ces excursions, Cook, ayant gravi une très haute colline, aperçut distinctement tout le détroit, auquel il avait donné le nom de canal de la Reine-Charlotte, et la côte opposée, qui lui parut éloignée d'environ quatre lieues. A cause du brouillard, il lui fut impossible de la découvrir au loin dans le S.-E. Mais il en avait assez vu pour comprendre que là finissait la grande île dont il venait de suivre tous les contours. Il lui restait donc à explorer celle qu'il découvrirait au sud. C'est ce qu'il se promit de faire, aussitôt qu'il se serait assuré, en le parcourant dans toute sa longueur, que le canal de la Reine-Charlotte était bien un détroit.

Dans les environs, Cook eut l'occasion de visiter un « i-pah ». Bâti sur une petite île ou un rocher d'accès très difficile, l'i-pah n'est autre chose qu'un village fortifié.

Le plus souvent, les naturels ont ajouté aux difficultés naturelles des fortifications qui en rendent l'abord des plus périlleux. Plusieurs de ceux qu'on visita étaient défendus par un double fossé, dont l'intérieur avait un parapet et une double palissade. Le second fossé ne mesurait pas moins de vingt-quatre pieds de profondeur. En dedans de la palissade intérieure s'élevait, à vingt pieds de haut, une plate-forme de quarante pieds de long sur six de large. Soutenue par de gros poteaux, elle était destinée à porter les défenseurs de la place, qui, de là, pouvaient facilement accabler les agresseurs de dards et de pierres, dont il y a toujours des tas énormes préparés en cas de besoin. Ces places fortes sont impossibles à forcer pour les naturels, à moins que, par un long blocus, la garnison ne soit obligée à se rendre.

« Il est très surprenant, remarque Cook, que l'industrie et le soin qu'ils ont employés à bâtir, presque sans instruments, des places si propres à la défense, ne leur aient pas fait inventer, par la même raison, une seule arme de trait, à l'exception de la lance qu'ils jettent avec la main. Ils ne connaissent point l'arc pour les aider à décocher un dard, ni la fronde pour lancer une pierre, ce qui est d'autant plus étonnant que l'invention des frondes, des arcs et des flèches est beaucoup plus simple que celle des ouvrages que construisent ces peuples, et qu'on trouve d'ailleurs ces deux armes dans presque tous les pays du monde, chez les nations les plus sauvages. »

Le 6 février, Cook sortit de la baie et fit voile à l'est, dans l'espérance de trouver l'entrée du détroit facile avant le reflux de la marée. A sept heures du soir, le vaisseau fut entraîné, par la violence du courant, jusqu'auprès d'une petite île en dehors du cap Koamaroo. Des rochers très pointus s'élevaient du fond de la mer. A chaque instant le danger augmentait. Un unique moyen restait de sauver le vaisseau. On le tenta, il réussit. La longueur d'un câble séparait seulement l'*Endeavour* de l'écueil, lorsqu'on laissa tomber l'ancre par soixante-quinze brasses d'eau. Par bonheur, l'ancre mordit, et le courant, qui changeait de direction après avoir frappé l'île, entraîna le navire au delà de l'écueil. Mais il n'était pas encore sauvé, car il était toujours très-près des rocs, et le courant faisait cinq milles à l'heure.

Cependant, lorsque le flux diminua, le bâtiment put se relever, et, le vent devenant favorable, il fut rapidement entraîné dans la partie la plus resserrée du détroit, qu'il franchit sans danger.

L'île la plus septentrionale de la Nouvelle-Zélande, qui porte le nom d'Eaheinomauwe, n'était cependant pas encore reconnue dans toutes ses parties; il restait une quinzaine de lieues de côtes qu'on n'avait pas relevées. Certains officiers profitèrent de cette circonstance pour soutenir, malgré le sentiment de Cook, que ce n'était pas une île, mais bien un continent. Quoique son opinion fût faite, le commandant dirigea sa navigation de manière à éclaircir le doute qui pouvait subsister dans l'esprit de ses officiers. Après deux jours de route, pendant lesquels on dépassa le cap Palliser, il les appela sur le pont et leur demanda s'ils étaient convaincus. Sur leur réponse affirmative, Cook, renonçant à remonter jusqu'au point le plus méridional qu'il avait atteint sur la côte orientale d'Eaheinomauwe, résolut de prolonger dans toute sa longueur la terre dont il venait d'avoir connaissance, et qui portait le nom de Tawai-Pounamou.

Une fla-toka. *Fac-simile. Gravure ancienne.*

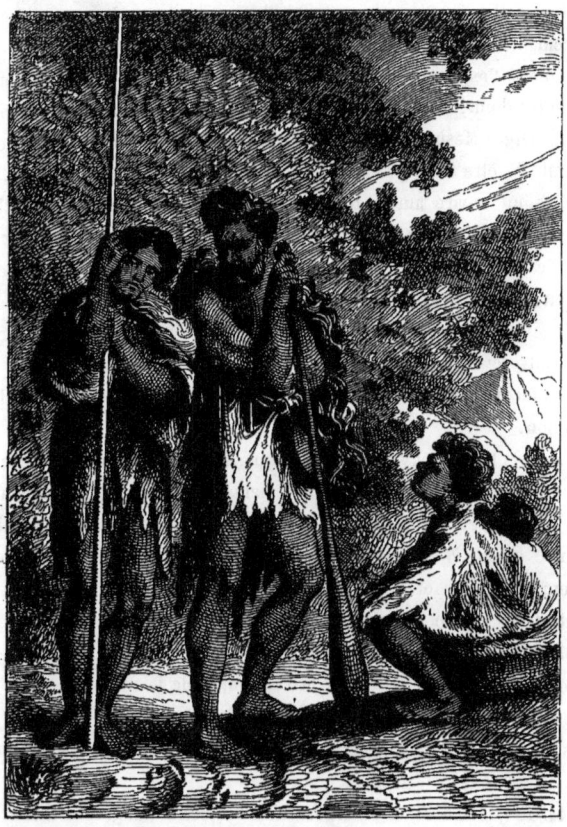
Une famille néo-zélandaise. (Fac-simile. Gravure ancienne.)

La côte était le plus souvent stérile et ne paraissait pas habitée. Au reste, il fallut presque toujours se tenir à quatre ou cinq lieues du rivage.

Dans la nuit du 9 mars, l'*Endeavour* passa sur quelques rochers, et l'on reconnut, au matin, qu'il avait couru les plus grands dangers. On donna le nom de « Pièges » à ces récifs, qui semblent placés pour surprendre les navigateurs trop confiants.

Le même jour, Cook reconnut ce qui lui parut être l'extrémité méridionale de la Nouvelle-Zélande, et l'appela cap Sud. C'était la pointe de l'île Steward. Les grosses lames venant du sud-ouest, qui frappèrent le bâtiment, tandis qu'il doublait ce cap, convainquirent le capitaine Cook qu'il n'y avait pas de terre dans cette direction. Aussi reprit-il la route du nord pour achever, par la rive occidentale, le périple de la Nouvelle-Zélande.

Presque à l'extrémité méridionale de cette côte, on découvrit une baie à laquelle fut donné le nom de Dusky. Cette région était stérile, escarpée, couverte de neige. Mesurant à son entrée trois ou quatre milles, la baie Dusky, qui semblait être aussi profonde que large, renfermait plusieurs îles, derrière lesquelles un navire aurait trouvé, sans doute, un excellent abri. Mais Cook crut prudent de ne pas s'y arrêter, sachant que le vent nécessaire pour sortir ne souffle qu'une fois par mois dans ces parages. Il ne fut pas d'accord, en cette circonstance, avec plusieurs de ses officiers, qui, ne considérant que l'avantage présent, ne songeaient pas aux inconvénients d'une relâche dont on ne pouvait prévoir la durée.

Aucun incident ne marqua la reconnaissance du rivage occidental de Tawaï-Pounamou.

« Depuis la baie Dusky, dit Cook, jusqu'à 44° 20′ de latitude, il y a une chaîne étroite de collines qui s'élèvent directement de la mer et qui sont couvertes de forêts. Derrière et tout près de ces collines, on voit des montagnes qui forment une autre chaîne d'une élévation prodigieuse et qui est composée de rochers entièrement stériles et dépouillés, excepté dans les endroits où ils sont couverts de neige, qu'on aperçoit sur la plupart en grandes masses.... Il n'est pas possible d'imaginer une perspective plus sauvage, plus brute et plus effrayante que celle de ce pays, lorsqu'on le contemple de la mer, car, dans toute la portée de la vue, on n'aperçoit rien que les sommets des rochers, qui sont si près les uns des autres, qu'au lieu de vallées, il n'y a que des fissures entre eux. »

De 44° 20′ jusqu'à 42° 81′, l'aspect change ; les montagnes s'enfoncent dans l'intérieur ; la mer est bordée de collines et de vallées fertiles.

De 42° 8′ jusqu'à 41° 30′, il n'y a qu'une côte, qui surgit verticalement de la mer et que coiffent de sombres forêts. D'ailleurs, l'*Endeavour* se tint trop loin du rivage, et le temps était trop sombre pour qu'on pût distinguer les particularités du littoral. Après avoir ainsi achevé le tour du pays, le navire regagna l'entrée de la Reine-Charlotte.

Cook fit là provision d'eau et de bois ; puis, il résolut de regagner l'Angleterre, en suivant la route qui lui permettrait de mieux remplir l'objet de son voyage. A son grand regret, car il aurait voulu décider s'il existe ou non un continent austral ; il lui était aussi impossible de rentrer en Europe par le cap Horn que par le cap de Bonne-Espérance. Au milieu de l'hiver, sous une latitude très méridionale, son bâtiment n'était pas en état de mener à bonne fin cette entreprise. Il n'y avait donc pas d'autre parti à prendre que de faire route par les Indes-Orientales, et, dans ce but, de gouverner à l'ouest jusqu'à la côte orientale de la Nouvelle-Hollande.

Mais, avant de raconter les péripéties de cette seconde partie de la campagne, il est bon de jeter un regard en arrière, et de résumer les observations que les voyageurs avaient recueillies sur la situation, les productions et les habitants de la Nouvelle-Zélande.

Dans le volume précédent, on a vu que ce pays avait été découvert par Abel Tasman, et nous avons rapporté les incidents qui en avaient marqué d'un trait de sang la reconnaissance par le capitaine hollandais. Jamais la Nouvelle-Zélande, sauf les côtes vues par Tasman en 1642, n'avait été visitée par un navire européen. Elle était à ce point inconnue, qu'on ne savait si elle ne faisait pas partie du continent austral, ainsi que le croyait Tasman, qui lui avait donné le nom de Terre des États. A Cook appartenait la gloire de déterminer la position et de relever les côtes de ces deux grandes îles, situées entre 34° et 48° de latitude sud et 180° et 194° de longitude ouest.

Tawaï-Pounamou était montueuse, stérile, et ne semblait que très peu peuplée. Eaheinomauwe présentait un aspect plus engageant, des collines, des montagnes et des vallées couvertes de bois, arrosées par de gais ruisseaux. D'après les remarques faites par MM. Banks et Solander, sur le climat et le sol, Cook formulait ainsi ses conclusions, que les événements devaient confirmer : « Que, si les Européens formaient un établissement dans ce pays, il leur en coûterait peu de soins et de travaux pour y faire croître, en grande abondance, tout ce dont on a besoin. »

En fait de quadrupèdes, la Nouvelle-Zélande ne nourrissait que des rats et des chiens, ces derniers réservés pour la table. Mais si la faune était pauvre, la flore semblait fort riche. Parmi les végétaux qui frappèrent le plus vivement les Anglais, voici ce que dit la relation :

« Les habitants se servent, en guise de chanvre et de lin, d'une plante qui surpasse toutes celles qu'on emploie aux mêmes usages dans les autres pays.... L'habillement ordinaire des Néo-Zélandais est composé de feuilles de cette plante sans beaucoup de préparations ; ils en fabriquent d'ailleurs leurs cordons, leurs lignes et leurs cordages, qui sont beaucoup plus forts que tous ceux qu'on fait avec du chanvre et auxquels ils ne peuvent être comparés. Ils tirent de la même plante, préparée d'une autre manière, de longues fibres minces, luisantes comme de la soie et aussi blanches que de la neige ; ils manufacturent leurs plus belles étoffes avec ces fibres, qui sont aussi d'une force surprenante. Leurs filets, d'une grandeur énorme, sont formés de ces feuilles; tout le travail consiste à les couper en bandes de largeur convenable, qu'on noue ensemble. »

Cette plante merveilleuse, de laquelle on s'était tellement engoué, après la description lyrique qu'on vient de lire et celle non moins enthousiaste qu'en devait faire quelques années plus tard La Billardière, est aujourd'hui connue sous le nom de « phormium tenax ».

En effet, il a fallu rabattre des espérances que ces récits avaient fait naître! Suivant l'opinion de l'éminent chimiste Duchartre, l'action prolongée de la chaleur humide et surtout le blanchissage désagrègent en peu de temps les cellules de cette plante, et, après un ou deux lessivages, les tissus qui en sont fabriqués se réduisent en étoupe. Cependant, elle donne lieu à un commerce d'exportation considérable. M. Al. Kennedy, dans son très curieux ouvrage sur la Nouvelle-Zélande, nous apprend que si, en 1865, on n'exportait que quinze balles de phormium, quatre ans plus tard, ce qui est presque invraisemblable, ce chiffre s'était élevé à 12,162 balles, pour monter, en 1870, à 32,820 balles, dont la valeur était de 132,578 livres sterling.

Quant aux habitants, grands et bien proportionnés, ils étaient alertes, vigoureux et très adroits. Les femmes n'avaient pas cette délicatesse d'organes, cette gracilité de formes qui les distinguent dans tout autre pays. Vêtues de la même façon que les hommes, on ne pouvait les reconnaître qu'à la douceur de leur voix et à la vivacité de leur physionomie. Si les naturels d'une même tribu avaient entre eux les relations les plus affectueuses, implacables envers leurs ennemis, ils ne leur faisaient pas de quartier, et les cadavres servaient à d'horribles festins, que le défaut de nourriture animale explique sans les excuser.

« Peut-être, dit Cook, paraîtra-t-il étrange qu'il y ait des guerres fréquentes dans un pays où il y a si peu d'avantages à obtenir la victoire. »

Mais, outre la nécessité de se procurer de la viande, qui amène la fréquence de ces guerres, ce qu'ignorait Cook, c'est que la population était partagée en deux races distinctes, naturellement ennemies.

D'anciennes traditions rapportent que les Maoris sont venus, il y a environ treize cents ans, des îles Sandwich. On a lieu de les croire exactes, si l'on réfléchit que cette belle race polynésienne a peuplé tous les archipels semés sur cette immense partie de l'océan Pacifique. Partis de l'île Haouaïki, qui serait l'Havaï des îles Sandwich ou la Saouaï de l'archipel des Navigateurs, les Maoris auraient refoulé ou presque détruit la race autochtone

En effet, les premiers colons ont observé chez les indigènes de la Nouvelle-Zélande deux types parfaitement distincts ; l'un, le plus important, rappelait, à ne pouvoir s'y méprendre, les naturels des Havaï, des Marquises, des Tonga, tandis que l'autre offrait la plus grande ressemblance avec la race mélanésienne. Ces informations, recueillies par Freycinet, et plus récemment confirmées par Hochstetter, sont en parfait accord avec ce fait curieux, rapporté par Cook, que Tupia, originaire de Taïti, put se faire comprendre sans difficulté des Néo-Zélandais.

Les migrations des Polynésiens sont aujourd'hui bien connues, grâce aux progrès de la linguistique et de l'anthropologie ; mais elles n'étaient que soupçonnées du temps de Cook, qui fut l'un des premiers à recueillir les légendes relatives à ce sujet.

« Chacun de ces peuples, dit-il, croit par tradition que ses pères vinrent, il y a longtemps, d'un autre pays, et ils pensent tous, d'après cette même tradition, que ce pays s'appelait Heawise. »

Le sol ne nourrissait, à cette époque, aucun autre quadrupède que le chien ; encore avait-il dû être importé. Aussi les Néo-Zélandais n'avaient-ils guère pour subsistance quotidienne que des végétaux et certains volatiles, en petit nombre, qui restèrent inconnus aux Anglais. Heureusement, les côtes étaient excessivement poissonneuses, ce qui permettait aux habitants de ne pas mourir de faim.

Accoutumés à la guerre et regardant tout étranger comme un ennemi, ne voyant peut-être en lui qu'un animal de boucherie, les indigènes étaient tout naturellement portés à attaquer les Anglais. Mais, dès qu'ils eurent été bien convaincus de la faiblesse de leurs moyens et de la puissance de leurs adversaires dès qu'ils se furent rendu compte que l'on évitait, le plus possible, de se servir des engins de mort dont ils avaient vu les terribles effets, ils traitèrent les navigateurs en amis, et se conduisirent toujours avec une loyauté qui n'était pas sans surprendre.

Si les insulaires, que les navigateurs avaient fréquentés jusqu'alors, n'avaient aucune idée de la décence et de la pudeur, il n'en était pas de même des Néo-Zélandais, et Cook en donne plus d'une preuve curieuse. Sans être aussi propres que les habitants de Taïti, dont le climat est beaucoup plus chaud, sans se baigner aussi souvent, cependant, ils avaient soin de leur personne, et faisaient preuve d'une certaine coquetterie. C'est ainsi qu'ils oignaient leur chevelure avec une huile ou graisse de poisson et d'oiseau, qui, devenue rance en peu de temps, les rendait presque aussi désagréables à l'odorat que des Hottentots. Ils avaient l'habitude de se tatouer, et certains de ces tatouages dénotaient, en même temps qu'une habileté de main prodigieuse, un goût qu'on ne s'attendait pas à rencontrer chez ces populations primitives.

À leur grande surprise, les Anglais constatèrent que les femmes donnaient moins d'attention à leur toilette que les hommes. Leurs cheveux étaient coupés court, sans ornements, et elles portaient les mêmes vêtements que leurs maris. Pour toute coquetterie, elles se passaient dans les oreilles les choses les plus extraordinaires, étoffes, plumes, os de poisson, morceaux de bois, sans compter qu'elles y suspendaient, au moyen d'un cordon, des aiguilles en talc vert, des ongles ou des dents de leurs parents défunts, et généralement tous les objets qu'elles pouvaient se procurer.

Ceci rappelle une aventure, arrivée à une Taïtienne, que Cook rapporte dans sa relation. Envieuse de tous les objets qu'elle voyait, cette femme voulut se faire passer un cadenas dans le lobe de l'oreille. On y consentit, puis, devant elle, on jeta la clé à la mer. Au bout d'un certain temps, soit qu'elle fût gênée par le poids de ce singulier ornement, soit qu'elle voulût le remplacer par un autre, elle demanda à plusieurs reprises qu'on le lui enlevât. En lui refusant d'accéder à ce désir, on lui fit comprendre que sa demande avait été indiscrète, et que, puisqu'elle avait désiré ce singulier pendant d'oreille, il était juste qu'elle en supportât les inconvénients.

Quant aux vêtements des Zélandais, ils ne consistaient qu'en une première pièce d'étoffe, tenant le milieu entre le roseau et le drap, attachée aux épaules et pendant sur les genoux, et en une seconde enroulée autour de la ceinture, qui descendait jusqu'à terre. Cette dernière partie de leur costume n'était pas d'un usage habituel. Aussi, lorsqu'ils n'avaient que la partie supérieure de cet habillement et qu'ils s'accroupissaient, ils ressemblaient à une maison couverte de chaume. Ces sortes de couvertures étaient quelquefois décorées d'une façon très élégante, au moyen de franges de diverses couleurs, et, plus rarement, de fourrure de chien, découpée par bandes.

C'était surtout la construction de leurs pirogues qui marquait l'industrie de ces peuples. Les embarcations de guerre pouvaient porter de quarante à cinquante hommes armés, et l'une d'elles, qui fut mesurée à Ulaga, n'avait pas moins de soixante-huit pieds de long. Elles étaient magnifiquement décorées d'ouvrages à jour et garnies de franges flottantes en plumes noires. Ce sont ordinairement les plus petites qui ont des balanciers. Il arrive aussi quelquefois que deux pirogues sont jointes ensemble. Quant aux embarcations de pêche, elles étaient ornées à la proue et à la poupe d'une figure d'homme grimaçante, au visage hideux, à la langue pendante, aux yeux formés de deux coquillages blancs. Souvent deux pirogues étaient accouplées, et les plus petites portaient seules des balanciers destinés à assurer leur équilibre.

« Comme l'intempérance et le défaut d'exercice sont peut-être l'unique principe des maladies, dit Cook, il ne paraîtra pas surprenant que ces peuples jouissent sans interruption d'une santé parfaite. Toutes les fois que nous sommes allés dans leurs bourgs, les enfants et les vieillards, les hommes et les femmes se rassemblaient autour de nous, excités par la même curiosité qui nous portait à les regarder; nous n'en avons jamais aperçu un seul qui parût affecté de quelque maladie, et, parmi ceux que nous avons vus entièrement nus, nous n'avons jamais remarqué la plus légère éruption sur la peau, ni aucune trace de pustules ou de boutons. »

II

Reconnaissance de la côte orientale de l'Australie. — Observations sur les naturels et les productions de la contrée. — Échouage de l'*Endeavour*. — Dangers continuels de la navigation. — Traversée du détroit de Torrès. — Les indigènes de la Nouvelle-Guinée. — Retour en Angleterre.

Ce fut le 31 mars 1770 que Cook quitta le cap Farewell et la Nouvelle-Zélande, pour faire route à l'ouest. Le 19 avril, il aperçut une terre qui s'étendait du nord-est à l'ouest par 37° 58' de latitude sud et 210° 39' de longitude ouest. C'était, suivant lui, d'après la carte de Tasman, le pays appelé par ce navigateur Terre de Van-Diemen. En tout cas, il ne lui fut pas loisible de vérifier si la partie de la côte qu'il avait devant lui se rattachait à la Tasmanie. En remontant vers le nord, il en nomma tous les accidents : pointe de Hicks, Ram-head, cap Howe, mont Dromadaire, pointe Upright, Pigeon-House, etc.

Cette portion de l'Australie était montagneuse et couverte d'arbres espacés. Quelques fumées indiquaient que le littoral était habité; mais la population, assez clair-semée, d'ailleurs, n'eut rien de plus pressé que de s'enfuir, aussitôt que les Anglais se préparèrent à débarquer.

Les premiers naturels qui furent aperçus étaient armés de longues piques et d'une pièce de bois dont la forme ressemblait assez à celle d'un cimeterre. C'était le fameux « boomerang », arme de jet si terrible dans la main des indigènes, si inoffensive entre celles des Européens.

Le visage de ces sauvages semblait être couvert d'une poudre blanche; leur corps était zébré de larges raies de la même couleur, qui, passant obliquement

Tête de Néo-Zélandais tatouée. (*Fac-simile. Gravure ancienne.*)

sur la poitrine, ressemblaient aux bandoulières des soldats, et ils portaient, aux cuisses et aux jambes, des raies de même nuance qu'on aurait prises à distance pour des jarretières, s'ils n'eussent été complètement nus.

Un peu plus loin, les Anglais essayèrent encore de débarquer. Mais deux naturels qu'on avait d'abord essayé d'apprivoiser en leur jetant des clous, de la verroterie et d'autres bagatelles, se livrèrent à des démonstrations si menaçantes, qu'on se vit obligé de tirer un coup de fusil au-dessus de leur tête. La détonation les frappa tout d'abord de stupeur; mais, dès qu'ils ne se sentirent pas blessés, ils commencèrent les hostilités, en lançant des pierres et des javelots. Un coup de fusil, chargé à plomb, fut alors tiré dans les jambes du plus âgé. Le pauvre

C'était des Kanguros. (Page 141.)

sauvage s'enfuit sur-le-champ vers une des cases, et revint aussitôt avec un bouclier pour recommencer le combat, qui finit cependant, dès qu'il fut convaincu de son impuissance. Les Anglais en profitèrent pour prendre terre et gagner les habitations, où ils trouvèrent un grand nombre de lances. Dans cette même baie, on débarqua un détachement avec des futailles pour faire de l'eau; mais il fut impossible d'entrer en communication avec les indigènes, qui s'enfuyaient, dès qu'on se dirigeait de leur côté.

Pendant une excursion qu'ils firent à terre, Cook, Banks et Solander aperçurent les traces de plusieurs animaux. Les oiseaux étaient nombreux et d'une remarquable beauté. La grande quantité de plantes que les naturalistes trouvèrent en cet endroit engagea Cook à lui donner le nom de Botany-Bay (baie Botanique). Étendue, sûre et commode, cette baie est située par 34° de latitude et 208° 37′ de longitude ouest. On pouvait s'y procurer facilement de l'eau et du bois.

« Les arbres, dit Cook, sont pour le moins aussi grands que les chênes d'Angleterre, et j'en vis un qui y ressemblait assez. C'est le même qui distille une gomme rouge pareille au *sang de dragon*. »

Ce devait être, sans doute, une espèce d'eucalyptus. Parmi les différentes sortes de poissons qui fourmillaient dans ces parages, il faut citer la raie bouclée, dont l'une, après qu'on l'eut vidée, pesait encore trois cent trente-six livres.

Le 6 mai, Cook quitta Botany-Bay et continua de remonter le littoral vers le nord, en s'en tenant éloigné de deux ou trois milles. La navigation, le long de cette côte, fut assez monotone. Les seuls incidents qui vinrent un peu l'animer furent les différences subites et imprévues des fonds de la mer et les lignes de brisants qu'il fallut éviter.

Dans une descente qu'ils effectuèrent un peu plus loin, les explorateurs reconnurent que le pays était manifestement plus mauvais qu'aux environs de Botany-Bay. Le sol était sec et sablonneux, les rampes des collines étaient couvertes d'arbres, clair-semés, isolés et sans broussailles. Les matelots y tuèrent une outarde, qui fut déclarée le meilleur gibier qu'on eût mangé depuis le départ d'Angleterre. C'est pourquoi cet endroit reçut le nom de Bustard-Bay. On y recueillit également une grande quantité d'huîtres de toute espèce et notamment de petites huîtres perlières.

Le 25 mai, l'*Endeavour* se trouva, à un mille de terre, vis-à-vis d'une pointe qui coupait exactement le tropique du Capricorne. On constata le lendemain que la marée monta et descendit de sept pieds. Le flux portait à l'ouest et le reflux à l'est, juste le contraire de ce qu'on avait éprouvé à Bustard-Bay. En cet endroit, les îles étaient nombreuses, le chenal étroit et très peu profond.

Le 29, Cook, espérant trouver un endroit commode pour nettoyer la quille et les fonds de son bâtiment, débarqua, avec Banks et Solander, dans une large baie. Mais à peine furent-ils descendus à terre qu'ils se trouvèrent fort empêchés dans leur marche par une herbe épaisse, barbue et remplie de graines piquantes, — sans doute une sorte de spinifex, — qui s'attachait aux vêtements, les transperçait et pénétrait jusqu'à la chair. En même temps, des nuages de maringouins et de moustiques s'abattaient sur eux et les accablaient de piqûres douloureuses. On découvrit un lieu commode pour les réparations à faire, mais ce fut inutilement que l'on chercha une aiguade. Des gommiers, semés çà et là, portaient d'énormes nids de fourmis blanches, qui, s'attaquant aux bourgeons, les avaient bientôt vidés de leur gomme. Des vols nombreux de papillons aux couleurs éclatantes se jouaient autour des explorateurs.

C'étaient là, sans doute, des observations curieuses, intéressantes à plus d'un point de vue; mais elles ne satisfaisaient guère le commandant, qui ne trouvait pas à refaire sa provision d'eau. Ainsi se décelait au premier abord ce qui forme le caractère le plus tranché de ce nouveau monde, le manque de sources, de rivières et de fleuves.

Une seconde excursion, faite dans la soirée du même jour, ne fut pas plus fructueuse. Toutefois, Cook constata que la baie était très profonde, et il résolut d'en faire le tour dès le lendemain. Il ne tarda pas à remarquer que la largeur du passage, où il était entré, augmentait rapidement et finissait par former un vaste lac en communication avec la mer par le nord-ouest. Un autre bras s'enfonçait aussi dans l'est, et on pouvait penser que ce lac devait avoir une autre communication avec la mer par le fond de la baie.

Cette partie de l'Australie reçut de Cook le nom de Nouvelle-Galles du Sud. Stérile, sablonneuse, aride, elle était dépourvue de tout ce qui est indispensable à l'établissement d'une colonie. Cet examen superficiel, cette reconnaissance purement hydrographique, ne pouvait apprendre aux Anglais que c'était là, cependant, au point de vue minéralogique, une des parties les plus riches de ce nouveau monde.

Du 31 mai au 10 juin, la navigation se poursuivit aussi monotone. A cette dernière date, l'*Endeavour*, qui venait de parcourir sans accident, sur cette côte inconnue, au milieu des bas-fonds et des brisants, un espace de vingt-deux degrés, soit treize cents milles, se trouva tout à coup exposé au danger le plus grand qu'il soit possible d'imaginer.

On était alors par 16 degrés de latitude sud et 214° 39' de longitude ouest, lorsque Cook, voyant devant lui deux îlots bas et couverts de bois, ordonna de tenir le large pendant la nuit, afin de chercher les îles découvertes par Quiros dans ces parages, archipel que certains géographes ont mal à propos réuni à la grande terre. A partir de neuf heures du soir, la sonde accusa, de quart d'heure en quart d'heure, une profondeur moins grande. Tout le monde était sur le pont, et l'ancre était parée, lorsque l'eau devint plus profonde. On en conclut que le bâtiment avait passé sur l'extrémité des bancs de sable aperçus au coucher du soleil, et l'on se réjouit de voir ce danger évité. La profondeur augmentant toujours, Cook et les officiers qui n'étaient pas de quart rentrèrent dans leurs cabines.

Cependant, à onze heures, la sonde, après avoir marqué vingt brasses, passa tout à coup à dix-sept, et, avant qu'on eût le temps de la rejeter, l'*Endeavour* avait touché, et, battu par les vagues, talonnait sur les pointes d'un roc.

La situation était très grave. Enlevé par la lame par-dessus le bord d'un récif de corail, l'*Endeavour* était retombé dans un creux de l'écueil. Déjà, à la clarté de la lune, on pouvait voir flotter autour du bâtiment une partie de la fausse quille et du doublage.

Par malheur, l'échouage avait eu lieu à marée haute. Il ne fallait donc pas compter sur le flot pour dégager le bâtiment. Sans perdre de temps, on jeta par-dessus bord les six canons, les barils, les tonneaux, le lest de fer et tout ce qui pouvait alléger le navire, qui continuait à raguer contre le roc. La chaloupe fut mise à la mer, les vergues et les huniers furent abattus, l'amarre de toue fut jetée à tribord, et l'on allait laisser tomber du même côté l'ancre d'affourche, lorsqu'on s'aperçut que l'eau était plus profonde à l'arrière. Mais, bien qu'on virât avec ardeur au cabestan, il fut impossible de dégager le bâtiment.

Au jour naissant, la position apparut dans toute son horreur. Huit lieues séparaient le bâtiment de la terre. Pas une île intermédiaire où se réfugier, s'il venait à s'entr'ouvrir, comme c'était à craindre. Bien qu'on se fût débarrassé de plus de cinquante tonneaux en poids, la pleine mer ne fit gagner qu'un pied et demi de flot. Heureusement, le vent s'était apaisé, sans quoi l'*Endeavour* n'eût bientôt plus été qu'une épave. Cependant, la voie d'eau augmentait rapidement, bien que deux pompes fussent sans cesse en mouvement. Il fallut en monter une troisième.

Terrible alternative! Si le bâtiment était dégagé, il coulait bas dès qu'il cesserait d'être soutenu par le roc; s'il restait échoué, il serait bientôt démoli par les lames qui en disjoignaient les membrures! Et les embarcations étaient insuffisantes pour porter, à la fois, tout l'équipage à terre!

N'y avait-il pas à craindre qu'en cette circonstance, la discipline ne fût foulée aux pieds? Qui pouvait répondre qu'une lutte fratricide ne rendrait pas le désastre irréparable? Et quand bien même une partie des matelots gagnerait la côte, quel sort leur était réservé sur une plage inhospitalière, où les filets et les armes à feu suffiraient à peine à leur procurer la nourriture? Que deviendraient, enfin, ceux qui auraient dû rester sur le navire? Ces réflexions terribles, tous les faisaient alors. Mais, tant est grand le sentiment du devoir, si fort le pouvoir d'un chef qui a su se faire aimer de son équipage, que ces alarmes ne se traduisirent par aucun cri, par aucun désordre.

Les forces des hommes qui n'étaient pas employés aux pompes furent sagement ménagées pour l'instant où allait se décider le sort commun. Les mesures furent si habilement prises, qu'au moment où la mer battit son plein, tout le monde s'attela au cabestan, et, le navire dégagé, on constata qu'il ne faisait pas plus d'eau que lorsqu'il était sur le récif.

Mais ces matelots qui, depuis vingt-quatre heures, avaient passé par tant d'angoisses, étaient à bout de forces. On fut bientôt obligé de les remplacer aux pompes toutes les cinq minutes, car ils tombaient épuisés.

A ce moment, une mauvaise nouvelle vint porter le découragement à son comble. L'homme chargé de mesurer la hauteur de l'eau dans la cale annonça qu'elle avait monté de dix-huit pouces en quelques instants. Fort heureusement, on s'aperçut presque aussitôt qu'il avait mal pris ses mesures, et la joie de l'équipage fut telle, que tout danger lui parut passé.

Un officier, nommé Monkhouse, eut alors une idée excellente. Sur le flanc du navire, il fit appliquer une bonnette, dans laquelle on avait mélangé du fil de caret, de la laine et les excréments des animaux embarqués. On parvint de cette manière à aveugler en partie la voie d'eau. De ce moment, les hommes qui parlaient d'échouer le navire sur la côte, pour reconstruire avec ses débris une embarcation qui les conduirait aux Indes-Orientales, ne songèrent plus qu'à trouver un havre convenable pour le radouber.

Ce havre désiré, ils l'atteignirent le 17 juin, à l'embouchure d'un cours d'eau que Cook appela rivière de l'Endeavour. Les travaux nécessaires pour le carénage du bâtiment furent aussitôt entrepris et menés le plus rapidement possible. Les malades furent débarqués, et l'état-major descendit à terre, à plusieurs reprises, afin d'essayer de tuer quelque gibier et de procurer aux scorbutiques un peu de viande fraîche. Tupia aperçut un animal, que Banks, d'après sa description, jugea devoir être un loup. Mais, quelques jours après, on en chassa plusieurs autres, qui sautaient sur leurs deux pieds de derrière et faisaient des bonds prodigieux. C'étaient des kanguroos, grands marsupiaux qu'on ne rencontre qu'en Australie, et que n'avait encore observés aucun Européen.

En cet endroit, les naturels se montrèrent bien moins farouches que partout ailleurs sur cette côte. Non seulement, ils se laissèrent approcher, mais, traités avec cordialité par les Anglais, ils demeurèrent plusieurs jours dans leur société.

« Ils étaient, en général, dit la relation, d'une taille ordinaire, mais ils avaient les membres d'une petitesse remarquable; leur peau était couleur de suie ou de ce qu'on peut nommer couleur chocolat foncé; leurs cheveux, noirs sans être laineux, étaient coupés courts; les uns les avaient lisses, et les autres bouclés... Plusieurs parties de leur corps avaient été peintes en rouge, et l'un d'eux portait, sur la lèvre supérieure et sur la poitrine, des raies de blanc qu'il appelait « carbanda ». Les traits de leur visage étaient bien loin d'être désagréables; ils avaient les yeux très vifs, les dents blanches et unies, la voix douce et harmonieuse. »

Plusieurs portaient un ornement singulier, dont Cook n'avait encore vu d'exemple qu'à la Nouvelle-Zélande : c'était un os d'oiseau de la grosseur du doigt, passé dans le cartilage qui sépare les deux narines.

Un peu plus tard, une querelle éclata à propos de tortues, dont l'équipage s'était emparé et dont les naturels prétendaient avoir leur part, sans avoir cependant le moins du monde participé à leur capture. Voyant qu'on ne voulait pas accéder à leur demande, ils se retirèrent furieux et mirent le feu aux herbes au milieu desquelles était assis le campement des Anglais. Ceux-ci perdirent dans l'incendie tout ce qui était combustible, et le feu, courant au loin sur les collines, leur offrit durant la nuit un spectacle magnifique.

MM. Banks, Solander et plusieurs autres avaient fait, pendant ce temps, des chasses heureuses; ils avaient tué des kanguroos, des opossums, une espèce de putois, des loups, plusieurs sortes de serpents, dont quelques-uns étaient venimeux. Ils virent aussi des volées d'oiseaux, milans, faucons, cacatois, loriots, perroquets, pigeons, et nombre d'autres qui leur étaient inconnus.

Dès qu'il fut sorti de la rivière Endeavour, Cook put juger de la difficulté de la navigation dans ces parages. De tous côtés, ce n'étaient qu'écueils et hauts fonds. Le soir même, on fut forcé de jeter l'ancre, car il était impossible d'avancer pendant la nuit, à travers ce dédale de brisants, sans risquer d'échouer. A l'extrême portée de la vue, la mer semblait déferler sur une ligne d'écueils avec plus de violence que sur les autres, et il semblait que ce dût être la dernière.

Lorsque Cook y arriva, après cinq jours de lutte contre un vent contraire, il découvrit trois îles, qui gisaient à quatre ou cinq lieues dans le nord. Mais ses tribulations n'étaient pas près de leur fin. Le navire se trouva de nouveau entouré de récifs et de chaînes d'îlots bas et rapprochés, entre lesquels il semblait impossible de se risquer. Cook se demanda s'il ne serait pas plus prudent de retourner en arrière pour chercher un autre passage. Mais le retard que devait occasionner un pareil détour l'aurait certainement empêché d'arriver à temps dans les Indes. Enfin, il y avait à ce projet un obstacle insurmontable : il ne restait que trois mois de provisions sur le bâtiment.

Au moment où la situation semblait désespérée, Cook résolut de s'éloigner le plus possible de la côte et de tenter de franchir la barre extérieure des brisants. Il ne tarda pas à trouver un chenal, qui le conduisit en peu de temps en pleine mer.

« Un si heureux changement de situation se fit vivement sentir, dit Kippis. L'âme des Anglais en était remplie, et leur contenance annonçait leur satisfaction. Ils avaient été près de trois mois continuellement menacés de périr. Quand ils passaient la nuit à l'ancre, ils entendaient autour d'eux une mer impétueuse qui se brisait contre les rochers, et ils savaient que, si malheureusement le câble de l'ancre cassait, ils n'échapperaient pas au naufrage. Ils avaient parcouru trois cent soixante milles, obligés d'avoir sans cesse un homme occupé à jeter le plomb et à sonder les écueils à travers lesquels ils naviguaient, chose dont aucun autre vaisseau ne pourrait peut-être fournir un aussi long exemple. »

S'ils ne venaient pas d'échapper à un danger si imminent, les Anglais auraient encore eu plus d'un sujet d'inquiétude, en songeant à la longueur de la route qu'il leur restait à parcourir, à travers des mers peu connues, sur un navire qui faisait neuf pouces d'eau à l'heure, avec des pompes en mauvais état et des provisions qui tiraient à leur fin.

D'ailleurs, les navigateurs n'avaient échappé à ces dangers terribles que pour être exposés, le 16 août, à un péril presque aussi grand. Entraînés par la marée vers une ligne de brisants, au-dessus de laquelle l'écume de la mer jaillissait à une hauteur prodigieuse, dans l'impossibilité de jeter l'ancre, sans le moindre souffle de vent, il ne leur restait d'autre ressource que de mettre les canots à la mer pour remorquer le navire. Malgré les efforts des matelots, l'*Endeavour* n'était plus qu'à cent pas du récif, lorsqu'une brise légère, si faible même qu'en toute autre circonstance on ne l'aurait pas remarquée, s'éleva et suffit pour écarter le bâtiment. Mais, dix minutes plus tard, elle tombait, les courants reprenaient leur force, et l'*Endeavour* était encore une fois emporté à deux cents pieds des brisants. Après plusieurs alternatives non moins décevantes, une ouverture étroite fut aperçue.

« Le danger qu'elle offrait était moins cruel que de demeurer dans une situation si horrible, dit la relation. Un vent léger qui se leva heureusement, le travail des canots et le flux conduisirent le vaisseau devant l'ouverture, à travers laquelle il passa avec une épouvantable rapidité. La force de ce torrent empêcha l'*Endeavour* de dériver d'aucun côté du canal, qui n'avait pourtant pas plus d'un mille de large et dont la profondeur était extrêmement inégale, donnant tantôt trente brasses, tantôt sept, d'un fond sale. »

Flotte d'Otaïti rassemblée à Oparée (Fac-similé. Gravure ancienne.)

Trois Indiens sortirent du bois. (Page 146.)

Si nous nous sommes arrêté un peu longuement sur les péripéties de cette campagne, c'est qu'elle s'accomplissait sur des mers inexplorées, au milieu de brisants et de courants, qui, dangereux encore pour les marins, lorsqu'ils sont marqués sur les cartes, le deviennent bien davantage, lorsqu'on s'avance, comme le faisait Cook depuis qu'il suivait la côte de la Nouvelle-Hollande, au milieu d'obstacles inconnus, que la sûreté du coup d'œil et l'instinct du marin ne réussissent pas toujours à éviter.

Une dernière question restait à éclaircir : la Nouvelle-Hollande et la Nouvelle-Guinée ne forment-elles qu'une seule terre? Sont-elles séparées par un bras de mer ou par un détroit?

Cook se rapprocha donc de terre, malgré les dangers de cette route, et suivit la côte de l'Australie vers le nord. Le 21 août, il doubla la pointe la plus septentrionale de la Nouvelle-Hollande, à laquelle il donna le nom de cap York, et s'engagea dans un chenal semé d'îles près de la grande terre, ce qui lui fit concevoir l'espoir d'avoir enfin découvert le passage de la mer de l'Inde. Puis, il atterrit encore une fois, arbora le pavillon anglais, prit solennellement possession, au nom du roi Georges III, de toute la côte orientale, depuis le trente-huitième degré de latitude jusqu'à cet endroit, situé au dixième et demi sud, donna à ce pays le nom de Nouvelle-Galles du Sud, et, pour clore dignemen cette cérémonie, fit tirer trois volées de canon.

Cook alors pénétra dans le détroit de Torrès, qu'il appela détroit de l'*Endeavour*, découvrit et nomma les îles Wallis, situées au milieu de l'entrée sud-ouest, l'île Booby, les îles du prince de Galles, et il se dirigea vers la côte méridionale de la Nouvelle-Guinée, qu'il suivit jusqu'au 3 septembre, sans pouvoir débarquer.

Ce jour-là, avec onze personnes bien armées, parmi lesquelles étaient Solander, Banks et ses domestiques, Cook descendit à terre. A peine étaient-ils éloignés du bateau d'un quart de mille, que trois Indiens sortirent des bois en poussant de grands cris et coururent sus aux Anglais.

« Celui qui s'approcha le plus, dit la relation, lança de sa main quelque chose qui fut porté sur un de ses côtés et qui brûlait comme de la poudre à canon; mais nous n'entendions point de bruit. »

Cook et ses compagnons furent obligés de tirer sur ces naturels pour regagner leur embarcation, d'où ils purent les examiner à loisir. Ils ressemblaient tout à fait aux Australiens, portaient comme eux les cheveux courts et étaient entièrement nus ; seulement, leur peau paraissait un peu moins foncée, — sans doute parce qu'elle n'était pas aussi sale.

« Pendant ce temps, les indigènes lâchaient leurs feux par intervalles, quatre ou cinq à la fois. Nous ne pouvons imaginer ce que c'est que ces feux, ni quel était leur but en les jetant; ils avaient dans leurs mains un bâton court, peut-être une canne creuse, qu'ils agitaient de côté et d'autre, et à l'instant nous voyions du feu et de la fumée, exactement comme il en part d'un coup de fusil, et qui ne duraient pas plus longtemps. On observa du vaisseau ce phénomène surprenant, et l'illusion y fut si grande, que les gens à bord crurent que les Indiens avaient des armes à feu; et nous n'aurions pas douté nous-mêmes qu'ils ne tirassent sur nous des coups de fusil, si notre bateau n'avait pas été assez près pour entendre dans ce cas le bruit de l'explosion. »

C'est là un fait resté inexpliqué, malgré le grand nombre de commentaires auxquels il a donné lieu, et que peut seul rendre croyable le témoignage toujours véridique du grand navigateur.

Plusieurs des officiers anglais demandaient instamment à débarquer pour récolter des noix de coco et certains autres fruits; mais le commandant ne voulut pas risquer la vie de ses matelots pour une satisfaction aussi futile. D'ailleurs, il avait hâte de gagner Batavia, afin d'y faire caréner son navire. Enfin, il jugeait inutile de demeurer plus longtemps dans des parages, depuis longtemps fréquentés par les Espagnols et les Hollandais, où il n'y avait plus de découvertes à faire.

Cependant, il rectifia, en passant, la position des îles Arrow et Weasel; puis, il gagna Timor et relâcha à l'île de Savu, où les Hollandais s'étaient établis depuis peu de temps. Là, Cook se ravitailla, et, par une observation soigneuse, détermina sa position par $10°\,35'$ de latitude sud et $237°\,30'$ de longitude ouest.

Après cette courte relâche, l'*Endeavour* atteignit Batavia, où il fut caréné. Mais, après tant de fatigues éprouvées, ce séjour dans un pays malsain, où la fièvre est endémique, fut fatal à l'équipage. Banks, Solander, Cook et la plupart des matelots tombèrent malades; plusieurs moururent, notamment Monckhouse le chirurgien, Tupia et le petit Tayeto. Dix hommes seulement n'éprouvèrent pas les atteintes de la fièvre. Le 27 décembre, l'*Endeavour* mit en mer, et s'arrêta, le 5 janvier 1771, à l'île du Prince, pour prendre des vivres.

Depuis ce moment, les maladies, qui avaient commencé à sévir parmi l'équipage, s'aggravèrent. Vingt-trois personnes succombèrent, parmi lesquelles on doit particulièrement regretter l'astronome Green.

Après avoir relâché au cap de Bonne-Espérance, où il reçut l'excellent accueil dont il avait si grand besoin, Cook reprit la mer, toucha à Sainte-Hélène, et mouilla aux Dunes, le 11 juin 1772, après une absence qui avait duré près de quatre années.

Ainsi finit le premier voyage de Cook, « voyage, dit Kippis, dans lequel il éprouva tant de dangers, découvrit tant de pays et montra tant de fois qu'il possédait une âme supérieure, digne des périlleuses entreprises et des efforts courageux auxquels il s'était exposé! »

CHAPITRE IV

SECOND VOYAGE DU CAPITAINE COOK

I

La recherche du continent austral. — Deuxième relâche à la Nouvelle-Zélande. — L'archipel Pomoutou. — Second séjour à Taïti. — Reconnaissance des îles Tonga. — Troisième relâche à la Nouvelle-Zélande. — Seconde croisière dans l'océan Austral. — Reconnaissance de l'île de Pâques. — Visite aux îles Marquises.

Quand bien même le gouvernement n'aurait pas voulu récompenser James Cook pour la manière dont il venait de s'acquitter de la mission qui lui avait été confiée, la voix publique se serait prononcée en sa faveur. Nommé dans la marine royale au grade de « commander », à la date du 29 août, le grand navigateur, fier des services qu'il avait rendus à l'Angleterre et à la science, ne trouva pas la récompense à la hauteur de son mérite. Il aurait vivement désiré le grade de capitaine de vaisseau. Lord Sandwich, alors à la tête de l'Amirauté, lui fit observer qu'on ne pouvait le lui donner sans déroger à tous les usages admis et blesser l'ordre du service naval.

Quoi qu'il en fût, Cook s'occupait à réunir tous les matériaux nécessaires à la rédaction de son voyage; mais, bientôt, chargé d'une besogne trop importante, il remit ses notes et ses journaux entre les mains du docteur Hawkesworth, qui devait se charger d'en mener à bien la publication.

En même temps, les observations qu'il avait faites, de concert avec M. Green, sur le passage de Vénus, ses calculs et ses relèvements astronomiques, étaient soumis à la Société royale, qui ne tarda pas à en reconnaître tout le mérite.

Les résultats si importants que le capitaine Cook avait obtenus n'étaient cependant pas complets, en ce sens qu'ils ne détruisaient pas d'une manière irrécusable la croyance à un continent austral. Cette chimère tenait encore au cœur de bien des savants. Tout en étant forcés de reconnaître que ni la Nouvelle-Zélande ni l'Australie ne faisaient partie de ce continent, et que l'*Endeavour* avait navigué par des latitudes sous lesquelles on aurait dû le rencontrer, ils affirmaient qu'il se trouvait plus au sud et déduisaient toutes les conséquences que sa découverte devait produire.

Le gouvernement résolut alors de vider une question en suspens depuis tant d'années et d'envoyer dans ce but une expédition, dont le commandant était tout naturellement désigné. La nature de ce voyage exigeait des bâtiments d'une construction particulière. L'*Endeavour* ayant été envoyé aux îles Falkland, le bureau de la marine reçut ordre d'acheter les deux navires qui lui paraîtraient le plus propres à ce service. Cook, consulté, exigea qu'ils fussent solides, qu'ils eussent un faible tirant d'eau, et cependant une capacité suffisante pour contenir des vivres et des munitions proportionnés à la force de l'équipage et à la durée de la campagne.

L'Amirauté acheta donc deux bâtiments, construits à Whitby par celui-là même qui avait fait l'*Endeavour*. Le plus grand jaugeait 462 tonneaux et fut nommé *la Résolution*. Le second n'en portait que 336, et s'appela *l'Aventure*. Ils furent armés à Deptford et à Woolwich. Cook reçut le commandement de la *Résolution*, et le capitaine Tobias Furneaux, qui avait été second lieutenant de Wallis, fut élevé à celui de l'*Aventure*. Les second et troisième lieutenants, ainsi que plusieurs des bas officiers et des matelots embarqués, avaient déjà fait la campagne de l'*Endeavour*.

Comme il est facile de le penser, tous les soins imaginables furent donnés à l'armement. Lord Sandwich et le capitaine Palliser en suivirent eux-mêmes les diverses phases.

Chaque vaisseau emportait pour deux ans et demi de provisions de toute espèce. Des articles extraordinaires furent accordés à Cook, qui les avait réclamés comme antiscorbutiques. C'étaient de la drèche, de la choucroute, des choux salés, des tablettes de bouillon, du salep, de la moutarde, ainsi que de la marmelade de carottes et du jus de moût de bière épaissi, qu'on l'avait chargé d'essayer sur la recommandation du baron Storch, de Berlin, et de M. Pelham, secrétaire du Bureau des commissaires aux vivres.

On eut soin également d'embarquer sur chaque bâtiment les couples d'une petite embarcation de vingt tonneaux, destinée à transporter l'équipage pour le cas où les navires viendraient à périr.

Un peintre de paysage, William Hodges, deux naturalistes, Jean Reinhold Forster et son fils Georges, deux astronomes, W. Wales et W. Bayley, furent répartis sur les deux bâtiments avec les meilleurs instruments d'observation.

Rien, en un mot, n'avait été négligé pour tirer parti de cette expédition. Elle allait apporter, en effet, un immense contingent d'informations nouvelles, qui devait singulièrement contribuer aux progrès des sciences naturelles et physiques, de l'ethnographie, de la navigation et de la géographie.

« Je reçus à Plymouth, dit Cook, mes instructions datées du 25 juin. On m'enjoignit de me rendre avec promptitude à l'île Madère ; d'y embarquer du vin et de marcher au delà du cap de Bonne-Espérance, où je devais rafraîchir les équipages et me fournir des provisions et des autres choses dont j'aurais besoin ; de m'avancer au sud, et de tâcher de retrouver le cap de la Circoncision, qu'on dit avoir été découvert par M. Bouvet dans le 54º parallèle sud et à environ 11°20′ de longitude est du méridien de Greenwich ; si je rencontrais ce cap, de m'assurer s'il fait partie du continent ou si c'est une île ; dans le premier cas, de ne rien négliger pour en parcourir la plus grande étendue possible ; d'y faire les remarques et observations de toute espèce qui seraient de quelque utilité à la navigation et au commerce et qui tendraient au progrès des sciences naturelles.

« On me recommandait aussi d'observer le génie, le tempérament, le caractère et le nombre des habitants, s'il y en avait, et d'employer tous les moyens honnêtes afin de former avec eux une liaison d'alliance et d'amitié.

« Mes instructions portaient ensuite de tenter des découvertes à l'est ou à l'ouest, suivant la situation où je me trouverais, et de m'approcher du pôle austral le plus qu'il me serait possible et aussi longtemps que l'état des vaisseaux, la santé de l'équipage et les provisions le permettraient ; d'avoir soin de toujours réserver assez de provisions pour atteindre quelque port connu, où j'en chargerais de nouvelles pour le retour en Angleterre.

« Elles me prescrivaient en outre, si le cap de la Circoncision est une île, ou si je ne venais pas à bout de le retrouver, d'en faire, dans le premier cas, le relèvement nécessaire, et, dans tous les deux, de cingler au sud tant qu'il me resterait l'espoir de rencontrer le continent ; de marcher ensuite à l'est afin de rechercher ce continent et de découvrir les îles qui pourraient être situées dans cette partie de l'hémisphère austral ; de tenir toujours des latitudes élevées et de poursuivre mes découvertes, comme on l'a dit ci-dessus, au plus près du pôle, jusqu'à ce que j'eusse fait le tour du globe ; de me rendre enfin au cap de Bonne-Espérance et de là à Spithead. »

Le 13 juillet, Cook appareilla du canal de Plymouth et arriva, le 29 du même mois, à Funchal, dans l'île de Madère. Là, il prit quelques rafraîchissements et continua sa route vers le sud. Mais, bientôt, convaincu que l'approvisionnement d'eau ne pourrait suffire pour atteindre le cap de Bonne-Espérance, il résolut de couper sa traversée en s'arrêtant aux îles du Cap-Vert, et mouilla, le 10 août, dans le port de Praya, qu'il quitta quatre jours plus tard.

Cook avait profité de sa relâche dans ce port pour réunir, comme il avait l'habitude de le faire, tous les renseignements qui pouvaient être utiles aux navigateurs. Sa description est aujourd'hui d'autant plus précieuse que les lieux ont complètement changé, et que les conditions de la relâche ont été modifiées par suite des travaux accomplis dans le port.

Le 23 du même mois, à la suite de rafales violentes qui avaient forcé tout le monde à se tenir sur le pont, Cook, connaissant les effets pernicieux de l'humidité dans les climats chauds, et continuellement préoccupé de maintenir son équipage en bonne santé, ordonna d'aérer l'entrepont. Il y fit même allumer du feu, afin de le fumer et de le sécher rapidement, et prit non seulement les précautions qui lui avaient été recommandées par lord Sandwich et sir Hugh Palliser, mais aussi celles qui lui étaient suggérées par l'expérience de sa précédente campagne.

Aussi, grâce à cette prévoyance de tous les instants, n'y avait-il pas un seul malade sur la *Résolution* lorsqu'elle arriva, le 30 octobre, au cap de Bonne-Espérance. Accompagné du capitaine Furneaux et de MM. Forster, Cook alla rendre aussitôt visite au gouverneur hollandais, le baron de Plettemberg, qui s'empressa de mettre à sa disposition toutes les ressources de la colonie. Là, il apprit que deux vaisseaux français, partis de l'île Maurice au mois de mars, avaient touché au Cap avant de se diriger vers les mers australes, où ils allaient tenter des découvertes sous le commandement du capitaine Marion.

Ce fut également pendant cette relâche, plus longue qu'on n'avait compté, que Forster rencontra le botaniste suédois, Sparmann, élève de Linné, et qu'il l'engagea à l'accompagner en lui promettant des appointements élevés. On ne saurait trop louer, en cette circonstance, le désintéressement de Forster, qui ne craignit pas de s'adjoindre un rival, et qui le paya même de ses deniers, afin de rendre plus complètes les études qu'il devait faire sur l'histoire naturelle des pays à visiter.

Le 22 novembre, l'ancre fut levée, et les deux bâtiments reprirent la route du sud, afin de se mettre à la recherche du cap de la Circoncision, découvert par le capitaine Bouvet, le 1er janvier 1739. Comme la température ne devait pas tarder à se refroidir, Cook fit distribuer à ses matelots les vêtements chauds qui lui avaient été fournis par l'Amirauté.

Du 29 novembre au 6 décembre, une terrible tempête se déchaîna. Les bâtiments, jetés hors de leur route, furent entraînés dans l'est, à ce point qu'il fallut renoncer à chercher le cap de la Circoncision. Une autre conséquence de ce mauvais temps et du passage subit de la chaleur à l'extrême froid, fut la perte de presque tous les animaux vivants, embarqués au Cap. Enfin, l'humidité

Iles de glace.

incommoda si gravement les matelots, qu'il fallut augmenter les rations d'eau-de-vie pour les exciter au travail.

Le 10 décembre, par 50°40′ de latitude australe, furent rencontrées les premières glaces. La pluie, la neige, se succédaient sans interruption. Le brouillard même ne tarda pas à devenir si intense, que les bâtiments n'aperçurent un de ces écueils flottants que lorsqu'ils en étaient à peine éloignés d'un mille. Une de ces îles, dit la relation, n'avait pas moins de 200 pieds de haut, 400 de large et 2,000 de long.

« En supposant que ce morceau fût d'une forme absolument régulière, sa profondeur au-dessous de l'eau devait être de 1,800 pieds, et sa hauteur

Pirogue de guerre néo-zélandaise. (*Fac-simile. Gravure ancienne*)

entière d'environ 2,000 pieds, et, d'après les dimensions qu'on vient d'énoncer, toute sa masse devait contenir 1,600 millions de pieds cubes de glace. »

Plus on s'enfonçait dans le sud, plus le nombre de ces blocs augmentait. La mer était si agitée, que les lames escaladaient ces montagnes glacées et retombaient de l'autre côté, en une fine et impalpable poussière. Le spectacle frappait l'âme d'admiration! Mais à ce sentiment succédait aussitôt la terreur, quand on songeait que si le bâtiment était frappé d'une de ces masses prodigieuses, il coulerait immédiatement à pic! Cependant, l'habitude du danger ne tardait pas à engendrer l'indifférence, et l'on ne pensait plus qu'aux sublimes beautés de ces luttes du terrible élément.

Le 14 décembre, une énorme banquise, dont l'extrémité se perdait sous l'horizon, empêcha les deux bâtiments de piquer plus longtemps au sud, et il fallut la longer. Ce n'était pas une plaine unie, car on y voyait çà et là des montagnes semblables à celles qu'on avait rencontrées les jours précédents. Quelques personnes crurent apercevoir la terre sous la glace. Cook, lui-même, y fut un instant trompé; mais le brouillard, en se dissipant, rendit évidente une erreur facilement explicable.

On constata le lendemain que les bâtiments étaient entraînés par un vif courant. Forster père et Wales, l'astronome, descendirent dans une embarcation pour mesurer sa vitesse. Tandis qu'ils procédaient à cette opération, le brouillard s'épaissit tellement, qu'ils perdirent complètement de vue le navire. Dans une misérable chaloupe, sans instruments et sans provisions, au milieu d'une mer immense, loin de toute côte, environnés de glaces, leur situation était terrible. Ils errèrent longtemps sur ce désert, ne pouvant parvenir à se faire entendre. Puis, ils cessèrent de ramer afin de ne pas trop s'écarter. Enfin, ils commençaient à perdre tout espoir, lorsque le son lointain d'une cloche parvint à leurs oreilles. Ils firent aussitôt force de rames dans cette direction; l'*Aventure* répondit à leurs cris et les recueillit, après quelques heures d'une terrible angoisse.

L'opinion alors généralement admise était que les glaces se formaient dans les baies ou à l'embouchure des rivières. Aussi, les explorateurs se croyaient-ils dans le voisinage d'une terre, située sans doute au sud, derrière l'infranchissable banquise.

Déjà plus de trente lieues avaient été parcourues à l'ouest, sans qu'il eût été possible de trouver dans la glace une ouverture qui conduisît au sud. Le capitaine Cook résolut alors de faire une route aussi longue dans l'est. S'il ne rencontrait pas la terre, il espérait du moins doubler la banquise, pénétrer plus avant vers le pôle, et mettre fin aux incertitudes des physiciens.

Cependant, bien qu'on fût au milieu de l'été pour cette partie du globe, le froid devenait chaque jour plus intense. Les matelots s'en plaignaient, et des symptômes de scorbut apparaissaient à bord. Des distributions de vêtements plus chauds et le recours aux médicaments indiqués en pareil cas, moût de bière et jus de citron, eurent bientôt raison de la maladie et permirent aux équipages de supporter les rigueurs de la température.

Le 29 décembre, Cook acquit la certitude que la banquise n'était jointe à aucune terre. Il résolut alors de se porter dans l'est aussi loin que le méridien de la Circoncision, à moins que quelque obstacle ne vînt l'arrêter.

Tandis qu'il mettait ce projet à exécution, le vent devint si violent, la mer si agitée, que la navigation, au milieu des glaces flottantes, qui s'entrechoquaient avec un bruit effrayant, devint excessivement périlleuse. Le danger s'accrut encore, lorsqu'on aperçut dans le nord un champ de glace qui s'étendait à perte de vue. Le navire n'allait-il pas être emprisonné pendant de longues semaines, « pincé », pour employer la locution propre aux baleiniers, et ne courait-il pas risque d'être immédiatement écrasé ?

Cook n'essaya de fuir ni à l'ouest ni à l'est. Il s'enfonça droit dans le sud. D'ailleurs, il était par la latitude attribuée au cap de la Circoncision et à soixante-quinze lieues au sud du point où celui-ci avait été relevé. Il était donc prouvé que, si la terre signalée par Bouvet existait réellement, — ce dont on est certain aujourd'hui, — ce ne pouvait être qu'une île peu importante et non pas un grand continent.

Le commandant n'avait plus de raisons pour rester dans les mêmes parages. Par 67° 15' de latitude sud, une nouvelle barrière de glace, courant de l'est à l'ouest, lui fermait le passage, et il n'y rencontrait aucune ouverture. Enfin, la prudence lui commandait de ne pas demeurer plus longtemps dans cette région, car les deux tiers de l'été étaient écoulés déjà. Il résolut donc de chercher, sans retard, la terre récemment découverte par les Français.

Le 1er février 1773, les bâtiments étaient par 48°30' de latitude et 38° 7' de longitude ouest, ce qui est presque le méridien attribué à l'île Saint-Maurice. Après une vaine croisière à l'est et à l'ouest, qui ne produisit aucun résultat, on fut amené à conclure que, s'il y avait dans ces parages quelque terre, ce ne pouvait être qu'une très petite île; autrement, elle n'aurait pas échappé à ses recherches.

Le 8 février, le capitaine constata avec peine que l'*Aventure* ne voguait plus de conserve avec lui. Pendant deux jours, il l'attendit vainement, faisant tirer le canon à intervalles rapprochés et allumer de grands feux sur le tillac durant toute la nuit. La *Résolution* dut continuer seule la campagne.

Dans la matinée du 17 février, entre minuit et trois heures, l'équipage fut témoin d'un magnifique spectacle, que jamais jusqu'alors Européen n'avait contemplé. C'était une aurore australe.

« L'officier de quart, dit la relation, observa que, de temps en temps, il en partait des rayons en forme spirale et circulaire, et qu'alors sa clarté augmentait et la faisait paraître extrêmement belle. Elle semblait n'avoir aucune direction; au contraire, immobile dans les cieux, elle en remplissait de temps en temps l'étendue en versant sa lumière de toutes parts. »

Après une nouvelle tentative pour franchir le cercle arctique, — tentative à laquelle les brouillards, la pluie, la neige et les blocs énormes de glace flottante le forcèrent à renoncer, — Cook reprit la route du nord, convaincu qu'il ne laissait aucune grande terre derrière lui, et il regagna la Nouvelle-Zélande, où il avait donné rendez-vous à l'*Aventure*, en cas de séparation.

Le 25 mars, il mouillait dans la baie Dusky, après cent soixante-dix jours de mer consécutifs, pendant lesquels il n'avait pas fait moins de trois mille six cent soixante lieues, sans voir la terre une seule fois.

Aussitôt qu'il eut trouvé un mouillage commode, le commandant s'empressa de prodiguer à son équipage les nombreuses ressources que fournissait le pays en volailles, poissons et végétaux, tandis que lui-même parcourait, le plus souvent la sonde à la main, les environs de la baie, où il ne rencontra qu'un petit nombre d'indigènes, avec lesquels il n'eût que des rapports peu fréquents. Cependant, une famille, se familiarisant un peu, s'établit à cent pas de l'aiguade. Cook lui fit donner un concert, où le fifre et la cornemuse rivalisèrent sans succès, les Néo-Zélandais donnant la palme au tambour.

Le 18 avril, un chef se rendit à bord avec sa fille. Mais, avant d'entrer dans le bâtiment, il en frappa les flancs avec un rameau vert qu'il tenait à la main, et adressa aux étrangers une sorte de harangue ou d'invocation à cadence régulière, — coutume générale chez les insulaires de la mer du Sud. A peine eut-il mis le pied sur le pont, qu'il offrit au commandant une pièce d'étoffe et une hache de talc vert, générosité sans précédent chez les Zélandais.

Le chef visita le navire en détail; pour témoigner sa reconnaissance au commandant, il plongea ses doigts dans un sac qu'il portait à sa ceinture et voulut lui oindre les cheveux avec l'huile infecte qu'il contenait. Cook eut toutes les peines du monde à se soustraire à cette preuve d'affection, qui n'avait pas eu le don de plaire davantage à Byron dans le détroit de Magellan; mais le peintre Hodges fut obligé de subir l'opération, à la joie de tout l'équipage. Puis, ce chef disparut pour ne plus revenir, emportant neuf haches et une trentaine de ciseaux de menuisier, dont les officiers lui avaient fait présent. Plus riche que tous les Zélandais réunis, il s'empressa, sans doute, d'aller mettre en sûreté ses trésors, dans la crainte qu'on ne voulût les lui reprendre.

Avant de partir, Cook lâcha cinq oies, les dernières de celles qu'il avait apportées du Cap, pensant qu'elles pourraient se multiplier dans cet endroit peu habité, et il fit défricher un terrain, où il sema quelques graines potagères. C'était travailler à la fois pour les naturels et pour les voyageurs futurs, qui pourraient trouver en ce lieu des ressources précieuses.

Dès que Cook eut fini la reconnaissance hydrographique de la baie Dusky, il mit le cap sur le détroit de la Reine-Charlotte, rendez-vous assigné au capitaine Furneaux.

Le 17 mai, l'équipage fut témoin d'un spectacle magnifique. Six trombes, dont l'une, large de soixante pieds à sa base, passa à cent pieds du vaisseau, s'élevèrent successivement, mettant, par une aspiration énergique, les nuages et la mer en communication. Ce phénomène dura près de trois quarts d'heure, et, au sentiment de frayeur dont il avait tout d'abord frappé l'équipage, avait bientôt succédé l'admiration qu'excitaient, surtout à cette époque, ces météores peu connus.

Le lendemain, au moment où la *Résolution* pénétrait dans le canal de la Reine-Charlotte, on aperçut l'*Aventure*, arrivée déjà depuis six semaines. Après avoir atteint, le 1er mars, la Terre de Van-Diemen, Furneaux l'avait suivie pendant dix-sept jours ; mais il avait dû la quitter avant d'avoir pu s'assurer, comme il le pensait, si elle faisait partie de la Nouvelle-Hollande. Il était réservé au chirurgien Bass de réfuter cette erreur. Le 9 avril, après avoir atteint le détroit de la Reine-Charlotte, le commandant de l'*Aventure* avait mis à profit ses loisirs pour ensemencer un jardin et entretenir quelques relations avec les Zélandais, qui lui avaient fourni des preuves irréfutables de leur anthropophagie.

Avant de continuer son voyage de découvertes, Cook obéit à la même pensée qui avait inspiré sa conduite à la baie Dusky. Il mit à terre un bélier et une brebis, un bouc et une chèvre, un cochon et deux truies pleines. Il planta aussi des pommes de terre, dont il n'existait jusqu'alors des échantillons que sur la plus septentrionale des deux îles qui composent la Nouvelle-Zélande.

Les indigènes ressemblaient beaucoup à ceux de la baie Dusky ; mais ils paraissaient plus insouciants, couraient d'une chambre à l'autre, pendant le souper, et dévoraient tout ce qu'on leur offrait. Il fut impossible de leur faire avaler une goutte de vin ou d'eau-de-vie, mais ils étaient très sensibles à l'eau mélangée de sucre.

« Ils mettaient les mains, dit Cook, sur tout ce qu'ils voyaient, mais ils le rendaient, du moment où on leur disait par signes que nous ne voulions ou ne pouvions le leur donner. Ils estimaient particulièrement les bouteilles de verre, qu'ils appelaient « Tawhaw » ; mais, lorsqu'on leur eut expliqué la dureté et l'usage du fer, ils le préférèrent aux verroteries, aux rubans et au papier blanc. Parmi eux se trouvaient plusieurs femmes, dont les lèvres étaient remplies de petits trous peints en bleu noirâtre ; un rouge vif, formé de craie et d'huile, couvrait leurs joues. Elles avaient, comme celles de la baie Dusky, les jambes minces et torses et de gros genoux, ce qui provient sûrement du peu d'exercice qu'elles font, et de l'habitude de s'asseoir les jambes croisées; l'accroupissement presque continuel où elle se tiennent sur leurs pirogues y contribue d'ailleurs un peu. Leur teint était d'un brun clair, leurs cheveux très noirs, leur visage rond ; le nez et les lèvres un peu épais, mais non aplatis, les yeux noirs assez vifs et ne manquant pas d'expression... Placés de file, les naturels se dépouillèrent de leurs vêtements supérieurs ; l'un d'eux chanta d'une manière grossière, et le reste accompagna les gestes qu'il faisait. Ils étendaient leurs bras et frappaient alternativement du pied contre terre, avec des contorsions de frénétiques ; ils répétaient en chœur les derniers mots, et nous y distinguions aisément une sorte de mètre ; mais je ne suis pas sûr qu'il y eût de la rime ; la musique était très sauvage et peu variée. »

Certains des Zélandais demandèrent des nouvelles de Tupia ; lorsqu'ils apprirent sa mort, ils exprimèrent leur douleur par une sorte de lamentation plus factice que réelle.

Cook ne reconnut pas un seul des indigènes qu'il avait vus à son premier voyage. Il en conclut, avec toute apparence de raison, que les naturels qui habitaient le détroit en 1770 en avaient été chassés, ou, de leur plein gré, s'étaient retirés ailleurs. Au surplus, le nombre des habitants était diminué des deux tiers, et « l'i-pah » était abandonné, ainsi qu'un grand nombre d'habitations le long du canal.

Les deux bâtiments étant prêts à remettre en mer, Cook donna ses instructions au capitaine Furneaux. Il voulait s'avancer dans le sud par 41° à 46° de latitude jusqu'à 140° de longitude ouest, et, s'il ne trouvait pas de terre, cingler vers Taïti, où était fixé le lieu de rendez-vous, puis revenir à la Nouvelle-Zélande, et reconnaître toutes les parties inconnues de la mer entre cette île et le cap Horn.

Vers la fin de juillet, le scorbut commença à attaquer l'équipage de l'*Aventure*, à la suite de quelques jours de chaleur. Celui de la *Résolution*, grâce aux précautions dont Cook ne s'était pas départi un seul jour, et à l'exemple que lui-même avait constamment donné de manger du céleri et du cochléaria, échappa à la maladie.

Le 1er juillet, les deux navires étaient par 25° 1' de latitude et par 134° 6' de longitude ouest, situation attribuée par Carteret à l'île Pitcairn. Cook la chercha sans la trouver. Il faut dire que l'état des malades de l'*Aventure* abrégea sa croisière, à son grand regret. Il désirait vérifier ou rectifier la longitude de cette île, et, par cela même, celles de toutes les terres environnantes, découvertes par Carteret, et qui n'avaient pu être confirmées par des observations astronomiques. Mais, n'ayant plus l'espoir de trouver un continent austral, il fit voile au N.-O. et ne tarda pas à reconnaître plusieurs des îles vues par Bougainville.

« Ces îles basses dont la mer du Sud est remplie entre les tropiques, dit-il, sont de niveau avec les flots dans les parties inférieures, et élevées à peine d'une verge ou deux dans les autres. Leur forme est souvent circulaire ; elles renferment à leur centre un bassin d'eau de la mer, et la profondeur de l'eau tout autour est incommensurable. Elles produisent peu de chose ; les cocotiers sont vraisemblablement ce qu'il y a de meilleur : malgré cette stérilité, malgré leur peu d'étendue, la plupart sont habitées. Il n'est pas aisé de dire comment ces petits cantons ont pu se peupler, et il n'est pas moins difficile de déterminer d'où les îles les plus élevées de la mer du Sud ont tiré leurs habitants. »

Le 15 août, Cook reconnut l'île d'Osnabruck ou Mairea, découverte par Wallis, et fit route pour la baie d'Oaiti-Piha, où il comptait embarquer le plus de rafraîchissements possible, avant de gagner Matavaï.

« A la pointe du jour, dit Forster, nous jouîmes d'une de ces belles matinées que les poètes de toutes les nations ont essayé de peindre. Un léger souffle de vent nous apportait de la terre un parfum délicieux et ridait la surface des eaux. Les montagnes, couvertes de forêts, élevaient leurs têtes majestueuses, sur lesquelles nous apercevions déjà la lumière du soleil naissant. Très près de nous, on voyait une allée de collines, d'une pente plus douce, mais boisées comme les premières, agréablement entremêlées de teintes vertes et brunes ; au pied, une plaine parée de fertiles arbres à pain, et par derrière une quantité de palmiers, qui présidaient à ces bocages ravissants. Tout semblait dormir encore. L'aurore ne faisait que poindre, et une obscurité paisible enveloppait le paysage. Nous distinguions cependant des maisons parmi les arbres et des pirogues sur la côte. A un demi-mille du rivage, les vagues mugissaient contre un banc de rochers de niveau avec la mer, et rien n'égalait la tranquillité des flots dans l'intérieur du havre. L'astre du jour commençait à éclairer la plaine ; les insulaires se levaient et animaient peu à peu cette scène charmante. A la vue de nos vaisseaux, plusieurs se hâtèrent de lancer leurs pirogues et ramèrent près de nous, qui avions tant de joie à les contempler. Nous ne pensions guère que nous allions courir le plus grand danger et que la destruction menacerait bientôt les vaisseaux et les équipages sur les bords de cette rive fortunée. »

L'habile écrivain, l'heureux peintre, qui sait trouver des couleurs si fraîches et si variées ! Peu d'expressions ont vieilli dans ce tableau enchanteur. On

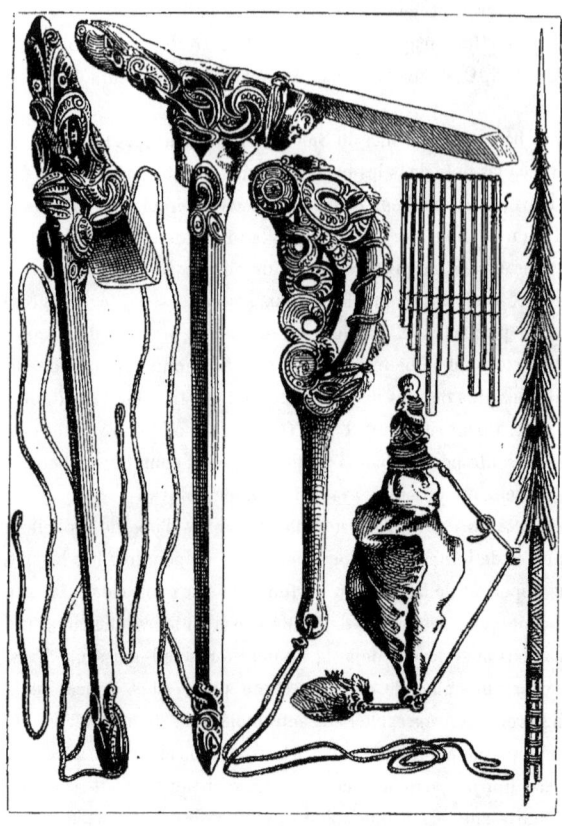

Ustensiles et armes des Néo-Zélandais. (*Fac-simile. Gravure ancienne.*)

regrette de n'avoir pas accompagné ces hardis matelots, ces savants qui comprenaient si bien la nature !. Que n'avons-nous avec eux visité ces populations innocentes et paisibles, dans cet âge d'or dont notre siècle de fer nous rend la disparition plus pénible encore !

Les bâtiments étaient à une demi-lieue d'un récif, lorsque le vent tomba. Malgré tous les efforts des chaloupes, ils allaient échouer misérablement sur les écueils, en vue de cette terre si ardemment désirée, quand une habile manœuvre du commandant, heureusement secondée par la marée et par la brise de terre, vint les tirer du danger. Ils avaient fait, cependant, quelques avaries, et l'*Aventure* avait perdu trois ancres.

Un insulaire qui passait sa journée à se faire gaver. (Page 163.)

Une foule de pirogues entouraient les navires, et des fruits de toute espèce étaient échangés pour quelques grains de verre. Cependant, les indigènes n'apportaient ni volailles ni cochons. Ceux qu'on apercevait autour des cases appartenaient au roi, et ils n'avaient pas la permission de les vendre. Beaucoup de Taïtiens demandaient des nouvelles de Banks et des autres compagnons de Cook à son premier voyage. Quelques-uns s'informèrent aussi de Tupia; mais ils ne parlèrent plus de lui, dès qu'ils eurent appris les circonstances de sa mort.

Le lendemain, les deux bâtiments mouillaient dans la rade d'Oaïti-Piha, à deux encâblures du rivage, et furent encombrés de visiteurs et de marchands.

Quelques-uns profitèrent de l'encombrement pour rejeter dans leurs pirogues les denrées qu'ils avaient vendues, afin de les faire payer une seconde fois. Pour mettre fin à cette friponnerie, Cook fit chasser les fripons, après les avoir fait fustiger, châtiment qu'ils supportèrent, d'ailleurs, sans se plaindre.

L'après-midi, les deux capitaines descendirent à terre pour examiner l'aiguade, qu'ils trouvèrent très convenable. Pendant cette petite excursion, une foule d'indigènes vinrent à bord qui se plurent à confirmer la fâcheuse réputation que leur avaient faite les récits antérieurs de Bougainville et de Cook.

« Un des officiers, placé sur le gaillard d'arrière, dit la relation, voulant donner des grains de verre à un enfant de six ans, qui était sur une pirogue, les laissa tomber dans la mer. L'enfant se précipita aussitôt à l'eau, et il plongea jusqu'à ce qu'il les eût rapportés du fond. Afin de récompenser son adresse, nous lui jetâmes d'autres bagatelles; cette générosité tenta une foule d'hommes et de femmes, qui nous amusèrent par des tours surprenants d'agilité au milieu des flots. A voir leur position aisée dans l'eau et la souplesse de leurs membres, nous les regardions presque comme des animaux amphibies. »

Cependant, les Taïtiens, montés à bord, furent surpris à voler différents objets. L'un d'eux, qui était resté la plus grande partie de la journée dans la chambre de Cook, s'empressa de sauter à la mer, et le capitaine, outré de sa conduite, tira deux coups de feu par-dessus sa tête. Un bateau, détaché pour saisir les pirogues des voleurs, fut assailli de pierres, lorsqu'il arriva près du rivage, et il fallut tirer un coup de canon pour déterminer les assaillants à la retraite. Ces hostilités n'eurent pas de suite; les naturels revinrent à bord comme si rien ne s'était passé. Cook apprit d'eux que la plupart de ses anciens amis des environs de Matavaï avaient péri dans une bataille qui avait eu lieu entre les habitants des deux péninsules.

Les officiers firent à terre plusieurs promenades; Forster, poussé par son ardeur pour les recherches botaniques, n'en manqua aucune. Pendant une de ces courses, il fut témoin de la façon dont les Taïtiennes préparent leurs étoffes.

« A peine eûmes-nous marché quelques pas, dit-il, qu'un bruit venant de la forêt frappa nos oreilles. En suivant le son, nous parvînmes à un petit hangar, où cinq ou six femmes, assises sur les deux côtés d'une longue pièce de bois carrée, battaient l'écorce fibreuse du mûrier, afin d'en fabriquer leurs étoffes. Elles se servaient pour cela d'un morceau de bois carré, qui avait des sillons longitudinaux et parallèles, plus ou moins serrés selon les différents côtés. Elles s'arrêtèrent un moment pour nous laisser examiner l'écorce, le maillet et la poutre qui leur servait de table; elles nous montrèrent aussi, dans une grosse noix de coco, une espèce d'eau glutineuse, dont elles se servaient de temps à autre afin de coller ensemble les pièces de l'écorce. Cette colle, qui, à ce que nous comprîmes, vient de l'*hibiscus esculentus*, est absolument nécessaire dans la fabrique de ces immenses pièces d'étoffe qui, ayant quelquefois deux ou trois verges de large et cinquante de long, sont composées de petits morceaux d'écorce d'arbre d'une très petite épaisseur.... Les femmes occupées à ce travail portaient de vieux vêtements sales et déguenillés, et leurs mains étaient très dures et très calleuses. »

Le même jour, Forster aperçut un homme qui portait des ongles extrêmement longs, ce dont il était très fier, comme d'une preuve qu'il n'était pas obligé de travailler pour vivre. Dans l'empire d'Annam, en Chine, dans bien d'autres contrées, cette manie singulière et puérile a été signalée. Un seul doigt est pourvu d'un ongle moins long; c'est celui qui sert à se gratter, occupation très fréquente dans tous les pays d'extrême Orient.

Pendant une autre de ses promenades, Forster vit un insulaire mollement étendu sur un tapis d'herbe épaisse, qui passait sa journée à se faire gaver par ses femmes. Ce triste personnage, qui s'engraissait sans rendre aucun service à la société, rappela au naturaliste anglais la colère de sir John Mandeville, s'indignant de voir « un pareil glouton qui consumait ses jours sans se distinguer par aucun fait d'armes, et qui vivait dans le plaisir comme un cochon qu'on engraisse dans une étable. »

Le 22 août, Cook, ayant appris que le roi Waheatua était dans le voisinage et manifestait le désir de le voir, descendit à terre avec le capitaine Furneaux, MM. Forster et plusieurs naturels. Il le rencontra qui venait au-devant de lui avec une nombreuse suite, et le reconnut aussitôt, car il l'avait vu plusieurs fois en 1769.

Ce roi était alors enfant et s'appelait Té-Arée, mais il avait changé de nom à la mort de son père Waheatua. Il fit asseoir le capitaine sur son tabouret, et s'informa avec sollicitude de plusieurs Anglais qu'il avait fréquentés au précédent voyage. Cook, après les compliments ordinaires, lui fit présent d'une chemise, d'une hache, de clous et d'autres bagatelles; mais, de tous ces cadeaux, celui qui sembla le plus précieux et qui excita de la part des naturels des cris d'admiration, ce fut une touffe de plumes rouges, montée sur un fil d'archal.

Waheatua, roi de la petite Taïti, pouvait être âgé de dix-sept ou dix-huit ans. Grand, bien fait, il aurait eu l'air majestueux, si l'expression habituelle de sa physionomie n'eût été celle de la crainte et de la méfiance. Il était entouré de plusieurs chefs et nobles personnages, remarquables par leur stature, et dont l'un, tatoué d'une façon singulière, était d'une corpulence énorme. Le roi, qui montrait pour lui beaucoup de déférence, le consultait à tout moment. Cook apprit alors qu'un vaisseau espagnol avait relâché à Taïti, quelques mois auparavant; il sut plus tard que c'était celui de Domingo Buenechea, qui venait de Callao.

Tandis qu'Etée, le gros confident du roi, s'entretenait avec quelques officiers de matières religieuses, et demandait aux Anglais s'ils avaient un dieu, Waheatua s'amusait avec la montre du commandant. Tout étonné du bruit qu'elle faisait, ce qu'il exprimait en disant : « Elle parle, » il demandait à quoi elle pouvait servir. On lui expliqua qu'elle mesurait le temps et qu'en cela elle ressemblait au soleil. Waheatua lui donna aussitôt le nom de « petit soleil » pour montrer qu'il avait compris l'explication.

Les bâtiments mirent à la voile le 24 au matin, et furent longtemps suivis par une quantité de pirogues, chargées de noix de coco et de fruits. Plutôt que de manquer cette occasion d'acquérir des marchandises d'Europe, les indigènes vendirent leurs denrées très bon marché. Il fut même possible de se procurer une douzaine des plus belles noix de coco pour un seul grain de verre. Cette abondance de rafraîchissements ne tarda pas à ramener la santé à bord des bâtiments, et la plupart des matelots, qui, en arrivant à Osnabruck, pouvaient à peine marcher, allaient et venaient au départ.

Le 26, la *Résolution* et l'*Aventure* atteignirent la baie de Matavaï. Une foule de Taïtiens eut bientôt envahi les ponts. Le capitaine les connaissait pour la plupart, et le lieutenant Pickersgill, qui avait accompagné Wallis en 1767 et Cook deux ans plus tard, reçut un accueil particulièrement empressé.

Cook fit dresser les tentes pour les malades, les tonneliers et les voiliers; puis, il partit pour Oparrée avec le capitaine Furneaux et les deux Forster. L'embarcation qui les portait ne tarda pas à passer devant un moraï de pierre et un cimetière déjà connu sous le nom de moraï de Tootahah. Lorsque Cook le désigna sous ce nom, un des indigènes qui l'accompagnaient l'interrompit en lui disant que, depuis la mort de Tootahah, on l'appelait moraï d'O-Too.

« Belle leçon pour les princes, qu'on fait souvenir ainsi pendant leur vie qu'ils sont mortels, et qu'après leur mort le terrain qu'occupera leur cadavre ne sera pas à eux! Le chef et sa femme ôtèrent, en passant, leurs vêtements de dessus leurs épaules, marque de respect que donnent les insulaires de tous les rangs devant un moraï, et qui semble attacher à ces lieux une idée particulière de sainteté. »

Cook fut bientôt admis en présence du roi O-Too. Après quelques compliments, il lui offrit tout ce qu'il pensait avoir du prix à ses yeux, car il sentait combien il serait avantageux de gagner l'amitié de cet homme, dont les moindres paroles dénotaient la timidité de caractère. Grand et bien fait, ce roi pouvait avoir trente ans. Il s'informa de Tupia et des compagnons de Cook, bien qu'il n'en eût vu aucun. De nombreux présents furent ensuite distribués à ceux qui parurent les plus influents dans son entourage.

Les femmes envoyèrent aussitôt leurs domestiques « chercher de grandes pièces de leurs plus belles étoffes, teintes en écarlate, de couleur de rose ou de paille, et parfumées de leur huile la plus odorante. Elles les mirent sur nos premiers habits, et nous chargèrent si bien qu'il nous était difficile de remuer. »

Le lendemain, O-Too vint rendre visite au capitaine. Il n'entra dans le bâtiment qu'après que Cook eut été enveloppé d'une quantité considérable d'étoffes indigènes des plus précieuses, et il n'osa descendre dans l'entrepont que lorsque son frère l'eut d'abord visité. On fit asseoir le roi et sa suite pour déjeuner, et tous les indigènes s'extasièrent aussitôt sur la commodité des chaises. O-Too ne voulut goûter à aucun plat, mais ses compagnons furent loin d'imiter sa réserve. Il admira beaucoup un superbe épagneul qui appartenait à Forster et témoigna le désir de l'avoir. On le lui donna immédiatement, et il le fit dès lors porter derrière lui par un des seigneurs de sa suite. Après le déjeuner, le commandant reconduisit lui-même dans sa chaloupe O-Too, à qui le capitaine Furneaux avait fait présent d'une chèvre et d'un bouc. Pendant une excursion qu'il fit dans l'intérieur, M. Pickersgill rencontra la vieille Obéréa, qui avait montré tant d'attachement à Wallis. Elle semblait avoir perdu toutes ses dignités, et elle était si pauvre qu'elle fut dans l'impossibilité de faire un présent à ses amis.

Lorsque Cook partit, le 1ᵉʳ septembre, un jeune Taïtien, nommé Poreo, lui demanda la faveur de l'accompagner. Le commandant y consentit dans l'espoir qu'il pourrait lui être utile. Au moment où il vit disparaître la terre à l'horizon, Poréo ne put retenir ses larmes. Il fallut que les officiers le consolassent en l'assurant qu'ils lui serviraient de pères.

Cook se dirigea alors vers l'île d'Huaheine, qui n'était pas éloignée de plus de vingt-cinq lieues, et y mouilla le 3 au matin. Les insulaires apportèrent quantité de grosses volailles ; elles firent d'autant plus de plaisir, qu'il avait été impossible de s'en procurer à Taïti. Bientôt affluèrent sur le marché les cochons, les chiens et les fruits, qu'on échangea avec avantage pour des haches, des clous et de la verroterie.

Cette île, comme Taïti d'ailleurs, présentait des traces d'éruptions volcaniques, et le sommet d'une de ses collines rappelait beaucoup la forme d'un cratère. L'aspect du pays est le même, mais en petit, qu'à Taïti, car la circonférence de Huaheine n'est que de sept ou huit lieues.

Cook alla rendre visite à son vieil ami Orée. Le roi, bannissant tout cérémonial, se jeta au cou du capitaine en pleurant de joie; puis, il lui présenta ses amis, auxquels le capitaine fit quelques présents. Quant au roi, il lui offrit ce qu'il possédait de plus précieux, car il considérait cet homme comme un père. Orée promit d'approvisionner les Anglais de tout ce dont ils auraient besoin, et tint parole avec la plus grande loyauté.

Cependant, le 6 au matin, les matelots qui présidaient aux échanges furent insultés par un naturel couvert de rouge, en habit de guerre, et qui, tenant une massue de chaque main, menaçait tout le monde. Cook, arrivant à terre en ce moment-là, se jeta sur l'indigène, lutta avec lui et finit par s'emparer de sa massue, qu'il brisa.

Le même jour, un autre incident se produisit. Sparrman avait imprudemment pénétré dans l'intérieur de l'île pour y faire des recherches de botanique. Quelques naturels, profitant du moment où il examinait une plante, lui arrachèrent de la ceinture une dague, seule arme qu'il portât sur lui, lui en donnèrent un coup sur la tête et, se précipitant sur lui, arrachèrent par lambeaux une partie de ses vêtements. Cependant, Sparrman parvint à se relever, et se mit à courir vers la plage. Mais, embarrassé par des buissons et des ronces, il fut rejoint par les naturels, qui allaient lui couper les mains pour s'emparer de sa chemise, dont les manches étaient boutonnées, lorsqu'il put déchirer les poignets avec ses dents. D'autres insulaires, le voyant nu et meurtri, lui passèrent leurs vêtements et le conduisirent sur la place du marché, où se trouvait une foule de naturels. Au moment où Sparrman parut en cet état, tous prirent la fuite sans s'être consultés. Cook crut d'abord qu'ils venaient de commettre quelque vol. Détrompé en apercevant le naturaliste, il rappela aussitôt quelques indigènes, les assura qu'il ne se vengerait pas sur des innocents, et porta sa plainte immédiatement à Orée. Celui-ci, désolé et furieux de ce qui s'était passé, accabla son peuple de reproches véhéments, et promit de tout faire pour retrouver les voleurs et les objets volés.

En effet, malgré les supplications des naturels, le roi s'embarqua dans la chaloupe du commandant, et se mit avec lui à la recherche des coupables. Ceux-ci s'étaient dérobés, et, pour le moment, il fallut renoncer à les atteindre. Orée accompagna donc Cook à son bord, dîna avec lui, et, lorsqu'il revint à terre, fut accueilli avec les démonstrations de joie les plus vives par ses sujets, qui n'espéraient plus le revoir.

« C'est une des réflexions les plus agréables que nous ait suggérées ce voyage, dit Forster, qu'au lieu de trouver les habitants de ces îles entièrement plongés dans la volupté, comme l'ont dit faussement les premiers voyageurs, nous avons remarqué parmi eux les sentiments les plus humains et les plus délicats. Dans toutes les sociétés, il y a des caractères vicieux ; mais on comptera cinquante fois plus de méchants en Angleterre ou dans tout autre pays civilisé que dans ces îles. »

Au moment où les vaisseaux mettaient à la voile, Orée vint prévenir le commandant que les voleurs étaient pris, et l'invita à descendre à terre pour assister à leur supplice. C'était impossible. Le roi voulut alors accompagner Cook pendant une demi-lieue en mer et lui fit les plus tendres adieux.

Cette relâche avait été très productive. Les deux bâtiments emportaient plus de trois cents cochons, sans compter les volailles et les fruits. Nul doute qu'ils n'eussent pu s'en procurer bien davantage, si leur séjour avait été plus long.

Le capitaine Furneaux avait consenti à prendre à son bord un jeune homme nommé Omaï, dont la retenue et l'intelligence devaient donner une haute idée des habitants des îles de la Société. A son arrivée en Angleterre, ce Taïtien fut présenté au roi par le comte de Sandwich, premier lord de l'Amirauté. En même temps, il trouva en MM. Banks et Solander des protecteurs et des amis, qui lui ménagèrent une réception amicale auprès des premières familles de la Grande-Bretagne. Il résida deux ans dans ce pays, et s'embarqua avec Cook, à son troisième voyage, pour regagner sa patrie.

Le commandant gagna ensuite Uliétea, où l'accueil que lui firent les indigènes fut des plus sympathiques. Ils s'informèrent avec intérêt de Tupia et des Anglais qu'ils avaient vus sur l'*Endeavour*. Le roi Oreo s'empressa de renouer connaissance avec le capitaine, et lui fournit tous les rafraîchissements que son île produisait. Durant cette relâche, Poreo, qui s'était embarqué sur la *Résolution*, descendit à terre avec une jeune Taïtienne, qui avait su le captiver, et ne reparut plus à bord. Il y fut remplacé par un jeune homme de dix-sept ou dix-huit ans, natif de Bolabola, appelé OEdidi, qui déclara vouloir venir en Angleterre. La douleur que cet indigène montra en se séparant de ses compatriotes fit bien augurer de son cœur.

Les bâtiments, encombrés de plus de quatre cents cochons, de volailles et de fruits, quittèrent définitivement les îles de la Société, le 17 septembre, et cinglèrent à l'ouest. Six jours plus tard était reconnue l'une des îles Harvey, et, le 1er octobre, l'ancre tombait devant Eoa, l'île Middelbourg de Tasman et de Cook.

O-Too, roi de Taïti. (*Fac-simile. Gravure ancienne.*)

L'accueil des naturels fut cordial. Un chef, nommé Taï-One, monta à bord, toucha le nez du capitaine avec une racine de poivrier, et s'assit sans mot dire. L'alliance était conclue et fut ratifiée par le don de quelques babioles.

Taï-One guida les Anglais dans l'intérieur de l'île. Tant que dura cette promenade, les nouveaux venus furent entourés d'une foule compacte d'indigènes, qui leur offraient des étoffes et des nattes pour des clous. Souvent même, les naturels poussèrent la libéralité jusqu'à ne rien vouloir accepter en retour de leurs cadeaux.

Taï-One emmena ses nouveaux amis à son habitation, agréablement située au fond d'une belle vallée, à l'ombre de quelques sadhecks. Il leur fit servir

Monuments de l'île de Pâques. (*Fac-simile. Gravure ancienne.*)

une liqueur qui fut extraite devant eux du jus de l'« eava », et dont l'usage est commun dans presque toutes les îles de la Polynésie.

Voici de quelle manière elle fut préparée. On commença par mâcher des morceaux de cette racine, qui est une sorte de poivrier, puis on la mit dans un grand vase de bois, et l'on versa de l'eau dessus. Lorsque la liqueur fut potable, les indigènes la transvasèrent dans des feuilles vertes pliées en forme de coupe, qui contenaient plus d'une demi-pinte. Cook fut le seul qui y goûta. La façon dont s'était faite la liqueur, avait éteint la soif de ses compagnons; mais les naturels n'eurent pas la même réserve, et le vase fut bientôt vide.

Les Anglais visitèrent ensuite plusieurs plantations ou jardins séparés par des haies de roseaux entrelacés, qui communiquaient entre eux par des portes formées de planches et pendues à des gonds. La perfection de la culture, cet instinct si développé de la propriété, tout annonçait un degré de civilisation supérieur à celui de Taïti.

Malgré l'affabilité de la réception qui lui fut faite, Cook, qui ne pouvait obtenir à aucun prix ni cochons ni volailles, quitta cette île pour gagner celle d'Amsterdam, la Tonga-Tabou des indigènes, où il espérait obtenir les vivres dont il avait besoin.

Les navires ne tardèrent pas à mouiller dans la rade de Van-Diemen, par dix-huit brasses d'eau, à une encâblure des brisants qui bordent la côte. Les naturels, très confiants, apportèrent des étoffes, des nattes, des outils, des armes, des ornements, et, bientôt après, des cochons et des volailles. OEdidi leur acheta avec beaucoup d'empressement des plumes rouges, qui, à ce qu'il assurait, auraient une valeur extraordinaire à Taïti.

Cook descendit à terre avec un indigène, nommé Attago, qui s'était attaché à lui dès le premier moment. Pendant cette promenade, il remarqua un temple assez semblable aux moraïs, et qui était désigné sous le nom générique de Faïtoka. Élevé sur une butte construite de main d'homme à seize ou dix-huit pieds au-dessus du sol, ce temple avait une forme oblongue, et l'on y parvenait par deux escaliers de pierre. Construit comme les habitations des naturels, c'est-à-dire avec des poteaux et des solives, il était couvert de feuilles de palmier. Deux images en bois, grossièrement sculptées, longues de deux pieds, en occupaient les coins.

« Comme je ne voulais offenser ni eux ni leurs dieux, dit le commandant, je n'osai pas les toucher, mais je demandai à Attago si c'étaient des « Eatuas » ou dieux. J'ignore s'il me comprit, mais à l'instant il les mania et les retourna aussi grossièrement que s'il avait touché un morceau de bois, ce qui me convainquit qu'elles ne représentaient pas la divinité. »

Quelques vols se produisirent; mais ils ne troublèrent pas les relations, et l'on put se procurer une quantité considérable de rafraîchissements.

Avant son départ, le capitaine eut une entrevue avec un personnage entouré d'un respect extraordinaire, et que tous les naturels s'accordaient à qualifier de roi.

« Je le trouvai assis, dit Cook, avec une gravité si stupide et si sombre, que, malgré tout ce qu'on m'en avait dit, je le pris pour un idiot que le peuple adorait d'après quelques idées superstitieuses. Je le saluai et je lui parlai, mais il ne me répondit point, et ne fit pas même attention à moi... J'allais le quitter, lorsqu'un naturel s'expliqua de manière à ne me laisser aucun doute que c'était le roi. Je lui offris en présent une chemise, une hache, un morceau d'étoffe rouge, un miroir, quelques clous, des médailles et des verroteries. Il les reçut, ou plutôt souffrit qu'on les mit sur sa personne et autour de lui, sans rien perdre de sa gravité, sans dire un mot, sans même tourner la tête ni à droite ni à gauche. »

Cependant, le lendemain, ce chef envoya des paniers de bananes et un cochon rôti, en disant que c'était un présent de l'« ariki » de l'île à l'« ariki » du vaisseau.

Cet archipel reçut de Cook le nom d'îles des Amis. Ces îles avaient été vues par Schouten et Tasman, qui les désignent sous les noms d'îles des Cocos, des Traîtres, de l'Espérance, et de Horn.

Cook, qui n'avait pu se procurer d'eau douce, fut donc obligé de quitter Tonga plus tôt qu'il l'aurait voulu. Il eut cependant le temps de rassembler un certain nombre d'observations sur les productions du pays et les mœurs des habitants. Nous allons en résumer les plus saillantes.

La nature a semé avec prodigalité ses plus riches trésors sur les îles Tonga et Eoa. Les cocotiers, les palmiers, les arbres à pain, les ignames, les cannes à sucre sont les plus ordinaires. En fait d'animaux comestibles, on n'y rencontre guère que les cochons et la volaille, mais si le chien n'y existe pas, son nom est cependant connu. Les poissons les plus délicats fourmillent sur les côtes.

De même taille, presque aussi blancs que les Européens, les habitants de ces îles sont bien proportionnés et ont des traits agréables. Leurs cheveux sont originairement noirs, mais ils ont l'habitude de les teindre avec une poudre, de sorte qu'il y en a de blancs, de rouges, de bleus, ce qui produit un assez singulier effet. La pratique du tatouage est universelle. Quant aux vêtements, ils sont des plus simples. Une pièce d'étoffe, enroulée autour de la ceinture et pendant jusqu'aux genoux, en fait tous les frais. Mais les femmes, qui sont, à Tonga comme ailleurs, plus coquettes que les hommes, se font un tablier en fibres de cocos, qu'elles parsèment de coquillages, de bouts d'étoffes de couleur et de plumes.

Ces naturels ont quelques coutumes singulières que les Anglais n'avaient pas encore observées. C'est ainsi qu'ils mettent sur leur tête tout ce qu'on leur donne et emploient cette pratique pour conclure un marché. Lorsqu'un de leurs amis ou de leurs parents vient à mourir, ils ont aussi l'habitude de se couper une ou plusieurs phalanges et même plusieurs doigts. Enfin, leurs habitations ne sont pas réunies en villages; elles sont éparses et semées au milieu des plantations. Faites des mêmes matériaux et conçues sur le même plan que celles des îles de la Société, elles sont seulement plus élevées au-dessus du sol.

L'*Aventure* et la *Résolution* appareillèrent le 7 octobre, reconnurent le lendemain l'île Pylstart, découverte par Tasman, et jetèrent l'ancre, le 21 du même mois, dans la baie Hawke, à la Nouvelle-Zélande.

Cook débarqua un certain nombre d'animaux, qu'il voulait acclimater dans le pays, et remit à la voile pour entrer dans le canal de la Reine-Charlotte; mais, assailli par une violente tempête, il fut séparé de l'*Aventure* et ne la revit plus qu'en Angleterre.

Le 5 novembre, le commandant répara les avaries de son bâtiment, et, avant d'entreprendre une nouvelle campagne dans les mers australes, il voulut se rendre compte de la quantité et de la qualité de son approvisionnement. Il constata que quatre mille cinq cents livres de biscuit étaient entièrement gâtées, et que plus de trois milliers n'étaient guère en un meilleur état.

Pendant son séjour en cet endroit, Cook eut une nouvelle preuve, et plus complète que les précédentes, de l'anthropophagie des Néo-Zélandais. Un officier ayant acheté la tête d'un jeune homme qui venait d'être tué et mangé, plusieurs indigènes, qui l'aperçurent, témoignèrent le désir d'en avoir quelque morceau. Cook la leur céda, et, par l'avidité avec laquelle ils se jetèrent sur ce mets répugnant, il put se convaincre du plaisir que ces cannibales éprouvent à se repaître d'un aliment qu'il leur est difficile de se procurer.

La *Résolution* quitta la Nouvelle-Zélande, le 26 novembre, s'enfonçant dans les régions glacées qu'elle avait déjà parcourues. Mais qu'elles étaient plus pénibles, les circonstances dans lesquelles se faisait cette seconde tentative! Si l'équipage était en bonne santé, les hommes, très affaiblis par les fatigues, offriraient sans doute moins de résistance aux maladies, d'autant plus qu'il n'y avait pas de vivres frais à bord! La *Résolution* n'avait plus sa conserve, et l'on était maintenant persuadé de la non-existence du continent austral! C'était donc, pour ainsi dire, un voyage « platonique ». Il fallait prouver jusqu'à la dernière évidence qu'on ne découvrirait pas de nouvelles terres un peu importantes dans ces parages désolés.

Ce ne fut que le 12 décembre qu'on rencontra les premières glaces, et beaucoup plus au sud que l'année précédente. Depuis ce moment, les incidents propres aux navigations sous ces latitudes se reproduisirent tous les jours. OEdidi était stupéfait de cette pluie blanche, de cette neige qui lui fondait dans la main; mais son étonnement n'eut plus de bornes, lorsqu'il découvrit la première glace, qu'il qualifia de terre blanche.

« Un premier phénomène avait déjà frappé son esprit sous la zone torride, dit la relation. Tant que les vaisseaux étaient restés dans ces parages, nous n'avions eu presque point de nuit et nous avions pu écrire à minuit à la lueur du soleil. OEdidi pouvait à peine en croire ses yeux, et il nous assura que ses compatriotes le traiteraient de menteur, quand il leur parlerait de la pluie pétrifiée et du jour perpétuel. »

Le jeune Taïtien eut d'ailleurs le temps de s'habituer à ce phénomène, car le navire s'avança jusqu'au 76° degré de latitude sud, au travers des glaces flottantes. Alors, convaincu que, s'il existait un continent, les glaces en rendaient l'accès presque impossible, Cook se détermina à porter au nord.

La satisfaction fut générale. Il n'était personne à bord qui ne souffrît de rhumes tenaces et violents, ou qui ne fût attaqué du scorbut. Le capitaine était lui-même très sérieusement atteint d'une maladie bilieuse, qui le força de se mettre au lit. Pendant huit jours, il fut en danger de mort, et sa convalescence devait être aussi longue que pénible. La même route fut suivie jusqu'au 11 mars. Quelle-joie, lorsque, au soleil levant, la vigie cria: Terre! Terre!

C'était l'île de Pâques de Roggewein, la terre de Davis. En approchant du rivage, la première chose qui frappa les regards des navigateurs, ce furent ces gigantesques statues dressées sur la plage, qui avaient autrefois excité l'étonnement des Hollandais.

« La latitude de l'île de Pâques, dit Cook, correspond, à une minute ou deux près, avec celle qui est marquée dans le journal manuscrit de Roggewein, et sa longitude n'est fautive que d'un degré. »

Ce rivage, composé de roches brisées à l'aspect noir et ferrugineux, annonçait les traces d'une violente éruption souterraine. Au milieu de cette île, stérile et déserte, on apercevait quelques plantations éparses.

Singularité merveilleuse! Le premier mot que prononcèrent les insulaires, en s'approchant du vaisseau pour demander une corde, fut un terme taïtien. Tout, d'ailleurs, annonçait que les habitants avaient la même origine. Comme les Taïtiens, ils étaient tatoués et vêtus d'étoffes qui ressemblaient à celles des îles de la Société.

« L'action du soleil sur leur tête, dit la relation, les a contraints d'imaginer différents moyens de s'en garantir. La plupart des hommes portent un cercle d'environ deux pouces d'épaisseur tressé avec de l'herbe d'un bord à l'autre et couvert d'une grande quantité de ces longues plumes noires qui décorent le col des frégates. D'autres ont d'énormes chapeaux de plumes de goëland brun, presque aussi larges que les vastes perruques des jurisconsultes européens;

et plusieurs, enfin, un simple cerceau de bois, entouré de plumes blanches de mouettes, qui se balancent dans l'air. Les femmes mettent un grand et large chapeau d'une natte très propre, qui forme une pointe en avant, un faîte le long du sommet et deux gros lobes derrière chaque côté. »

Toute la campagne, qui fut parcourue par plusieurs détachements, était couverte de pierres noirâtres et poreuses, et offrait l'image de la désolation. Deux ou trois espèces d'herbes ridées, qui croissaient au milieu des rochers, de maigres arbrisseaux, notamment le mûrier à papier, l'hibiscus, le mimosa, quelques bananiers, voilà toute la végétation qui pouvait pousser au milieu de cet amas de lave.

Tout près du lieu de débarquement, s'élevait une muraille perpendiculaire, de pierres de taille carrées, jointes suivant toutes les règles de l'art, et s'emboîtant de manière à durer fort longtemps. Plus loin, au milieu d'une aire bien pavée, se dressait un monolithe, représentant une figure humaine à mi-corps, d'environ vingt pieds[1] de haut et de plus de cinq de large, très grossièrement sculptée, dont la tête était mal dessinée, les yeux, le nez et la bouche à peine indiqués : seules les oreilles, très longues, comme il est de mode de les porter dans le pays, étaient plus finies que le reste.

Ces monuments, très nombreux, ne paraissaient pas avoir été dressés et sculptés par la race que rencontraient les Anglais, ou cette race s'était bien abâtardie. D'ailleurs, si les habitants ne rendaient aucun culte à ces statues, ils les entouraient cependant d'une certaine vénération, car ils témoignaient leur mécontentement lorsqu'on marchait sur l'aire pavée qui les entoure. Ce n'était pas seulement sur le bord de la mer que se voyaient ces sentinelles gigantesques. Sur les flancs des montagnes, dans les anfractuosités des rochers, il s'en trouvait d'autres, les unes debout ou tombées à terre à la suite de quelque commotion, les autres encore imparfaitement dégagées du bloc dans lequel elles étaient taillées. Quelle catastrophe subite a interrompu ces travaux? Que représentent ces monolithes? A quelle époque lointaine remontent ces témoignages de l'activité d'un peuple à jamais disparu ou dont les souvenirs se sont perdus dans la nuit des âges? Problèmes à jamais insolubles!

Les échanges s'étaient faits avec assez de facilité. On n'avait eu qu'à réprimer l'adresse vraiment trop merveilleuse avec laquelle les insulaires savaient vider les poches. Les quelques rafraîchissements qu'on avait pu se procurer avaient

---

1. Dans la première édition de la traduction française du deuxième voyage de Cook (Paris, 1878, 7 vol. in-4), on n'a donné que *deux* pieds de haut à cette statue, évidemment par suite d'un lapsus typographique. Cette faute, que nous corrigeons ici, avait été reproduite dans les éditions subséquentes.

été d'un grand secours; toutefois, le manque d'eau potable empêcha Cook de faire un plus long séjour à l'île de Pâques.

Il dirigea donc sa course vers l'archipel des Marquises de Mendana, qui n'avait pas été revu depuis 1595. Mais son navire n'eut pas plus tôt repris la mer, qu'il eut une nouvelle attaque de cette maladie bilieuse dont il avait si grandement souffert. Les scorbutiques retombèrent malades, et tous ceux qui avaient fait de longues courses à travers l'île de Pâques avaient le visage brûlé par le soleil.

Le 7 avril 1774, Cook aperçut enfin le groupe des Marquises, après avoir passé pendant cinq jours consécutifs sur les différentes positions que les géographes lui avaient données. On mouilla à Tao-Wati, la Santa-Cristina de Mendana. La *Résolution* fut bientôt entourée de pirogues, dont l'avant était chargé de pierres, et chaque homme avait une fronde entortillée autour de la main. Cependant, les relations amicales et les échanges commencèrent.

« Ces insulaires étaient bien faits, dit Forster, d'une jolie figure, d'un teint jaunâtre ou tanné, et des piqûres répandues sur tout leur corps les rendaient presque noirs.... Les vallées de notre havre étaient remplies d'arbres, et tout y répondait à la description qu'en ont faite les Espagnols. Nous voyions plusieurs feux à travers les forêts, fort loin du rivage, et nous conclûmes que le pays était bien peuplé. »

La difficulté de se procurer des vivres décida Cook à un prompt départ. Il eut cependant le temps de réunir un certain nombre d'observations intéressantes sur ce peuple, qu'il considère comme un des plus beaux de l'Océanie. Ces naturels paraissent surpasser tous les autres par la régularité de leurs traits. Cependant, la ressemblance de leur langue avec celle que parlent les Taïtiens, semble dénoter une communauté d'origine.

Les Marquises sont au nombre de cinq : la Magdalena, San-Pedro, Dominica, la Santa-Cristina et l'île Hood, ainsi appelée du volontaire qui la découvrit le premier. Santa-Cristina est coupée par une chaîne de montagnes d'une élévation considérable, sur laquelle viennent s'embrancher des collines qui sortent de la mer. Des vallées resserrées, profondes, fertiles, ornées d'arbres fruitiers et arrosées par des ruisseaux d'une eau excellente, coupent ces montagnes. Le port de Madre-de-Dios, que Cook appela port de la Résolution, gît à peu près au milieu de la côte occidentale de Santa-Cristina. On y trouve deux anses sablonneuses, où viennent déboucher deux ruisseaux.

176 LES GRANDS NAVIGATEURS DU XVIII° SIÈCLE.

Homme et femme de l'île de Pâques. (*Fac-simile. Gravure ancienne.*)

II

Nouvelle visite à Taïti et à l'archipel des Amis. — Exploration des Nouvelles-Hébrides. — Découverte de la Nouvelle-Calédonie et de l'île des Pins. — Relâche dans le détroit de la Reine-Charlotte. — La Géorgie australe. — Catastrophe de l'*Aventure*.

Cook avait quitté ces îles le 12 avril et faisait voile pour Taïti, lorsque, cinq jours plus tard, il tomba au milieu de l'archipel des Pomotou. Il aborda à l'île Tioukea de Byron, dont les habitants, qui avaient eu à se plaindre de ce navigateur, accueillirent avec froideur les avances des Anglais. Ceux-ci ne purent

Indigènes des îles Marquises.

s'y procurer que deux douzaines de cocos et cinq cochons, qui paraissaient abonder dans cette île. Dans un autre canton, la réception fut plus amicale. Les indigènes embrassèrent les étrangers et touchèrent leurs nez à la façon des Néo-Zélandais. Œdidi acheta plusieurs chiens, dont le poil long et blanc sert dans son pays à orner les cuirasses des guerriers.

« Les indigènes, dit Forster, nous apprirent qu'ils brisent le cochléaria, qu'ils le mêlent avec des poissons à coquille, et qu'ils le jettent dans la mer lorsqu'ils aperçoivent un banc de poissons. Cette amorce enivre les poissons pour quelque temps, et alors ils viennent à la surface de l'eau, où on les prend très aisément. »

Le commandant vit ensuite plusieurs autres îles de cet immense archipel, qu'il trouva semblables à celle qu'il venait de quitter, et notamment le groupe des îles Pernicieuses, où Roggewein avait perdu sa galère *l'Africaine*, et auxquelles Cook donna le nom d'îles Palliser. Puis, il mit le cap sur Taïti, que ses matelots, assurés de la bienveillance des indigènes, considéraient comme une nouvelle patrie. La *Résolution* jeta l'ancre, le 22 avril, dans la baie Matavaï, où la réception fut aussi amicale qu'on l'espérait. Quelques jours plus tard, le roi O-Too et plusieurs autres chefs rendirent visite aux Anglais et leur apportèrent un présent de dix ou douze gros cochons avec des fruits.

Cook avait d'abord eu l'intention de ne rester en cet endroit que le temps nécessaire pour que l'astronome, M. Wales, fît plusieurs observations, mais l'abondance des vivres l'engagea à y prolonger son séjour.

Le 26 au matin, le capitaine, qui était allé à Oparrée avec quelques-uns de ses officiers pour faire au roi une visite en forme, aperçut une immense flotte de plus de trois cents pirogues, rangées en ordre le long de la côte, toutes complètement équipées. En même temps se massait sur la plage un nombre considérable de guerriers. Cet armement formidable, rassemblé en une seule nuit, excita tout d'abord les soupçons des officiers; mais l'accueil qui leur fut fait les rassura bientôt.

Cent soixante grosses doubles pirogues de guerre, décorées de pavillons et de banderolles, cent soixante-dix autres plus petites destinées à transporter les provisions, composaient cette flotte, qui ne comptait pas moins de sept mille sept cent soixante hommes, guerriers ou pagayeurs.

« Le spectacle de cette flotte, dit Forster, agrandissait encore les idées de puissance et de richesse que nous avions de cette île, et tout l'équipage était dans l'étonnement. En pensant aux outils que possèdent ces peuples, nous admirions la patience et le travail qu'il leur a fallu pour abattre des arbres énormes, couper et polir les planches, et, enfin, porter ces lourds bâtiments à un si haut degré de perfection. C'est avec une hache de pierre, un ciseau, un morceau de corail et une peau de raie qu'ils avaient produit ces ouvrages. Les chefs et tous ceux qui occupaient les plates-formes de combat étaient revêtus de leurs habits militaires, c'est-à-dire d'une grande quantité d'étoffes, de turbans, de cuirasses et de casques. La longueur de quelques-uns de ces casques embarrassait beaucoup ceux qui les portaient. Tout leur équipement semblait mal imaginé pour un jour de bataille, et plus propre à la représentation qu'au service. Quoi qu'il en soit, il donnait sûrement de la grandeur à ce spectacle, et ces guerriers ne manquaient pas de se montrer sous le point de vue le plus avantageux. »

En arrivant à Mataval, Cook apprit que cet armement formidable était destiné à l'attaque d'Eimeo, dont le chef avait secoué le joug de Taïti et s'était rendu indépendant.

Les jours suivants, le capitaine reçut la visite de quelques-uns de ses anciens amis. Tous se montrèrent très désireux de posséder des plumes rouges, qui avaient une valeur considérable. Une seule formait un présent très supérieur à un grain de verre et à un clou. L'empressement était tel de la part des Taïtiens, qu'ils offrirent en échange ces singuliers habits de deuil qu'ils avaient refusé de vendre pendant le premier voyage de Cook.

« Ces vêtements, composés des productions les plus rares de l'île et de la mer qui l'environne, et travaillés avec un soin et une adresse extrêmes, doivent être, parmi eux, d'un prix considérable. Nous n'en achetâmes pas moins de dix, qu'on a rapportés en Angleterre. »

OEdidi, qui avait eu soin de se procurer un nombre considérable de ces plumes, put se passer tous ses caprices. Les Taïtiens le regardaient comme un prodige et semblaient écouter avidement toutes ses histoires. Non seulement les principaux de l'île, mais encore la famille royale, recherchaient sa société. Il épousa la fille du chef de Mataval et conduisit sa femme à bord, où chacun se plut à lui faire quelque présent. Puis, il se décida à rester à Taïti, où il venait de retrouver sa sœur mariée à un chef puissant.

Malgré les vols, qui troublèrent plus d'une fois ces relations, les Anglais se procurèrent, pendant cette relâche, plus de provisions qu'ils n'avaient fait jusque-là. La vieille Oberea, qui passait pour la reine de l'île, pendant la relâche du *Dauphin* en 1767, vint elle-même apporter des cochons et des fruits, avec le projet secret de se procurer de ces plumes rouges, qui avaient un si grand succès. On fut très libéral dans les présents, et on amusa les Indiens par des feux d'artifice et des manœuvres militaires.

Le capitaine fut, quelques jours avant son départ, témoin d'une nouvelle revue maritime. O-Too ordonna un simulacre de combat; mais il dura si peu de temps, qu'il fut impossible d'en suivre toutes les péripéties. Cette flotte devait livrer bataille cinq jours après le départ de Cook, et celui-ci avait envie de rester jusque-là; mais, jugeant que les naturels craignaient qu'il n'écrasât vainqueurs et vaincus, il se décida à partir.

A peine la *Résolution* était-elle hors de la baie, qu'un aide-canonnier, séduit par les délices de Taïti, et peut-être bien aussi par les promesses d'O-Too, qui comptait qu'un Européen lui procurerait de grands avantages, se jeta à la mer. Mais il ne tarda pas à être repris par une embarcation que Cook dépêcha à sa poursuite. Le capitaine regretta beaucoup que la discipline le forçât d'agir ainsi, car, si cet homme, qui n'avait ni parents ni amis en Angleterre, lui avait demandé la permission de rester à Taïti, il ne la lui aurait pas refusée.

Le 15 mai, la *Résolution* mouilla au havre O-Wharre, à l'île Huaheine. Le vieux chef Orée fut un des premiers à féliciter les Anglais de leur retour et à leur apporter les présents de bienvenue. Le capitaine lui fit cadeau de plumes rouges ; mais, ce que semblait préférer le vieux chef, c'était le fer, les haches et les clous. Il semblait plus indolent qu'à la première visite ; sa tête était bien affaiblie, ce qu'il faut sans doute attribuer au goût immodéré qu'il montrait pour la boisson enivrante que ces naturels tirent du poivrier. Son autorité semblait aussi de plus en plus méprisée ; il fallut que Cook se mît à la poursuite d'une bande de voleurs, réfugiés au centre de l'île, dans les montagnes, qui ne craignaient pas de piller le vieux chef lui-même.

Orée se montra reconnaissant des bons procédés qu'avaient toujours eus les Anglais à son égard. Il quitta le dernier le vaisseau quand celui-ci mit à la voile, le 24 avril, et, lorsque Cook lui eut dit qu'ils ne se reverraient plus, il se prit à pleurer, et répondit : « Laissez venir ici vos enfants, nous les traiterons bien. »

Une autre fois, Orée avait demandé au capitaine le nom du lieu où il serait enterré. « Stepney, » répondit Cook. Orée le pria de répéter ce mot jusqu'à ce qu'il fût en état de le prononcer. Alors cent individus s'écrièrent à la fois : « Stepney, moraï no Toote! Stepney, le tombeau de Cook! » Le grand navigateur ne se doutait guère, en faisant cette réponse, du triste sort qui l'attendait et de la peine que ses compatriotes auraient à retrouver ses restes !

OEdidi, qui avait fini par venir à Huaheine avec les Anglais, n'avait pas trouvé le même accueil empressé qu'à Taïti. D'ailleurs ses richesses étaient singulièrement diminuées, et son crédit s'en ressentait.

« Il vérifiait bien, dit la relation, la maxime qu'on n'est jamais prophète dans sa patrie... Il nous quitta avec des regrets qui montraient bien son estime pour nous ; lorsqu'il fallut nous séparer, il courut de chambre en chambre pour embrasser tout le monde. Enfin, je ne puis pas décrire les angoisses qui remplirent l'âme de ce jeune homme, quand il s'en alla ; il regardait le vaisseau, il fondit en larmes et se coucha de désespoir au fond de sa pirogue. En sortant des récifs, nous le vîmes encore qui étendait ses bras vers nous. »

Le 6 juin, Cook reconnut l'île Hove de Wallis, appelée Mohipa par les indigènes ; puis, quelques jours après, un groupe de plusieurs îlots inhabités, entourés d'une chaîne de brisants, auxquels on donna le nom de Palmerston, en l'honneur d'un des lords de l'Amirauté.

Le 20, une île, escarpée et rocheuse, fut découverte. Tapissée de grands bois et d'arbrisseaux, elle n'offrait qu'une grève sablonneuse étroite, sur laquelle accoururent bientôt plusieurs naturels de couleur très foncée. Une pique, une massue à la main, ils se livrèrent à des démonstrations menaçantes, mais eurent soin de se retirer dès qu'ils virent débarquer les Anglais. Des champions ne tardèrent pas à venir provoquer les étrangers et les assaillir d'une grêle de flèches et de pierres. Sparrman fut blessé au bras, et Cook faillit être traversé par une javeline. Une décharge générale dispersa ces insulaires inhospitaliers, et leur réception peu courtoise valut à leur patrie le nom d'île Sauvage.

Quatre jours plus tard, Cook revoyait l'archipel des Tonga. Il s'arrêta, cette fois, à Namouka, la Rotterdam de Tasman.

A peine le vaisseau avait-il laissé tomber l'ancre, qu'il était entouré d'une multitude de pirogues, chargées de bananes et de fruits de toute sorte, qu'on échangeait pour des clous et de vieux morceaux d'étoffe. Cette réception amicale détermina les naturalistes à descendre à terre et à s'enfoncer dans l'intérieur à la recherche de nouvelles plantes et de productions inconnues. A leur retour, ils ne tarissaient pas sur la beauté et le pittoresque des paysages romantiques qu'ils avaient rencontrés, ni sur l'affabilité et l'empressement des indigènes.

Cependant, plusieurs vols avaient eu lieu, lorsqu'un larcin plus important que les autres vint forcer le commandant à sévir. En cette circonstance, un naturel, qui avait tenté de s'opposer à la capture de deux pirogues que les Anglais voulaient garder jusqu'à ce qu'on leur eût rendu des armes dérobées, fut grièvement blessé d'un coup de feu. C'est durant cette seconde visite que Cook donna à ces îles le nom d'archipel des Amis, — sans doute par antiphrase, — appellation aujourd'hui remplacée par le vocable indigène Tonga.

Continuant à faire voile à l'ouest, l'infatigable explorateur reconnut successivement l'île des Lépreux, Aurore, l'île Pentecôte, et enfin Mallicolo, archipel qui avait reçu de Bougainville le nom de Grandes-Cyclades.

Les ordres qu'avait donnés le capitaine étaient, comme toujours, de tâcher de lier avec les naturels des relations de commerce et d'amitié. La première journée s'était passée sans encombre, et les insulaires avaient célébré par des jeux et des danses l'arrivée des Anglais, lorsqu'un incident faillit, le lendemain, amener une collision générale.

Un des indigènes, qui se vit refuser l'entrée du bâtiment, fit mine de lancer une flèche contre un des matelots. Ses compatriotes l'en empêchèrent tout d'abord. A ce moment, Cook montait sur le pont, un fusil à la main. Son premier soin fut d'interpeller l'insulaire, qui visait une seconde fois le matelot. Sans l'écouter, le sauvage allait décocher sa flèche contre lui, lorsqu'il le prévint et le blessa d'un coup de fusil. Ce fut le signal d'une volée de flèches, qui tombèrent sur le bâtiment sans faire grand mal. Cook dut alors faire tirer un coup de canon par-dessus la tête des assaillants pour les disperser.

Cependant, quelques heures plus tard, les naturels entouraient de nouveau le navire, et les échanges recommençaient, comme si rien ne s'était passé.

Cook profita de ces bonnes dispositions pour descendre à terre avec un détachement en armes, afin de faire du bois et de l'eau. Quatre ou cinq insulaires armés étaient réunis sur la grève. Un chef se détacha du groupe et vint au-devant du capitaine, tenant comme lui une branche verte. Les deux rameaux furent échangés, la paix fut conclue, et quelques menus présents achevèrent de la cimenter. Cook obtint alors la permission de faire du bois, mais sans s'écarter du rivage, et les naturalistes, qui voulaient s'enfoncer dans l'intérieur pour procéder à leurs recherches ordinaires, furent ramenés sur la plage, malgré leurs protestations.

Ces indigènes n'attachaient aucune valeur aux outils en fer. Aussi fut-il très difficile de se procurer des rafraîchissements. Un petit nombre consentit seulement à échanger des armes contre des étoffes et fit preuve, dans ces transactions, d'une probité à laquelle les Anglais n'étaient pas habitués. La *Résolution* était déjà à la voile que les échanges continuaient encore, et les naturels, sur leurs pirogues, s'efforçaient de la suivre pour livrer les objets dont ils avaient reçu le prix. L'un d'eux, après de très vigoureux efforts, parvint à rejoindre le navire, apportant ses armes à un matelot qui les avait payées et qui ne s'en souvenait plus, tant il y avait longtemps de cela. Lorsque celui-ci voulut lui donner quelque chose, le sauvage s'y refusa, faisant comprendre qu'il en avait déjà reçu le prix.

Cook donna à ce havre, qu'il quitta le 23 juillet au matin, le nom de port Sandwich.

Si le commandant était favorablement impressionné par les qualités morales des insulaires de Mallicolo, il n'en était pas de même de leurs qualités physiques. Petits et mal proportionnés, de couleur bronzée, le visage plat, ces sauvages étaient hideux. Si les théories du darwinisme eussent alors été connues, nul doute que Cook n'eût reconnu en eux cet échelon perdu entre l'homme et le singe, qui fait le désespoir des transformistes. Leurs cheveux noirs, gros, crépus et courts, leur barbe touffue, étaient loin de les avantager. Mais, ce qui achevait de les rendre grotesques, c'est qu'ils avaient l'habitude de se serrer le ventre avec une corde, à ce point qu'ils ressemblaient à une grosse fourmi. Des pendants d'oreille en écaille de tortue, des bracelets de dents de cochon, de grands anneaux d'écaille, une pierre blanche et plate qu'ils se passaient dans la cloison du nez, voilà quels étaient leurs bijoux et leurs parures. Pour armes, ils portaient l'arc et la flèche, la lance et la massue. Les pointes de leurs flèches, qui sont quelquefois au nombre de deux ou de trois, étaient enduites d'une substance que les Anglais crurent être venimeuse, à voir le soin avec lequel les naturels les serraient toujours dans une sorte de carquois.

A peine la *Résolution* venait-elle de quitter le port Sandwich, que tout l'équipage fut pris de coliques, de vomissements et de violentes douleurs dans la tête et les os. On avait pêché et mangé deux très gros poissons, qui étaient peut-être sous l'influence de la drogue narcotique dont nous avons parlé plus haut. Toujours est-il que dix jours se passèrent avant que les malades fussent entièrement guéris. Un perroquet et un chien, qui s'étaient nourris de ces poissons, moururent le lendemain. Les compagnons de Quiros avaient éprouvé les mêmes effets, et l'on a plus d'une fois constaté dans ces parages, depuis cette époque, les mêmes symptômes d'empoisonnement.

En partant de Mallicolo, Cook gouverna sur l'île d'Ambrym, qui paraît contenir un volcan, et découvrit bientôt un groupe de petites îles, auxquelles il donna le nom de Shepherd, en l'honneur du professeur d'astronomie de Cambridge. Puis il vit l'île des Deux-Collines, Montagu, Hinchinbrook, et, la plus considérable de toutes, l'île Sandwich, qu'il ne faut pas confondre avec le groupe de ce nom. Toutes ces îles, reliées et protégées par des brisants, étaient couvertes d'une riche végétation et comptaient de nombreux habitants.

Deux légers accidents vinrent troubler la tranquillité dont on jouissait à bord. Un incendie se déclara, qui fut bientôt éteint, et l'un des soldats de marine, tombé à la mer, fut sauvé presque aussitôt.

Le 3 août, fut découverte l'île de Koro-Mango, dont, le lendemain, Cook gagna le rivage, dans l'espérance d'y trouver une aiguade et un lieu de débarquement. La plupart de ceux qui avaient été empoisonnés par les poissons de Mallicolo n'avaient pas encore recouvré la santé, et ils espéraient obtenir une amélioration notable dans un séjour à terre. Mais la réception qui leur fut faite par des indigènes, armés de massues, de lances et d'arcs, semblait manquer de franchise. Aussi le capitaine se tint-il sur ses gardes. Voyant qu'ils ne pouvaient déterminer les Anglais à haler leur embarcation sur la plage, les naturels voulurent les y contraindre. Un chef et plusieurs hommes s'efforcèrent d'arracher les avirons des mains des matelots. Cook voulut tirer un coup de fusil, mais l'amorce seule partit. Les Anglais furent aussitôt accablés de pierres et de

Types des îles Sandwich. (Fac-simile. Gravure ancienne.)

traits. Le capitaine ordonna alors une décharge générale; heureusement, plus de la moitié des mousquets ratèrent. Sans cette circonstance, le massacre eût été épouvantable.

« Ces insulaires, dit Forster, paraissent être une race différente de celle qui habite Mallicolo; aussi ne parlent-ils pas la même langue. Ils sont d'une médiocre stature, mais bien pris dans leur taille, et leurs traits ne sont point désagréables; leur teint est très bronzé, et ils se peignent le visage, les uns de noir et d'autres de rouge; leurs cheveux sont bouclés et un peu laineux. Le peu de femmes que j'ai aperçues semblaient être fort laides.... Je n'ai vu de pirogues en aucun endroit de la côte; ils vivent dans des maisons couvertes de feuilles de

Les indigènes eurent assez de confiance. (Page 187.)

palmiers, et leurs plantations sont alignées et entourées d'une haie de roseaux. »

Il ne fallait pas songer à tenter une nouvelle descente. Cook, après avoir donné à l'endroit où s'était produite cette collision le nom de cap des Traîtres, gagna une île, reconnue la veille, et que les indigènes appellent Tanna.

« La colline la plus basse de toutes celles de la même rangée, et d'une forme conique, dit Forster, avait un cratère au milieu ; elle était d'un brun rouge et composée d'un amas de pierres brûlées parfaitement stériles. Une épaisse colonne de fumée, pareille à un grand arbre, en jaillissait de temps en temps, et sa tête s'élargissait à mesure qu'elle montait. »

La *Résolution* fut aussitôt entourée d'une vingtaine de pirogues, dont les plus grandes portaient vingt-cinq hommes. Ceux-ci cherchèrent aussitôt à s'approprier tout ce qui était à leur portée, bouées, pavillons, gonds du gouvernail, qu'ils essayèrent de faire sauter. Il fallut tirer une pièce de quatre au-dessus de leurs têtes pour les déterminer à regagner la côte. On atterrit ; mais, malgré toutes les babioles qui furent distribuées, on ne put jamais faire quitter à ces peuples leur attitude de défiance et de bravade. Il était évident que le moindre malentendu eût suffi pour amener l'effusion du sang.

Cook crut comprendre que ces naturels étaient anthropophages, bien qu'ils possédassent des cochons, des poules, des racines et des fruits en abondance.

Pendant cette relâche, la prudence défendait de s'écarter du bord de la mer. Cependant, Forster s'aventura quelque peu, et découvrit une source d'eau si chaude, qu'on ne pouvait y tenir le doigt plus d'une seconde.

Malgré toute l'envie qu'en avaient les Anglais, il fut impossible d'arriver jusqu'au volcan central, qui projetait jusqu'aux nues des torrents de feu et de fumée, et lançait en l'air des pierres d'une prodigieuse grosseur. Le nombre des solfatares était considérable dans toutes les directions, et le sol était en proie à des convulsions plutoniennes très accusées.

Cependant, sans jamais se départir de leur réserve, les Tanniens se familiarisèrent un peu, et les relations devinrent moins difficiles.

« Ces peuples, dit Cook, se montrèrent hospitaliers, civils et d'un bon naturel, quand nous n'excitions pas leur jalousie.... On ne peut guère blâmer leur conduite, car, enfin, sous quel point de vue devaient-ils nous considérer ? Il leur était impossible de connaître notre véritable dessein. Nous entrons dans leurs ports sans qu'ils osent s'y opposer ; nous tâchons de débarquer comme amis ; mais nous descendons à terre et nous nous y maintenons par la supériorité de nos armes. En pareille circonstance, quelle opinion pouvaient prendre de nous les insulaires ? Il doit leur paraître bien plus plausible que nous sommes venus pour envahir leur contrée que pour les visiter amicalement. Le temps seul et les liaisons plus intimes leur apprirent nos bonnes intentions. »

Quoi qu'il en soit, les Anglais ne purent deviner le motif pour lequel les naturels les empêchèrent de pénétrer dans l'intérieur du pays. Était-ce l'effet d'un caractère naturellement ombrageux ? Les habitants étaient-ils exposés à des incursions fréquentes de la part de leurs voisins, comme auraient pu le faire supposer leur bravoure et leur adresse à se servir de leur armes ? On ne sait.

Comme les indigènes n'attachaient aucun prix aux objets que les Anglais pouvaient leur offrir, ils ne leur apportèrent jamais en grande abondance les fruits et les racines dont ceux-ci avaient besoin. Jamais ils ne consentirent à se défaire de leurs cochons, même pour des haches, dont ils avaient pu cependant constater l'utilité.

L'arbre à pain, les noix de coco, un fruit qui ressemble à la pêche et qu'on nomme « pavie », l'igname, la patate, la figue sauvage, la noix muscade, et plusieurs autres dont Forster ignorait les noms, telles étaient les productions de cette île.

Cook quitta Tanna le 21 août et découvrit successivement les îles Erronam et Annatom, prolongea l'île de Sandwich, et, passant devant Mallicolo et la Terre du Saint-Esprit de Quiros, où il n'eut pas de peine à reconnaître la baie de Saint-Jacques et Saint-Philippe, il quitta définitivement cet archipel, après lui avoir donné le nom de Nouvelles-Hébrides, sous lequel il est aujourd'hui connu.

Le 5 septembre, le commandant fit une nouvelle découverte. La terre qu'il avait en vue n'avait jamais été foulée par le pied d'un Européen. C'était l'extrémité septentrionale de la Nouvelle-Calédonie. Le premier point aperçu fut appelé cap Colnett, du nom de l'un des volontaires qui en eut le premier connaissance. La côte était bordée d'une ceinture de brisants, derrière laquelle deux ou trois pirogues semblaient diriger leur course, de manière à venir à la rencontre des étrangers. Mais, au lever du soleil, elles carguèrent leurs voiles et on ne les vit plus.

Après avoir louvoyé pendant deux heures le long du récif extérieur, Cook aperçut une échancrure, qui devait lui permettre d'accoster. Il y donna, et débarqua à Balade.

Le pays paraissait stérile, uniquement couvert d'une herbe blanchâtre. On n'y voyait que de loin en loin quelques arbres à la tige blanche, dont la forme rappelait celle du saule. C'étaient des « niaoulis ». En même temps, on apercevait plusieurs maisons ressemblant à des ruches d'abeilles.

L'ancre ne fut pas plus tôt jetée, qu'une quinzaine de pirogues entourèrent le bâtiment. Les indigènes eurent assez de confiance pour s'approcher et procéder à des échanges. Quelques-uns entrèrent même dans le navire, dont ils visitèrent tous les coins avec une extrême curiosité. Ils refusèrent de toucher aux différents mets qu'on leur offrit, purée de pois, bœuf et porc salés; mais ils goûtèrent volontiers aux ignames. Ce qui les surprit le plus, ce furent les chèvres, les cochons, les chiens et les chats, animaux qui leur étaient totalement inconnus, puisqu'ils n'avaient pas même de mots pour les désigner. Les clous, en général tous les intruments de fer, les étoffes rouges, semblaient avoir un grand prix pour eux. Grands et forts, bien proportionnés, cheveux et barbe frisés, teint d'un châtain foncé, ces indigènes parlaient une langue qui semblait n'avoir aucun rapport avec toutes celles que les Anglais avaient entendues jusqu'alors.

Lorsque le commandant débarqua, il fut reçu avec des démonstrations de joie et la surprise naturelle à un peuple qui voit pour la première fois des objets dont il n'a pas l'idée. Plusieurs chefs, ayant fait faire silence, prononcèrent de courtes harangues, et Cook commença sa distribution de quincaillerie habituelle. Puis, les officiers se mêlèrent à la foule pour faire leurs observations.

Plusieurs de ces indigènes paraissaient affectés d'une sorte de lèpre, et leurs bras ainsi que leurs jambes étaient prodigieusement enflés. Presque entièrement nus, ils n'avaient pour vêtement qu'un cordon, serré à la taille, auquel pendait un lambeau d'étoffe de figuier. Quelques-uns portaient d'énormes chapeaux cylindriques, à jour des deux côtés, qui ressemblaient aux bonnets des hussards hongrois. A leurs oreilles, fendues et allongées, étaient suspendus des boucles en écaille ou des rouleaux de feuilles de canne à sucre. On ne tarda pas à rencontrer un petit village, au-dessus des mangliers qui bordaient le rivage. Il était entouré de plantations de cannes à sucre, d'ignames et de bananiers, arrosées par de petits canaux, très-habilement dérivés du cours d'eau principal.

Cook n'eut pas de peine à constater qu'il ne devait rien attendre de ce peuple, que la permission de visiter librement la contrée.

« Ces indigènes, dit-il, nous apprirent quelques mots de leur langue, qui n'avait aucun rapport avec celles des autres îles. Leur caractère était doux et pacifique, mais très indolent; ils nous accompagnaient rarement dans nos courses. Si nous passions près de leurs huttes, et si nous leur parlions, ils nous répondaient; mais, si nous continuions notre route sans leur adresser la parole, ils ne faisaient pas attention à nous. Les femmes étaient cependant un peu plus curieuses, et elles se cachaient dans des buissons écartés pour nous observer; mais elles ne consentaient à venir près de nous qu'en présence des hommes.

« Ils ne parurent ni fâchés ni effrayés de ce que nous tuions des oiseaux à coups de fusil; au contraire, quand nous approchions de leurs maisons, les jeunes gens ne manquaient pas de nous en montrer, pour avoir le plaisir de les voir tirer. Il semble qu'ils étaient peu occupés à cette saison de l'année; ils avaient préparé la terre et planté des racines et des bananes dont ils attendaient la récolte l'été suivant; c'est peut-être pour cela qu'ils étaient moins en état que dans un autre temps de vendre leurs provisions, car, d'ailleurs, nous avions lieu de croire qu'ils connaissaient ces principes d'hospitalité, qui rendent les insulaires de la mer du Sud si intéressants pour les navigateurs. »

Ce que dit Cook de l'indolence des Néo-Calédoniens est parfaitement exact.

Quant à leur caractère, son séjour sur cette côte fut trop court pour qu'il pût l'apprécier avec justesse, et, certainement, il ne soupçonna jamais qu'ils étaient adonnés aux horribles pratiques de l'anthropophagie. Il n'aperçut que fort peu d'oiseaux, bien que la caille, la tourterelle, le pigeon, la poule sultane, le canard, la sarcelle et quelques menus oiseaux vécussent là à l'état sauvage. Il ne constata la présence d'aucun quadrupède, et ses efforts pour se procurer des rafraîchissements furent continuellement infructueux.

A Balade, le commandant fit plusieurs courses dans l'intérieur et escalada une chaîne de montagnes afin d'avoir une vue générale de la contrée. Du sommet d'un rocher, il aperçut la mer des deux côtés et se rendit compte que la Nouvelle-Calédonie, dans cet endroit, n'avait pas plus de dix lieues de large. En général, le pays ressemblait beaucoup à quelques cantons de la Nouvelle-Hollande, situés sous le même parallèle. Les productions naturelles paraissaient être identiques, et les forêts y manquaient encore de sous-bois, comme dans cette grande île. Une autre observation qui fut faite, c'est que les montagnes renfermaient des minéraux, — remarque qui s'est trouvée vérifiée par la découverte récente de l'or, du fer, du cuivre, du charbon et du nickel.

Le même accident, qui avait failli être funeste à une partie de l'équipage dans les parages de Mallicolo, se reproduisit pendant cette relâche.

« Mon secrétaire, dit Cook, acheta un poisson qu'un Indien avait harponné dans les environs de l'aiguade, et me l'envoya à bord. Ce poisson, d'une espèce absolument nouvelle, avait quelque ressemblance avec ceux qu'on nomme soleil ; il était du genre que M. Linné nomme *tetrodon*. Sa tête hideuse était grande et longue. Ne soupçonnant point qu'il eût rien de venimeux, j'ordonnai qu'on le préparât pour le servir le soir même à table. Mais, heureusement, le temps de le dessiner et de le décrire ne permit pas de le cuire, et l'on n'en servit que le foie. Les deux MM. Forster et moi en ayant goûté, vers les trois heures du matin nous sentîmes une extrême faiblesse et une défaillance dans tous les membres. J'avais presque perdu le sentiment du toucher, et je ne distinguais plus les corps pesants des corps légers quand je voulais les mouvoir. Un pot plein d'eau et une plume étaient dans ma main du même poids. On nous fit d'abord prendre de l'émétique, et ensuite on nous procura une sueur dont nous nous sentîmes extrêmement soulagés. Le matin, un des cochons, qui avait mangé les entrailles du poisson, fut trouvé mort. Quand les habitants vinrent à bord, et qu'ils virent le poisson qu'on avait suspendu, ils nous firent entendre aussitôt que c'était une nourriture malsaine ; ils en marquèrent de l'horreur ; mais, au moment de le vendre et même après qu'on l'eut acheté, aucun d'eux n'avait témoigné cette aversion. »

Cook fit procéder au relèvement d'une grande partie de la côte orientale. Pendant cette excursion, on aperçut un indigène aussi blanc qu'un Européen, blancheur qui fut attribuée à quelque maladie. C'était un albinos semblable à ceux qu'on avait déjà rencontrés à Taïti et aux îles de la Société.

Le commandant, qui voulait acclimater les cochons à la Nouvelle-Calédonie, eut beaucoup de peine à faire accepter aux indigènes un vérat et une truie. Il eut besoin de vanter l'excellence de ces animaux, la facilité de leur reproduction, et d'en exagérer même la valeur, pour qu'ils consentissent à les lui laisser mettre à terre.

En résumé, Cook peint les Néo-Calédoniens comme grands, robustes, actifs, civils, paisibles; il leur reconnaît une qualité bien rare : ils ne sont pas voleurs. Ses successeurs en ce pays, et notamment d'Entrecasteaux, se sont aperçus, à leurs dépens, que ces insulaires n'avaient pas persévéré dans cette honnêteté.

Quelques-uns avaient les lèvres épaisses, le nez aplati, et tout à fait l'aspect du nègre. Leurs cheveux, naturellement bouclés, contribuaient aussi à leur donner cette ressemblance.

« S'il me fallait juger, dit Cook, de l'origine de cette nation, je la prendrais pour une race mitoyenne entre les peuples de Tanna et des îles des Amis, ou entre ceux de Tanna et de la Nouvelle-Zélande, ou même entre les trois, par la raison que leur langue n'est à quelques égards qu'un mélange de celles de ces différentes terres. »

La quantité des armes offensives de ces indigènes, massues, lances, dards, frondes, était un indice de la fréquence de leurs guerres. Les pierres qu'ils lançaient avec leurs frondes étaient polies et ovoïdes. Quant aux maisons construites sur un plan circulaire, la plupart ressemblaient à des ruches d'abeilles, et leur toit, d'une élévation considérable, se terminait en pointe au sommet. Elles avaient un ou deux foyers toujours allumés; mais, la fumée n'ayant d'autre issue que la porte, il était presque impossible à des Européens d'y demeurer.

Ces naturels ne se nourrissaient que de poissons, de racines, entre autres l'igname et le taro, et de l'écorce d'un arbre qui est fort peu succulente. Les bananes, les cannes à sucre, le fruit à pain étaient rares dans ce pays, et les cocotiers n'y poussaient pas aussi vigoureux que dans les îles déjà visitées par la *Résolution*. Quant au nombre des habitants, on aurait pu croire qu'il était considérable; mais Cook remarque avec justesse, que son arrivée avait provoqué la réunion de tous les indigènes voisins, et le lieutenant Pickersgill eut l'occasion de constater, pendant sa reconnaissance hydrographique, que le pays était très peu peuplé.

Les Néo-Calédoniens étaient dans l'usage d'enterrer leurs morts. Plusieurs personnes de l'équipage visitèrent leurs cimetières, et notamment le tombeau d'un chef, sorte de grande taupinière, décorée de lances, de javelots, de pagaies et de dards, fichés autour.

Le 13 septembre, Cook quitta le havre de Balade et continua à ranger la côte de la Nouvelle-Calédonie, sans pouvoir se procurer de nourriture fraîche. Le pays présentait à peu près partout le même aspect de stérilité. Enfin, tout à fait au sud de cette grande terre, on en découvrit une plus petite, qui reçut le nom d'île des Pins, à cause du grand nombre d'arbres de cette espèce qui l'ombrageaient.

C'était une espèce de pin de Prusse, très propre à faire les espars dont la *Résolution* avait besoin. Aussi, Cook envoya-t-il une chaloupe et des travailleurs pour choisir et couper les arbres qui lui étaient nécessaires. Quelques-uns avaient vingt pouces de diamètre et soixante-dix pieds de haut, de sorte qu'on en aurait pu faire un mât pour le navire, si cela eût été nécessaire. La découverte de cette île parut donc précieuse, car, avec la Nouvelle-Zélande, elle était la seule qui pût fournir des mâts et des vergues dans tout l'océan Pacifique.

En faisant route au sud vers la Nouvelle-Zélande, Cook eut connaissance, le 10 octobre, d'une petite île inhabitée, sur laquelle les botanistes firent une ample moisson de végétaux inconnus. C'est l'île Norfolk, ainsi nommée en l'honneur de la famille Howard, et que devaient plus tard coloniser une partie des révoltés du *Bounty*.

Le 18, la *Résolution* mouillait encore une fois dans le canal de la Reine-Charlotte. Les jardins, que les Anglais avaient plantés avec tant de zèle, avaient été entièrement négligés par les Zélandais, et, cependant, plusieurs plantes s'y étaient merveilleusement développées.

Tout d'abord, les habitants ne se montrèrent qu'avec circonspection et parurent peu désireux d'entamer de nouvelles relations. Cependant, lorsqu'ils eurent reconnu leurs anciens amis, ils témoignèrent leur joie par les démonstrations les plus extravagantes. Interrogés sur le motif qui les avait poussés à garder tout d'abord cette réserve et cette sorte de crainte, ils répondirent d'une façon évasive, et l'on put comprendre qu'il était question de batailles et de meurtres.

Les craintes de Cook sur le sort de l'*Aventure*, dont il n'avait pas eu de nouvelles depuis la dernière relâche en cet endroit, devinrent alors fort vives; mais, quelque question qu'il pût faire, il ne parvint pas à savoir la vérité. Il ne devait apprendre ce qui s'était passé pendant son absence qu'au cap de Bonne-Espérance, où il trouva des lettres du capitaine Furneaux.

Le toit, d'une élévation considérable... (Page 190.)

Après avoir débarqué de nouveaux cochons, dont il tenait absolument à doter la Nouvelle-Zélande, le commandant mit à la voile, le 10 novembre, et fit route pour le cap Horn.

La première terre qu'il aperçut, après une vaine croisière, fut la côte occidentale de la Terre de Feu, près de l'entrée du détroit de Magellan.

« La partie de l'Amérique qui frappait nos regards, dit le capitaine Cook, était d'un aspect fort triste; elle semblait découpée en petites îles qui, quoique peu hautes, étaient cependant très noires et presque entièrement stériles. Par derrière, nous apercevions de hautes terres hachées, et couvertes de neige presque au bord de l'eau.... C'est la côte la plus sauvage que j'aie jamais vue. Elle paraît

Vue du canal de Noël.

remplie entièrement de montagnes, de roches, sans la moindre apparence de végétation. Ces montagnes aboutissent à d'horribles précipices, dont les sommets escarpés s'élèvent à une grande hauteur. Il n'y a peut-être rien dans la nature qui offre des points de vue aussi sauvages. Les montagnes de l'intérieur étaient couvertes de neige, mais celles de la côte de la mer ne l'étaient pas. Nous jugeâmes que les premières appartenaient à la Terre de Feu et que les autres étaient de petites îles rangées de manière qu'en apparence, elles formaient une côte non interrompue. »

Cependant, le commandant jugea bon de s'arrêter quelque temps dans cette contrée désolée, afin de procurer à son équipage quelques vivres frais. Il trouva un ancrage sûr dans le canal de Noël, dont il fit avec son soin habituel la reconnaissance hydrographique.

La chasse procura quelques oiseaux, et M. Pickersgill rapporta au navire trois cents œufs d'hirondelles de mer et quatorze oies. « Je pus ainsi, dit Cook, en distribuer à tout l'équipage, ce qui fit d'autant plus de plaisir aux matelots que Noël approchait; sans cette heureuse circonstance, ils n'auraient eu pour régal que du bœuf et du porc salés. »

Quelques naturels, appartenant à la nation que Bougainville avait appelée Pécherais, montèrent à bord, sans qu'il fût besoin de beaucoup les presser. Ces sauvages, Cook nous les dépeint sous des couleurs qui rappellent celles qu'avait employées le navigateur français. De la chair de veau marin pourrie dont ils se nourrissaient, ils préféraient la partie huileuse, sans doute, remarque le capitaine, parce que cette huile échauffe leur corps contre la rigueur du froid.

« Si jamais, ajoute-t-il, on a pu révoquer en doute la prééminence de la vie civilisée sur la vie sauvage, la vue seule de ces Indiens suffirait pour déterminer la question. Jusqu'à ce qu'on me prouve qu'un homme tourmenté continuellement par la rigueur du climat est heureux, je ne crois point aux déclamations éloquentes des philosophes, qui n'ont pas eu l'occasion de contempler la nature humaine dans toutes ses modifications, ou qui n'ont pas senti ce qu'ils ont vu. »

La *Résolution* ne tarda pas à reprendre la mer et à doubler le cap Horn; puis, elle traversa le détroit de Lemaire et reconnut la Terre des États, où elle rencontra un bon mouillage. Ces parages étaient animés par une quantité prodigieuse de baleines, dont c'était la saison de l'appariage, par des veaux et des lions de mer, par des pingouins et des nigauds en vols innombrables.

« Nous manquâmes, le docteur Sparrman et moi, dit Forster, d'être attaqués par un de ces vieux ours de mer, sur un rocher où il y en avait plusieurs centaines de rassemblés, qui semblaient tous attendre l'issue du combat. Le docteur avait tiré son coup de fusil sur un oiseau, et il allait le ramasser lorsque le vieil ours gronda, montra les dents et parut se disposer à s'opposer à mon camarade. Dès que je fus assis, j'étendis l'animal raide mort d'un coup de fusil, et, au même instant, toute la troupe, voyant son champion terrassé, s'enfuit du côté de la mer. Plusieurs s'y jetèrent avec tant de hâte, qu'ils sautèrent à dix ou quinze verges perpendiculaires sur des rochers pointus. Je crois qu'ils ne se firent point de mal, parce que leur peau est très dure et que leur graisse, très élastique, se prête aisément à la compression. »

Après avoir quitté la Terre des États, le 3 janvier, Cook fit voile au sud-est.

afin d'explorer cette partie de l'Océan, la seule qui lui eût échappé jusqu'alors. Il atteignit bientôt la Géorgie australe, vue en 1675 par Laroche, et en 1756 par M. Guyot-Duclos, qui commandait alors le vaisseau espagnol le *Lion*. Cette découverte fut faite le 14 janvier 1775. Le commandant débarqua en trois différents endroits et en prit possession au nom du roi d'Angleterre, Georges III, dont il lui donna le nom. Le fond de la baie Possession était bordé de rochers de glace perpendiculaires, de tout point semblables à ceux qui avaient été vus dans les hautes latitudes australes.

« L'intérieur du pays, dit la relation, n'était ni moins sauvage ni moins affreux. Les rochers perdaient leurs hautes cimes dans les nues, et les vallées étaient couvertes d'une neige éternelle. On ne voyait pas un arbre, et il n'y avait pas le plus petit arbrisseau. »

En quittant la Géorgie, Cook s'enfonça encore davantage dans le sud-est, au milieu des glaces flottantes. Les dangers continuels de cette navigation avaient épuisé l'équipage. Successivement, la Thulé australe, l'île Saunders, les îles de la Chandeleur et enfin la terre de Sandwich furent découvertes.

Ces archipels stériles et désolés seront toujours sans utilité pratique pour le commerçant et le géographe. Leur existence une fois signalée, il n'y avait plus qu'à passer outre, car c'était risquer, à vouloir les reconnaître en détail, de compromettre les documents si précieux que la *Résolution* rapportait en Angleterre.

La découverte de ces terres isolées eut pour résultat de convaincre Cook « qu'il y a près du pôle une étendue de terre où se forment la plupart des glaces répandues sur ce vaste océan méridional. » Remarque ingénieuse, que sont venues confirmer de tout point les découvertes des explorateurs du xixe siècle.

Après une nouvelle recherche infructueuse du cap de la Circoncision de Bouvet, Cook se détermina à regagner le cap de Bonne-Espérance, où il arriva le 22 mars 1775.

L'*Aventure* avait relâché en cet endroit, et le capitaine Furneaux avait laissé une lettre, qui relatait ce qui s'était passé à la Nouvelle-Zélande.

Arrivé dans le canal de la Reine-Charlotte, le 13 novembre 1773, le capitaine Furneaux avait fait ses provisions d'eau et de bois, puis envoyé un de ses canots, commandé par M. Rowe, lieutenant de poupe, afin de recueillir des plantes comestibles. Mais, ne l'ayant vu rentrer à bord ni le soir ni le lendemain, le capitaine Furneaux, sans se douter de l'accident qui était arrivé, envoya à sa recherche, et voici en résumé ce qu'on apprit :

Après plusieurs allées et venues inutiles, l'officier qui commandait la chaloupe aperçut quelques indices, en débarquant sur une grève près de l'anse de l'Herbe. Des débris du canot et plusieurs souliers, dont l'un avait appartenu à un officier de poupe, furent découverts. En même temps, un des matelots apportait un morceau de viande fraîche, que l'on crut être de la chair de chien, car on ignorait encore que cette peuplade fût anthropophage.

« Nous ouvrîmes, dit le capitaine Furneaux, environ vingt paniers placés sur la grève et fermés avec des cordages. Les uns étaient remplis de chair rôtie et d'autres de racines de fougère, qui servent de pain aux naturels. En continuant nos recherches, nous trouvâmes un plus grand nombre de souliers et une main, que nous reconnûmes sur-le-champ pour celle de Thomas Hill, parce qu'elle représentait T. H. tatoués à la manière des Taïtiens. »

Un peu plus loin, l'officier aperçut quatre pirogues et une multitude de naturels, rassemblés autour d'un grand feu. En débarquant, les Anglais firent une décharge, qui mit en fuite tous les Zélandais, sauf deux, qui se retirèrent avec beaucoup de sang-froid. L'un de ceux-ci fut blessé grièvement, et les matelots s'avancèrent sur la grève.

« Bientôt, une scène affreuse de carnage s'offrit à nos yeux : les têtes, les cœurs et les poumons de plusieurs de nos gens étaient répandus sur le sable, et, à peu de distance de là, les chiens en rongeaient les entrailles. »

L'officier avait trop peu de monde avec lui, — dix hommes seulement, — pour essayer de tirer vengeance de cet abominable massacre. En outre, le temps devenait mauvais, et les sauvages se rassemblaient en grand nombre. Il dut regagner l'*Aventure*.

« Je ne crois pas, dit le capitaine Furneaux, que cette boucherie ait été l'effet d'un dessein prémédité de la part des sauvages, car, le matin où M. Rowe partit du vaisseau, il rencontra deux pirogues, qui descendirent près de nous et restèrent toute la matinée dans l'anse du vaisseau. Le carnage fut probablement amené par quelque querelle qui se décida sur-le-champ ; peut-être aussi que, nos gens n'ayant pris aucune précaution pour leur sûreté, l'occasion tenta les Indiens. Ce qui encouragea les Zélandais, dès qu'ils eurent vu la première explosion, c'est qu'ils sentirent qu'un fusil n'était pas une arme infaillible, qu'il manquait quelquefois de partir et qu'après le premier coup il fallait le charger de nouveau avant de pouvoir s'en servir. »

Dans ce fatal guet-apens, l'*Aventure* perdit dix de ses meilleurs matelots. Furneaux avait quitté la Nouvelle-Zélande le 23 décembre 1773, doublé le cap Horn, relâché au cap de Bonne-Espérance et atteint l'Angleterre, le 14 juillet 1774.

Cook, après avoir embarqué les rafraîchissements nécessaires et réparé son bâtiment, quitta False-Bay le 27 mai, relâcha à Sainte-Hélène, à l'Ascension, à Fernando de Noronha, à Fayal, l'une des Açores, et rentra enfin à Plymouth, le 29 juillet 1775. Il n'avait à regretter, pendant ce long voyage de trois ans et dix-huit jours, que la perte de quatre hommes, sans compter, il est vrai, les dix matelots qui avaient été massacrés à la Nouvelle-Zélande.

Jamais jusqu'alors expédition n'avait rapporté aussi riche moisson de découvertes et d'observations hydrographiques, physiques et ethnographiques. Bien des points obscurs dans les relations des anciens voyageurs étaient élucidés par les savantes et ingénieuses recherches du capitaine Cook. Des découvertes importantes, notamment celles de la Nouvelle-Calédonie et de l'île de Pâques, avaient été faites. La non-existence du continent austral était définitivement prouvée. Le grand navigateur reçut presque aussitôt la récompense méritée de ses fatigues et de ses travaux. Il fut nommé capitaine de vaisseau, neuf jours après son débarquement, et membre de la Société royale de Londres, le 29 février 1776.

CHAPITRE V

TROISIÈME VOYAGE DU CAPITAINE COOK

I

La recherche des terres découvertes par les Français. — Les îles Kerguelen. — Relâche à Van-Diemen. — Le détroit de la Reine-Charlotte. — L'île Palmerston. — Grandes fêtes aux îles Tonga.

A cette époque, l'idée qui avait autrefois déterminé tant de voyageurs à explorer les mers du Groenland était à l'ordre du jour. Existait-il un passage au nord qui mit en communication l'Atlantique et le Pacifique, en suivant les côtes de l'Asie ou celles de l'Amérique? Et ce passage, s'il existait, était-il praticable? On avait bien tenté, tout dernièrement encore, la recherche de cette voie maritime par les baies d'Hudson et de Baffin : on voulut l'essayer par l'océan Pacifique.

La tâche était ardue. Les lords de l'Amirauté comprirent qu'ils devaient, avant tout, s'adresser à quelque navigateur au courant des périls des mers polaires, qui eût donné plus d'une preuve de sang-froid dans les occasions difficiles, dont les talents, l'expérience et les connaissances scientifiques fussent à même de tirer parti du puissant armement en cours d'exécution.

Nul autre que le capitaine Cook ne réunissait au même degré les qualités requises. On s'adressa donc à lui. Bien qu'il eût pu passer en paix le reste de ses jours dans la place qui lui avait été donnée, à l'Observatoire de Greenwich, et jouir en repos de l'estime et de la gloire que lui avaient conquises ses deux voyages autour du monde, Cook n'hésita pas un instant.

Deux bâtiments lui furent confiés, la *Résolution* et la *Discovery*, cette dernière sous les ordres du capitaine Clerke, et ils reçurent le même armement qu'à la précédente campagne.

Les instructions du commandant de l'expédition lui prescrivaient de gagner le cap de Bonne-Espérance et de cingler au sud pour chercher les îles récemment découvertes par les Français, par 48 degrés de latitude, et vers le méridien de l'île Maurice. Il devait ensuite toucher à la Nouvelle-Zélande, s'il le jugeait à propos, se rafraîchir aux îles de la Société et y débarquer le Taïtien Maï, puis gagner la Nouvelle-Albion, éviter de débarquer dans aucune des possessions espagnoles de l'Amérique, et de là se diriger par l'océan Glacial arctique vers les baies d'Hudson et de Baffin, — en d'autres termes, chercher, par l'est, le passage du nord-ouest. Cela fait, après avoir rafraîchi ses équipages au Kamtchatka, il devait faire une nouvelle tentative et regagner l'Angleterre par la route qu'il croirait la plus utile aux progrès de la géographie et de la navigation.

Les deux bâtiments ne partirent pas ensemble. La *Résolution* mit à la voile, de Plymouth, le 12 juillet 1776, et fut rejointe au Cap, le 10 novembre suivant, par la *Discovery*, qui n'avait pu quitter l'Angleterre que le 1er août. Cette dernière, éprouvée par la tempête, avait besoin d'être calfatée, et ce travail retint les deux navires au Cap jusqu'au 30 novembre. Le commandant profita de ce long séjour pour acheter des animaux vivants qu'il devait déposer à Taïti et à la Nouvelle-Zélande, et pour approvisionner ses bâtiments en vue d'un voyage de deux ans.

Après douze jours de route au sud-est, deux îles furent découvertes par 46°33' de latitude sud et 37°46' de longitude est. Le canal qui les sépare fut traversé, et l'on reconnut que leur côte escarpée, stérile, était inhabitée. Elles avaient été découvertes, ainsi que quatre autres, situées de neuf à douze degrés plus à l'est, par les capitaines français Marion-Dufresne et Crozet, en 1772.

Le 24 décembre, Cook retrouva les îles que M. de Kerguelen avait relevées dans ses deux voyages de 1772 et 1773.

Nous ne relaterons pas ici les observations que le navigateur anglais recueillit sur cet archipel. Comme elles sont de tout point d'accord avec celles de M. de Kerguelen, nous les réservons pour le moment où nous raconterons le voyage de ce navigateur. Contentons-nous de dire que Cook en releva soigneusement les côtes, et les quitta le 31 décembre. Pendant plus de trois cents lieues, les deux navires firent route au milieu d'une brume épaisse.

Le 26 janvier, l'ancre tomba dans la baie de l'Aventure, à la terre de Van-Diemen, à l'endroit même où le capitaine Furneaux avait touché quatre ans auparavant. Quelques naturels vinrent visiter les Anglais, et reçurent tous les présents qu'on leur fit, sans témoigner aucune satisfaction.

« Ils étaient, dit la relation, d'une stature ordinaire, mais un peu mince; ils avaient la peau noire, la chevelure de même couleur et aussi laineuse que celle des nègres de la Nouvelle-Guinée, mais ils n'avaient pas les grosses lèvres et le nez plat des nègres de l'Afrique. Leurs traits ne présentaient rien de désagréable; leurs yeux nous parurent assez beaux, et leurs dents bien rangées, mais très sales. Les cheveux et la barbe de la plupart étaient barbouillés d'une espèce d'onguent rouge; le visage de quelques-uns se trouva peint avec la même drogue. »

Cette description, pour concise qu'elle soit, n'en est pas moins précieuse. En effet, le dernier des Tasmaniens est mort, il y a quelques années, et cette race a complètement disparu.

Cook leva l'ancre le 30 janvier, et vint mouiller à son point de relâche habituel, dans le canal de la Reine-Charlotte. Les pirogues des indigènes ne tardèrent pas à environner les bâtiments; mais pas un indigène n'osa monter à bord, tant ils étaient persuadés que les Anglais n'étaient venus que pour venger le massacre de leurs compatriotes. Lorsqu'ils furent convaincus que telle n'était pas l'intention des Anglais, ils bannirent toute défiance et toute réserve. Le commandant apprit bientôt, par l'intermédiaire de Maï, qui comprenait le zélandais, quelle avait été la cause de cet épouvantable événement.

Assis sur l'herbe, les Anglais prenaient leur repas du soir, lorsque les indigènes volèrent différentes choses. L'un de ceux-ci fut surpris et frappé par l'un des matelots. Aux cris du sauvage, ses compatriotes se ruèrent sur les marins de l'*Aventure*, qui en tuèrent deux, mais ne tardèrent pas à succomber sous le nombre. Plusieurs Zélandais désignèrent au capitaine le chef qui avait présidé au carnage, et l'engagèrent vivement à le mettre à mort. Cook s'y refusa, à la grande surprise des naturels, et à la stupéfaction de Maï, qui lui dit : « En Angleterre, on tue un homme qui en a assassiné un autre; celui-ci en a tué dix, et vous ne vous vengez pas ! »

Les îles de Kerguelen.

Avant de partir, Cook mit à terre des cochons et des chèvres, dans l'espoir que ces animaux finiraient par s'acclimater à la Nouvelle-Zélande.

Maï avait formé le dessein d'emmener à Taïti un Néo-Zélandais. Deux se présentèrent pour l'accompagner. Cook consentit à les recevoir, en les prévenant toutefois qu'ils ne reverraient plus leur patrie. Aussi, lorsque les bâtiments perdirent de vue les côtes de la Nouvelle-Zélande, ces deux jeunes gens ne purent retenir leurs larmes. A leur douleur vint se joindre le mal de mer. Toutefois leur chagrin disparut avec lui, et il ne leur fallut pas longtemps pour s'attacher à leurs nouveaux amis.

Le 29 mars fut découverte une île que ses habitants appellent Mangea. Sur

Une fête aux îles des Amis. (Page 205.)

les représentations de Maï, ces indigènes se décidèrent à monter à bord des vaisseaux.

Petits, mais vigoureux et bien proportionnés, ils portaient leur chevelure nouée sur le dessus de la tête, leur barbe longue, et ils étaient tatoués sur différentes parties du corps. Cook aurait vivement désiré mettre pied à terre, mais les dispositions hostiles de la population l'en empêchèrent.

Quatre lieues plus loin, une nouvelle île fut reconnue, en tout semblable à la première. Ses habitants se montrèrent d'abord mieux disposés que ceux de Mangea, et Cook en profita pour envoyer à terre un détachement, sous les ordres du lieutenant Gore, avec Maï pour interprète. Anderson le naturaliste,

Gore, un autre officier, nommé Burney, et Maï, débarquèrent, seuls et sans armes, au risque d'être maltraités.

Reçus avec solennité, conduits, au milieu d'une haie d'hommes portant la massue sur l'épaule, auprès de trois chefs dont les oreilles étaient ornées de plumes rouges, ils aperçurent bientôt une vingtaine de femmes, qui dansaient sur un air d'un mode grave et sérieux et ne firent aucune attention à leur arrivée. Séparés les uns des autres, les officiers ne tardèrent pas à s'apercevoir que les naturels s'efforçaient de vider leurs poches, et ils commençaient à craindre pour leur sûreté, lorsqu'ils furent rejoints par Maï. Ils furent ainsi retenus toute la journée et mainte fois forcés d'ôter leurs vêtements pour que les naturels pussent examiner de près la couleur de leur peau; mais enfin la nuit arriva sans incident désagréable, et les visiteurs regagnèrent leur chaloupe, où leur furent apportées des noix de coco, des bananes et d'autres provisions. Peut-être les Anglais durent-ils leur salut à la description que Maï avait faite de la puissance des armes à feu, et à l'expérience qu'il fit devant les indigènes d'enflammer la poudre d'une cartouche.

Maï avait rencontré trois de ses compatriotes au milieu de la foule qui se pressait sur le rivage. Partis sur une pirogue, au nombre de vingt, pour se rendre à Ulitea, ces Taïtiens avaient été jetés hors de leur route par un vent impétueux. La traversée devant être courte, ils n'avaient guère emporté de vivres. Aussi, la fatigue et la faim avaient-elles réduit l'équipage à quatre hommes à demi morts, lorsque la pirogue chavira. Ces naufragés eurent cependant la force de saisir les bordages de l'embarcation et de s'y cramponner jusqu'à ce qu'ils eussent été recueillis par les habitants de cette Wateroo. Il y avait douze ans que les hasards de la mer les avaient jetés sur cette côte, éloignée de plus de deux cents lieues de leur île. Ils avaient contracté des liens de famille et des liaisons d'amitié avec ces peuples, dont les mœurs et le langage étaient conformes aux leurs. Aussi refusèrent-ils de regagner Taïti.

« Ce fait, dit Cook, peut servir à expliquer, mieux que tous les systèmes, comment toutes les parties détachées du globe, et en particulier les îles de la mer Pacifique, ont pu être peuplées, surtout celles qui sont éloignées de tout continent, et à une grande distance les unes des autres. »

Cette île Wateroo gît par 20° 1′ de latitude sud et 201° 45′ de longitude orientale.

Les deux bâtiments gagnèrent ensuite une île voisine, appelée Wenooa, sur laquelle M. Gore débarqua pour y prendre du fourrage. Elle était inhabitée, quoiqu'on y vît des débris de huttes et des tombeaux.

Le 3 avril, Cook arriva en vue de l'île Harvay, qu'il avait découverte en 1773, pendant son second voyage. Il lui avait semblé, à cette époque, qu'elle était déserte. Aussi fut-il surpris de voir plusieurs pirogues se détacher de la côte et se diriger vers les vaisseaux. Mais ces indigènes ne purent se décider à monter à bord. Leur maintien farouche et leurs propos bruyants n'annonçaient pas des dispositions amicales. Leur idiome se rapprochait encore plus de la langue de Taïti que celle des îles qu'on venait de rencontrer.

Le lieutenant King, qui avait été envoyé à la recherche d'un mouillage, n'en put trouver un convenable. Les naturels, armés de piques et de massues, semblaient prêts à repousser par la force toute tentative de débarquement.

Cependant, Cook, ayant besoin d'eau et de fourrage, résolut alors de gagner les îles des Amis, où il était certain de trouver des rafraîchissements pour ses hommes et du fourrage pour ses bestiaux. D'ailleurs, la saison était trop avancée, la distance qui séparait ces parages du pôle trop considérable, pour pouvoir rien tenter dans l'hémisphère septentrional.

Forcé par le vent de renoncer à atteindre Middelbourg ou Eoa, comme il en avait d'abord l'intention, le commandant se dirigea vers l'île Palmerston, où il arriva le 14 avril, et sur laquelle il trouva des oiseaux en abondance, du cochléaria et des cocotiers. Cette île n'est qu'une réunion de neuf ou dix îlots peu élevés, qui peuvent être considérés comme les pointes du récif d'un même banc de corail.

Le 28 avril, les Anglais atteignirent l'île Komango, dont les naturels apportèrent en foule des cocos, des bananes et d'autres provisions. Puis, ils gagnèrent Annamooka, qui fait également partie de l'archipel Tonga ou des Amis.

Cook reçut, le 6 mai, la visite d'un chef de Tonga-Tabou, nommé Finaou, qui se donnait comme le roi de toutes les îles des Amis.

« Je reçus de ce grand personnage, dit-il, un présent de deux poissons, que m'apporta un de ses domestiques, et j'allai lui faire une visite l'après-dînée. Il s'approcha de moi, dès qu'il me vit à terre. Il paraissait âgé d'environ trente ans; il était grand, mais d'une taille mince, et je n'ai pas rencontré sur ces îles une physionomie qui ressemblât davantage à la physionomie des Européens. »

Lorsque toutes les provisions de cette île furent épuisées, Cook visita un groupe d'îlots appelé Hapaee, où la réception, grâce aux ordres de Finaou, fut amicale, et dans laquelle il put se procurer des cochons, de l'eau, des fruits et des racines. Des guerriers donnèrent aux Anglais le spectacle de plusieurs combats singuliers, combats à coups de massue et pugilat.

« Ce qui nous étonna le plus, dit la relation, ce fut de voir arriver deux grosses femmes au milieu de la lice et se charger à coups de poing, sans aucune cérémonie et avec autant d'adresse que les hommes. Leur combat ne dura pas plus d'une demi-minute, et l'une d'elles s'avoua vaincue. L'héroïne victorieuse reçut de l'assemblée les applaudissements qu'on donnait aux hommes dont la force ou la souplesse avait triomphé de leur rival. »

Les fêtes et les jeux ne s'arrêtèrent pas là. Un danse fut exécutée par cent cinq acteurs au son de deux tambours ou plutôt de deux troncs d'arbres creusés, auxquels se joignait un chœur de musique vocale. Cook répondit à ces démonstrations en faisant faire l'exercice à feu par ses soldats de marine et en tirant un feu d'artifice, qui causa aux naturels un étonnement qu'on ne peut concevoir. Ne voulant pas se montrer vaincus dans cette lutte de divertissements, les insulaires donnèrent d'abord un concert, puis une danse exécutée par vingt femmes, couronnées de guirlandes de roses de la Chine. Ce grand ballet fut suivi d'un autre exécuté par quinze hommes. Mais nous n'en finirions pas, si nous voulions raconter par le menu les merveilles de cette réception enthousiaste, qui mérita à l'archipel de Tonga le nom d'îles des Amis.

Le 23 mai, Finaou, qui s'était donné pour le roi de l'archipel tout entier, vint annoncer à Cook son départ pour l'île voisine de Vavaoo. Il avait de bonnes raisons pour cela, car il venait d'apprendre l'arrivée du véritable souverain, qui s'appelait Futtafaihe ou Poulaho.

Tout d'abord, Cook refusa de reconnaître au nouveau venu le caractère qu'il s'attribuait; mais il ne tarda pas à recueillir des preuves irréfutables que le titre de roi lui appartenait.

Poulaho était d'un embonpoint extrême, ce qui le faisait, avec sa petite taille, ressembler à un tonneau. Si le rang est proportionné chez ces insulaires à la grosseur du corps, c'était assurément le plus gros des chefs que les Anglais eussent rencontrés. Intelligent, grave, posé, il examina en détail et avec beaucoup d'intérêt le vaisseau et tout ce qui était nouveau pour lui, fit des questions judicieuses et s'informa du motif de la venue des navires. Ses courtisans s'opposèrent à ce qu'il descendît dans l'entrepont, parce qu'il était « tabou », disaient-ils, et qu'il n'était pas permis de marcher au-dessus de sa tête. Cook fit répondre par l'intermédiaire de Maï, qu'il défendrait de marcher au-dessus de sa chambre, et Poulaho dîna avec le commandant. Il mangea peu, but encore moins, et engagea Cook à descendre à terre. Les marques de respect que prodiguaient à Poulaho tous les insulaires convainquirent le commandant qu'il avait réellement affaire au roi de l'archipel.

Cependant, Cook remit à la voile le 29 mai, retourna à Annamooka, puis à

Tonga-Tabou, où une fête ou « heiva », dont la magnificence dépassait toutes celles dont il avait témoin, fut donnée en son honneur.

« Le soir, dit-il, nous eûmes le spectacle d'un *bomaï*, c'est-à-dire qu'on exécuta les danses de la nuit devant la maison occupée par Finaou. Elles durèrent environ trois heures ; durant cet intervalle, nous vîmes douze danses. Il y en eut d'exécutées par des femmes, et, au milieu de celles-ci, nous vîmes arriver une troupe d'hommes qui formèrent un cercle en dedans de celui des danseuses. Vingt-quatre hommes, qui en exécutèrent une troisième, firent avec leurs mains une multitude de mouvements très applaudis, que nous n'avions pas encore vus. L'orchestre se renouvela une fois. Finaou parut sur la scène à la tête de cinquante danseurs ; il était magnifiquement habillé ; de la toile et une longue pièce de gaze composaient son vêtement, et il portait de petites figures suspendues à son cou. »

Cook, après un séjour de trois mois, jugeant qu'il fallait quitter ces lieux enchanteurs, distribua une partie du bétail qu'il avait apporté du Cap, et fit expliquer par Maï, avec la manière de le nourrir, les services qu'il pourrait rendre. Puis, avant de partir, il visita un « fiatooka » ou cimetière, qui appartenait au roi, composé de trois maisons assez vastes, plantées au bord d'une espèce de colline. Les planchers de ces édifices, ainsi que les collines artificielles qui les portaient, étaient couverts de jolis cailloux mobiles, et des pierres plates, posées de champ, entouraient le tout.

« Ce que nous n'avions pas vu jusqu'alors, l'un de ces édifices était ouvert à l'un des côtés, et il y avait en dedans deux bustes de bois grossièrement façonnés, l'un près de l'entrée et l'autre un peu plus avant dans l'intérieur. Les naturels nous suivirent jusqu'à la porte, mais ils n'osèrent pas en passer le seuil. Nous leur demandâmes ce que signifiaient ces bustes ; on nous répondit qu'ils ne représentaient aucune divinité et qu'ils servaient à rappeler le souvenir des chefs enterrés dans le fiatooka. »

Parti de Tonga-Tabou le 10 juillet, Cook se rendit à la petite île Eoa, où son ancien ami Taï-One le reçut avec cordialité. Le commandant apprit de lui que la propriété des différentes îles de l'archipel appartient aux chefs de Tonga-Tabou, qu'ils appellent la « Terre des Chefs ». C'est ainsi que Poulaho a sous sa domination cent cinquante-trois îles. Les plus importantes sont Vavao et Hamao. Quant aux îles Viti ou Fidgi, comprises dans cette nomenclature, elles étaient habitées par une race belliqueuse bien supérieure par l'intelligence à celle des îles des Amis.

Des nombreuses et très intéressantes observations recueillies par le commandant et le naturaliste Anderson, nous ne retiendrons que celles qui sont relatives à la douceur, à l'affabilité des indigènes. Si Cook, pendant ses différentes relâches dans cet archipel, n'eut qu'à se louer de l'accueil des habitants, c'est qu'il ne soupçonna jamais le projet qu'avaient conçu Finaou et les autres chefs de l'assassiner pendant la fête nocturne de Hapaee et de surprendre les vaisseaux. Les navigateurs, qui le suivirent, n'eurent pas lieu de prodiguer les mêmes éloges, et si l'on ne connaissait la sincérité de l'illustre marin, on croirait que c'est par antiphrase qu'il a donné à cet archipel le nom d'îles des Amis.

A la mort d'un parent, les insulaires de Tonga ne manquent jamais de se donner de grands coups de poing dans les joues et de se les déchirer avec des dents de requin, ce qui explique les nombreuses tumeurs et cicatrices qu'ils portent au visage. S'ils sont en danger de mort, ils sacrifient une ou deux phalanges du petit doigt pour apaiser la divinité, et Cook ne vit pas un indigène sur dix qui ne fût ainsi mutilé.

« Le mot « tabou », dit-il, qui joue un si grand rôle dans les usages de ce peuple, a une signification très étendue.... Lorsqu'il n'est pas permis de toucher à une chose, ils disent qu'elle est tabou. Ils nous apprirent aussi que, si le roi entre dans une maison qui appartienne à un de ses sujets, cette maison devient tabou, et le propriétaire ne peut plus l'habiter. »

Quant à leur religion, Cook crut la démêler assez bien. Leur dieu principal, Kallafoutonga, détruit dans ses colères les plantations, sème les maladies et la mort. Toutes les îles n'ont pas les mêmes idées religieuses, mais partout on est unanime à admettre l'immortalité de l'âme. Enfin, s'ils n'apportent point à leurs dieux des offrandes et des fruits ou d'autres productions de la terre, ces sauvages leur offrent, cependant, en sacrifice des victimes humaines.

Le 17 juillet, Cook perdit de vue les îles Tonga, et, le 8 août, l'expédition, après une série de coups de vent, qui causèrent des avaries assez sérieuses à la *Discovery*, arriva en vue d'une île appelée Tabouaï par ses habitants.

Tous les frais d'éloquence des Anglais, pour persuader aux naturels de monter à bord, furent inutiles. Jamais ceux-ci ne consentirent à quitter leurs canots, et ils se contentèrent d'inviter les étrangers à venir les visiter. Mais, comme le temps pressait et que Cook n'avait pas besoin de provisions, il passa sans s'arrêter devant cette île, qui lui parut fertile, et qui, suivant le dire des insulaires, abondait en cochons et en volailles. Forts, grands, actifs, ces naturels, à l'air dur et farouche, parlaient la langue taïtienne. Les relations furent donc faciles avec eux.

Quelques jours plus tard, les cimes verdoyantes de Taïti se dessinaient à l'horizon, et les deux bâtiments ne tardèrent pas à s'arrêter en face de la presqu'île de Taïrabou, où l'accueil que Maï reçut de ses compatriotes fut aussi indifférent que possible. Son beau-frère lui-même, le chef Outi, consentit à peine à le reconnaître ; mais, lorsque Maï lui eut montré les trésors qu'il rapportait et surtout ces fameuses plumes rouges, qui avaient eu un si grand succès au précédent voyage de Cook, Outi changea de manière d'agir, traita Maï avec affabilité, et lui proposa de changer de nom avec lui. Maï se laissa prendre à ces nouvelles démonstrations de tendresse, et, sans l'intervention de Cook, il se fût laissé dépouiller de tous ses trésors.

Les navires étaient approvisionnés de plumes rouges. Aussi, les fruits, les cochons, les volailles arrivèrent-ils en abondance pendant cette relâche. Cependant, Cook gagna bientôt la baie de Matavaï, et le roi Otoo quitta sa résidence de Paré pour venir rendre visite à son ancien ami. Là, aussi, Maï fut dédaigneusement traité par les siens, et il eut beau se jeter aux pieds du roi en lui présentant une touffe de plumes rouges et deux ou trois pièces de drap d'or, il fut à peine regardé. Toutefois, ainsi qu'à Taïrabou, les dispositions changèrent subitement, lorsqu'on connut la fortune de Maï ; mais celui-ci, ne se plaisant que dans la compagnie des vagabonds qui exploitèrent sa rancune, tout en le dépouillant, ne sut pas acquérir sur Otoo et les principaux chefs l'influence nécessaire au développement de la civilisation.

Cook avait depuis longtemps appris que les sacrifices humains étaient en usage à Taïti, mais il s'était toujours refusé de le croire. Une cérémonie solennelle, dont il fut témoin à Atahourou, ne lui permit pas de douter de l'existence de cette pratique. Afin de rendre l'Atoua, ou Dieu, favorable à l'expédition qui se préparait contre l'île d'Eiméo, un homme de la plus basse extraction fut assommé à coups de massue en présence du roi. On déposa en offrande devant celui-ci les cheveux et un œil de la victime, derniers symboles de l'anthropophagie qui existait autrefois dans cet archipel. A la fin de cette barbare cérémonie, qui faisait tache chez un peuple de mœurs si douces, un martin-pêcheur voltigea dans le feuillage. « C'est l'Atoua ! » s'écria Otoo, tout heureux de cet excellent augure.

Le lendemain, la cérémonie devait se continuer par un holocauste de cochons. Les prêtres, comme avaient coutume de le faire les auspices Romains, cherchèrent à lire dans les dernières convulsions des victimes le sort réservé à l'expédition.

Cook, qui avait assisté silencieux à toute cette cérémonie, ne put cacher, dès qu'elle fut finie, l'horreur qu'elle lui inspirait. Maï fut son interprète élo-

Sacrifice humain à Otaïti. (*Fac-simile. Gravure ancienne*.)

quent et vigoureux. Aussi, Towha eut-il peine à contenir sa colère. « Si le roi avait tué un homme en Angleterre, dit le jeune Taïtien, comme il venait de le faire ici de la malheureuse et innocente victime qu'il offrait à son Dieu, il aurait été impossible de le soustraire à la corde, seul châtiment réservé aux meurtriers et aux assassins. »

Cette réflexion violente de Maï était pour le moins hors de propos, et Cook aurait dû se souvenir que les mœurs varient avec les pays. Il était absurde de vouloir appliquer à Taïti, pour ce qui y était passé dans les usages, le châtiment réservé à Londres pour ce qu'on y regarde comme un crime. Le charbonnier doit être maître chez lui, dit un dicton populaire. Les nations européennes

Arbre sous lequel Cook a observé le passage de Vénus. (*Fac-simile. Gravure ancienne.*)

l'ont trop oublié. Sous prétexte de civilisation, elles ont souvent fait couler plus de sang qu'il n'en aurait été versé, si elles s'étaient abstenues d'intervenir.

Avant de quitter Taïti, Cook remit à Otoo les animaux qu'il avait eu tant de peine à rapporter d'Europe. C'étaient des oies, des canards, des coqs d'Inde, des chèvres, des moutons, des chevaux et des bœufs. Otoo ne sut comment exprimer sa reconnaissance à « l'areeke no Pretone » (au roi de la Bretagne), surtout lorsqu'il vit que les Anglais ne purent embarquer, à cause de sa dimension, une magnifique pirogue double qu'il avait fait construire par ses plus habiles artistes, pour être offerte au roi d'Angleterre, son ami.

La *Résolution* et la *Discovery* quittèrent Taïti le 30 septembre, et vinrent mouiller à Eimeo. Le séjour, en cet endroit, fut attristé par un pénible incident. Des vols fréquents avaient eu lieu déjà depuis quelques jours, lorsqu'une chèvre fut dérobée. Cook, pour faire un exemple, brûla cinq ou six cases, incendia un plus grand nombre de pirogues, et menaça le roi de toute sa colère, si l'animal ne lui était pas immédiatement ramené.

Dès qu'il eut obtenu satisfaction, le commandant partit pour Huaheine avec Maï, qui devait s'établir sur cette île.

Un terrain assez vaste fut cédé par les chefs du canton de Ouare, moyennant de riches cadeaux. Cook y fit construire une maison et planter un jardin, qu'on sema de légumes européens. Puis, on laissa à Maï deux chevaux, des chèvres, de la volaille. En même temps, on lui faisait cadeau d'une cotte de mailles, d'une armure complète, de poudre, de balles et de fusils. Un orgue portatif, une machine électrique, des pièces d'artifice et des instruments de culture ou de ménage, complétaient la collection des cadeaux, ingénieux ou bizarres, destinés à donner aux Taïtiens une haute idée de la civilisation européenne. Maï avait bien une sœur mariée à Huaheine, mais son mari occupait une position trop humble pour l'empêcher d'être dépouillé. Cook déclara donc solennellement que l'indigène était son ami, qu'il reviendrait, dans peu de temps, s'informer de la manière dont il aurait été traité, et qu'il punirait sévèrement ceux qui se seraient mal conduits à son égard.

Ces menaces devaient produire leur effet, car, peu de jours avant, des voleurs, saisis en flagrant délit par les Anglais, avaient eu la tête rasée et les oreilles coupées. Un peu plus tard, à Raiatea, afin d'obtenir qu'on lui renvoyât des matelots déserteurs, Cook avait enlevé, d'un seul coup de filet, toute la famille du chef Oreo. La modération dont le capitaine avait fait preuve à son premier voyage allait toujours diminuant. Il devenait chaque jour plus exigeant et plus sévère. Cette conduite devait finir par lui être fatale.

Les deux Zélandais qui avaient demandé à accompagner Maï furent débarqués avec lui. Le plus âgé consentait sans peine à vivre à Huaheine; mais le plus jeune avait conçu tant d'affection pour les Anglais, qu'il fallut le descendre, pour ainsi dire, de force, au milieu des témoignages d'affection les plus touchants. Cook, au moment où il leva l'ancre, reçut les adieux de Maï, dont la contenance et les larmes exprimaient qu'il comprenait toute la perte qu'il allait faire.

Si Cook partait satisfait d'avoir comblé de trésors le jeune Taïtien qui s'était confié à lui, il éprouvait des craintes sérieuses sur son avenir. En effet, il connaissait son caractère inconstant et léger, et il ne lui avait laissé qu'à regret des armes, dont il craignait qu'il ne fît mauvais usage. Ces appréhensions devaient être malheureusement justifiées. Comblé d'attentions par le roi de Huaheine, qui lui donna sa fille en mariage et changea son nom en celui de Paori, sous lequel il fut connu désormais, Maï profita de sa haute situation pour se montrer cruel et inhumain. Toujours armé, il en vint à essayer son adresse sur ses compatriotes, à coups de fusil et de pistolet. Aussi sa mémoire est-elle en horreur à Huaheine, où le souvenir de ses meurtres est demeuré longtemps associé à celui du voyage des Anglais.

Après avoir quitté cette île, Cook visita Raiatea, où il retrouva son ami Orée, déchu de la puissance suprême; puis, il descendit à Bolabola, le 8 décembre, et y acheta du roi Pouni une ancre que Bougainville avait perdue au mouillage.

Pendant ces longues relâches dans les différentes îles de la Société, Cook compléta sa provision de renseignements géographiques, hydrographiques, ethnographiques et ses études d'histoire naturelle. Il fut secondé dans cette tâche délicate par Anderson et par tout son état-major, qui ne cessa de déployer le zèle le plus louable pour l'avancement de la science.

Le 24 décembre, Cook découvrait une nouvelle île basse, inhabitée, où les équipages trouvèrent une abondante provision de tortues, et qui reçut le nom de Christmas, en l'honneur de la fête solennelle du lendemain.

Bien que dix-sept mois se fussent déjà passés depuis son départ d'Angleterre, Cook ne considérait pas son voyage comme commencé. En effet, il n'avait encore pu mettre à exécution la partie de ses instructions relative à l'exploration de l'Atlantique septentrional et à la recherche d'un passage par le nord.

II

Découverte des îles Sandwich. — Exploration de la côte occidentale de l'Amérique. — Au delà du détroit de Behring. — Retour à l'archipel Hawaï. — Histoire de Rono. — Mort de Cook. — Retour de l'expédition en Angleterre.

Le 18 janvier 1778, par 160° de longitude et 20° de latitude nord, les deux navires aperçurent les premières terres de l'archipel Sandwich ou Hawaï. Il ne fallut pas longtemps aux navigateurs pour se convaincre que ce groupe était habité. Un grand nombre de pirogues se détachèrent de l'île Atooi ou Tavaï, et s'assemblèrent autour des vaisseaux.

Les Anglais ne furent pas médiocrement surpris d'entendre ces indigènes parler la langue de Taïti. Aussi, les relations furent-elles bientôt amicales, et, le lendemain, nombre d'insulaires consentirent à monter sur les vaisseaux. Leur étonnement, leur admiration à la vue de tant d'objets inconnus, s'exprimaient par leurs regards, leurs gestes et leurs exclamations continuelles. Cependant, ils connaissaient le fer, qu'ils nommaient « hamaïte ».

Mais tant de curiosités, d'objets précieux, ne tardèrent pas à exciter leur convoitise, et ils s'efforcèrent de se les approprier par tous les moyens licites ou non.

Leur adresse, leur goût pour le vol étaient aussi vifs que chez tous les peuples de la mer du Sud; il fallut prendre mille précautions, — encore furent-elles vaines le plus souvent, — pour s'opposer à leurs larcins. Lorsque les Anglais, sous la conduite du lieutenant Williamson, s'approchèrent du rivage afin de sonder et de chercher un mouillage, ils durent repousser les tentatives des naturels par la force. La mort d'un de ces sauvages servit à réprimer leur turbulence et à leur donner une haute idée de la puissance des étrangers.

Cependant, aussitôt que la *Résolution* et la *Discovery* eurent laissé tomber l'ancre dans la baie de Ouai-Mea, Cook se fit porter à terre. Il n'eut pas plus tôt touché le rivage, que les naturels, assemblés en troupe nombreuse sur la grève, se prosternèrent à ses pieds, et l'accueillirent avec les témoignages du respect le plus profond. Cette réception extraordinaire promettait une relâche agréable, car les provisions semblaient abondantes, et les fruits, les cochons, la volaille, commencèrent à affluer de toutes parts. En même temps, une partie des indigènes aidait les matelots anglais à remplir d'eau les futailles et à les embarquer dans les chaloupes.

Ces dispositions conciliantes déterminèrent Anderson et le dessinateur Webber à s'enfoncer dans l'intérieur du pays. Ils ne tardèrent pas à se trouver en présence d'un moraï, de tout point semblable aux moraïs taïtiens. Cette découverte confirma les Anglais dans les idées qu'avait fait naître en eux la ressemblance de la langue de Hawaï avec celle de Taïti. Une gravure de la relation de Cook représente l'intérieur de ce moraï. On y voit deux figures debout, dont le haut de la tête disparaît en partie sous un haut bonnet cylindrique, semblable à ceux qui coiffent les statues de l'île de Pâques. Il y a là, à tout le moins, un rapprochement singulier, qui donne à réfléchir.

Cook resta deux jours encore à ce mouillage, n'ayant qu'à se louer de son commerce avec les indigènes; puis, il explora l'île voisine de Oneeheow. Malgré tout le désir qu'avait le commandant de visiter en détail cet archipel, si intéressant, il appareilla, et aperçut de loin l'île Ouahou et le récif de Tahoora, qu'il désigna sous le nom générique d'archipel Sandwich, — nom qui a été remplacé par le vocable indigène Hawaï.

Vigoureux et bien découplés, quoique de taille moyenne, les Hawaïens sont représentés par Anderson comme ayant un caractère franc et loyal. Moins sérieux que les habitants des îles des Amis, ils sont aussi moins légers que les Taïtiens. Industrieux, adroits, intelligents, ils avaient des plantations qui prouvaient des connaissances développées en économie rurale, et un goût bien entendu pour l'agriculture. Non seulement ils n'éprouvaient pas pour les objets européens cette curiosité banale et enfantine que les Anglais avaient tant de fois remarquée, mais ils s'informaient de leur usage et laissaient percer un certain sentiment de tristesse, inspiré par leur infériorité.

La population semblait considérable, et est estimée à trente mille individus pour la seule île de Tavaï. Dans la façon de s'habiller, dans le choix de la nourriture, dans la manière de l'apprêter, comme dans les habitudes générales, on reconnaissait les usages de Taïti. C'était donc pour les Anglais matière à réflexions, que l'identité de ces deux populations, séparées par un espace de mer considérable.

Pendant ce premier séjour, Cook ne fut en rapport avec aucun chef; mais le capitaine Clerke, de la *Discovery*, reçut enfin la visite de l'un d'eux. C'était un homme jeune et bien fait, enveloppé d'étoffes des pieds à la tête, à qui les naturels témoignaient leur respect en se prosternant devant lui. Clerke lui fit quelques cadeaux, et reçut en retour un vase décoré de deux figurines assez habilement sculptées, qui servait au « kava », boisson favorite des Hawaïens, aussi bien que des indigènes de Tonga. Leurs armes consistaient en arcs, massues et lances, ces dernières d'un bois dur et fort, et en une sorte de poignard, nommé « paphoa », terminé en pointe aux deux extrémités. La coutume du tabou était aussi universellement pratiquée qu'aux îles des Amis, et les naturels, avant de toucher aux objets qu'on leur montrait, avaient toujours soin de demander s'ils n'étaient pas tabou.

Le 27 février, Cook reprit sa route vers le nord, et rencontra bientôt ces algues des rochers dont parle le rédacteur du voyage de lord Anson. Le 1er mars, il fit route à l'est, afin de se rapprocher de la côte d'Amérique, et, cinq jours plus tard, il eut connaissance de la terre de Nouvelle-Albion, ainsi nommée par Francis Drake.

L'expédition continua de la prolonger au large, releva le cap *Blanc*, déjà vu par Martin d'Aguilar, le 19 janvier 1603, et près duquel les géographes avaient placé une large entrée au détroit dont ils attribuaient la découverte à ce navigateur. On arriva bientôt dans les parages du détroit de Juan de Fuca, mais on ne découvrit rien qui y ressemblât, bien que ce détroit existe réellement, et sépare du continent l'île de Vancouver.

Cook reconnut bientôt par 49° 15' de latitude une baie à laquelle il donna le nom de baie Hope. Il y mouilla pour faire de l'eau et donner un peu de repos à ses équipages fatigués. Cette côte était habitée, et trois canots s'approchèrent des navires.

« L'un des sauvages, dit-il, se leva, fit un long discours et des gestes que nous prîmes pour une invitation à descendre à terre. Sur ces entrefaites, il jeta des plumes vers nous, et plusieurs de ses camarades nous lancèrent des poignées de poussière ou d'une poudre rouge ; celui qui remplit les fonctions d'orateur était couvert d'une peau, et il tenait dans chaque main quelque chose qu'il secouait, et d'où il tirait un son pareil à celui des grelots de nos enfants. Lorsqu'il se fut fatigué à débiter sa harangue et ses exhortations, dont nous ne comprîmes pas un seul mot, il se reposa ; mais deux autres hommes prirent successivement la parole ; leur discours ne fut pas aussi long, et ils ne le débitèrent pas avec autant de véhémence. »

Plusieurs de ces naturels avaient le visage peint d'une manière extraordinaire, et des plumes étaient fichées sur leur tête. Bien qu'ils montrassent des dispositions pacifiques, il fut absolument impossible d'en décider un seul à monter à bord.

Cependant, lorsque les vaisseaux eurent jeté l'ancre, le commandant fit désenverguer les voiles, rentrer les mâts de hune et dégréer le mât de misaine de la *Résolution*, afin d'y faire quelques réparations. Les échanges commencèrent bientôt avec les Indiens, et l'honnêteté la plus rigoureuse présida à ce commerce. Les objets qu'ils offraient, c'étaient des peaux d'ours, de loup, de renard, de daim, de putois, de martre, et en particulier de ces loutres de mer qu'on trouve aux îles situées à l'est du Kamtchatka, puis des habits faits d'une espèce de chanvre, des arcs, des lances, des hameçons, des figures monstrueuses, une espèce d'étoffe de poil ou de laine, des sacs remplis d'ocre rouge, des morceaux de bois sculpté, des colifichets de cuivre et de fer en forme de fer à cheval, qu'ils suspendaient à leur nez.

« Des crânes et des mains d'hommes, qui n'étaient pas encore dépouillés de leurs chairs, furent ce qui nous frappa le plus parmi les choses qu'ils nous offrirent ; ils nous firent comprendre d'une manière claire qu'ils avaient mangé ce qui manquait, et nous reconnûmes, en effet, que ces crânes et ces mains avaient été sur le feu. »

Les Anglais ne tardèrent pas à s'apercevoir que ces indigènes étaient aussi habiles voleurs qu'aucun de ceux qu'ils avaient rencontrés jusqu'alors. Ils étaient même plus dangereux, car, possesseurs d'instruments en fer, ils ne se faisaient pas faute de couper les cordages. D'ailleurs, ils combinaient leurs vols avec intelligence, et les uns amusaient la sentinelle à l'une des extrémités de l'embarcation, tandis que les autres arrachaient le fer à l'extrémité opposée. Ils vendirent une quantité d'huile très bonne, et beaucoup de poissons, notamment des sardines.

Lorsque furent achevées les nombreuses réparations dont les navires avaient besoin, et qu'on eut embarqué l'herbe nécessaire pour le peu de chèvres et de moutons qui restaient à bord, Cook remit à la voile, le 26 avril 1778. Il avait donné à l'endroit où il venait de séjourner le nom d'Entrée-du-Roi-Georges, bien qu'il fût appelé Nootka par les indigènes.

A peine les navires eurent-ils gagné la haute mer, qu'ils furent assaillis par une violente tempête, pendant laquelle la *Résolution* fit une voie d'eau sous sa joue de tribord. Emporté par l'ouragan, Cook dépassa le lieu où les géographes avaient placé le détroit de l'amiral de Fonte, ce qu'il regretta vivement, car il aurait voulu dissiper tous les doutes à ce sujet.

Le commandant continua donc à suivre la côte d'Amérique, relevant et nommant tous les points principaux. Pendant cette croisière, il eut de nombreuses relations avec les Indiens, et ne tarda pas à remarquer qu'aux embarcations étaient substitués des canots, dont la charpente seule était de bois, et sur laquelle s'adaptaient des peaux de veaux marins.

Après une relâche à l'Entrée-du-Prince-Guillaume, où fut réparée la voie d'eau de la *Résolution*, Cook reprit sa route, reconnut et nomma les caps Élisabeth, et Saint-Hermogènes, la pointe de Banks, les caps de Douglas, Bede, le mont Saint-Augustin, la rivière de Cook, l'île Kodiak, l'île de la Trinité et les îles que Behring a nommées Schumagin. Puis, ce furent la baie de Bristol, l'île Ronde, la pointe Calme, le cap Newenham, où le lieutenant Williamson débarqua, et l'île Anderson, ainsi nommée en l'honneur du naturaliste qui mourut en cet endroit d'une maladie de poitrine; puis, l'île King et le cap du Prince-de-Galles, extrémité la plus occidentale de l'Amérique.

Alors, Cook passa sur la côte d'Asie et se mit en rapport avec les Tchouktchis, pénétra, le 11 août, dans le détroit de Behring, et se trouva la semaine suivante en contact avec la glace. Vainement il essaya de s'élever dans plusieurs directions. Partout la banquise lui offrit une barrière infranchissable.

Le 17 août 1778, l'expédition était par 70° 41′ de latitude. Pendant tout un

Entrée du Prince-Guillaume. (Page 215.)

mois, on côtoya la banquise avec l'espoir d'y trouver quelque ouverture qui permît de s'élever plus au nord, mais ce fut en vain. On remarqua d'ailleurs que la glace « était partout pure et transparente, excepté dans la partie supérieure, qui se trouvait un peu poreuse.

« Je jugeai, dit Cook, que c'était de la neige glacée, et il me parut qu'elle s'était toute formée à la mer, car, outre qu'il est invraisemblable ou plutôt impossible que des masses si énormes flottent dans les rivières où il y a à peine assez d'eau pour un canot, nous n'y aperçûmes aucune des choses que produit la terre, et l'on aurait dû y en voir, si elle s'était formée dans des rivières grandes ou petites. »

Il lui présenta un petit cochon. (Page 219.)

Jusqu'ici, la voie du détroit de Behring a été la moins suivie pour atteindre les latitudes boréales; cette observation est donc très précieuse, car elle prouve qu'en face de cette ouverture, il doit exister une vaste étendue de mer sans aucune terre. Peut-être même, — c'est du moins ce que pensait le regretté Gustave Lambert, — cette mer est-elle libre. Toujours est-il qu'on ne s'est pas élevé, depuis Cook, beaucoup plus haut dans cette direction, si ce n'est sur la côte de Sibérie, où ont été découvertes les îles Long et Plover, et où se trouve, au moment même où nous écrivons, le professeur Nordenskjold.

Après cette exploration si soigneuse, après ces tentatives répétées pour gagner de hautes latitudes, Cook, voyant la saison avancée, rencontrant chaque jour des glaces plus nombreuses, n'avait d'autre parti à prendre que d'aller chercher ses quartiers d'hiver dans une contrée plus clémente, afin de reprendre son exploration l'été suivant. Il refit donc une partie de la route qu'il avait suivie jusqu'à l'île d'Ounalaska, et cingla, le 26 octobre, vers les îles Sandwich, dont il comptait compléter la reconnaissance pendant ce dernier hivernage.

Le 26 novembre fut découverte une île, dont les habitants vendirent aux équipages une quantité assez considérable de fruits et de racines, fruits à pain, patates, « taro » et racines d'« eddy », qu'ils échangèrent contre des clous et des outils en fer. C'était l'île Mowee, qui fait partie de l'archipel des Sandwich. Bientôt après, on aperçut Owhyhee ou Hawaï, dont les sommets étaient couverts de neige.

« Je n'avais jamais rencontré de peuples sauvages aussi libres dans leur maintien que ceux-ci, dit le capitaine. Ils envoyaient communément aux vaisseaux les différents articles qu'ils voulaient vendre ; ils montaient ensuite eux-mêmes à bord et ils faisaient leur marché sur le gaillard d'arrière ; les Taïtiens, malgré nos relâches multipliées, n'ont pas autant de confiance en nous. J'en conclus que les habitants d'Owhyhee doivent être plus exacts et plus fidèles dans leur commerce réciproque que les naturels de Taïti ; car s'ils n'avaient pas de la bonne foi entre eux, ils ne seraient pas aussi disposés à croire à la bonne foi des étrangers. »

Le 17 janvier, Cook et Clerke mouillèrent dans une baie appelée par les naturels Karakakooa. Les voiles furent aussitôt désenverguées, les vergues et les mâts de hune dépassés. Les navires étaient encombrés de visiteurs, entourés de pirogues, et le rivage était couvert d'une foule innombrable de curieux. Jusqu'alors, Cook n'avait jamais vu pareil empressement.

Parmi les chefs qui vinrent à bord de la *Résolution*, on ne tarda pas à remarquer un jeune homme appelé Parcea. Il était, disait-il, « Jakanee », sans que l'on pût savoir si c'était le nom d'une dignité, ou si ce terme désignait un degré d'alliance ou de parenté avec le roi. Toujours est-il qu'il avait une grande autorité sur le bas peuple. Quelques présents, faits à propos, l'attachèrent aux Anglais, et il leur rendit plus d'un service dans ces circonstances.

Si, pendant son premier séjour à Hawaï, Cook avait constaté que les habitants n'avaient que peu de penchant au vol, il n'en fut pas de même cette fois. Leur grand nombre leur donnait mille facilités pour dérober de menus objets, et les portait à croire qu'on craindrait de punir leurs larcins. Enfin, il devint bientôt évident qu'ils étaient encouragés par leurs chefs, car on aperçut entre les mains de ceux-ci plusieurs des objets qui avaient été dérobés.

Pareea, et un autre chef nommé Kaneena, amenèrent à bord de la *Résolution* un certain Koah, vieillard fort maigre, dont le corps était couvert d'une gale blanche due à l'usage immodéré de l'ava. C'était un prêtre. Lorsqu'il fut en présence de Cook, il lui mit sur les épaules une sorte de manteau rouge qu'il avait apporté, et débita fort gravement un long discours en lui présentant un petit cochon. C'était, comme on en eut bientôt la preuve, en voyant toutes les idoles revêtues d'une étoffe pareille, une formule d'adoration. Les Anglais furent profondément étonnés des cérémonies bizarres du culte dont on semblait entourer la personne du capitaine Cook. Ils n'en comprirent que plus tard la signification, grâce aux recherches du savant missionnaire Ellis. Nous allons résumer brièvement ici son intéressante découverte. Cela rendra plus compréhensible le récit des événements qui suivirent.

Une antique tradition voulait qu'un certain Rono, qui vivait sous un des plus anciens rois d'Hawaï, eût tué, dans un emportement de jalousie, sa femme, qu'il aimait tendrement. Rendu fou par la douleur et le chagrin de l'acte qu'il avait commis, il aurait parcouru l'île, querellant, frappant tout le monde; puis, fatigué, mais non rassasié de massacres, il se serait embarqué en promettant de revenir un jour sur une île flottante, portant des cocotiers, des cochons et des chiens. Cette légende avait été consacrée par un chant national et était devenue article de foi pour les prêtres, qui avaient mis Rono au nombre de leurs dieux. Confiants dans sa prédiction, ils attendaient sa venue, chaque année, avec une patience que rien ne pouvait lasser.

N'y a-t-il pas un curieux rapprochement à faire entre cette légende et celle qui nous montre le dieu mexicain Quetzalcoatl, obligé de fuir la colère d'une divinité plus puissante, s'embarquant sur un esquif de peaux de serpent, et promettant à ceux qui l'avaient accompagné, de revenir, plus tard, visiter le pays avec ses descendants?

Lorsque les navires anglais parurent, le grand-prêtre Koah et son fils One-La déclarèrent que c'était Rono lui-même qui accomplissait sa prédiction. Dès lors, pour la population tout entière, Cook fut véritablement Dieu. Sur sa route, les indigènes se prosternaient, les prêtres lui adressaient des discours ou des prières; on l'aurait encensé, si c'eût été la mode à Hawaï. Le commandant sentait bien qu'il y avait dans ces démonstrations quelque chose d'extraordinaire, mais, n'y pouvant rien comprendre, il se résigna à tirer parti, pour la commodité de ses équipages et pour l'avancement de la science, de circonstances mystérieuses qu'il lui était impossible d'éclaircir.

Cependant, il était obligé de se prêter à toute sorte de cérémonies, qui lui paraissaient, pour le moins, ridicules. C'est ainsi qu'il fut conduit vers un moraï, solide construction en pierre de quarante verges de long et de quatorze de hauteur. Le sommet, bien battu, était entouré d'une balustrade en bois, sur laquelle étaient alignés les crânes des captifs qu'on avait sacrifiés à la divinité.

A l'entrée de la plate-forme se dressaient deux grosses figures de bois au masque grimaçant, au corps drapé d'étoffe rouge, la tête surmontée d'une longue pièce de bois sculptée en forme de cône renversé. Là, sur une sorte de table sous laquelle gisait un cochon pourri et des tas de fruits, Koah monta avec le capitaine Cook. Une dizaine d'hommes apportèrent alors processionnellement un cochon vivant, offert au capitaine, et une pièce d'étoffe écarlarte dont il fut revêtu. Puis, les prêtres chantèrent quelques hymnes religieux, tandis que les assistants étaient dévotement prosternés à l'entrée du moraï.

Après différentes autres cérémonies qu'il serait trop long de décrire, un cochon, cuit au four, fut remis au capitaine, ainsi que des fruits et des racines qui servent à la composition de l'ava.

« L'ava fut ensuite servie à la ronde, dit Cook, et, lorsque nous en eûmes goûté, Koah et Pareea divisèrent la chair du cochon en petits morceaux qu'ils nous mirent dans la bouche. Je n'avais point de répugnance à souffrir que Pareea, qui était très propre, me donnât à manger, dit le lieutenant King, mais M. Cook, à qui Koah rendait le même office, en songeant au cochon pourri, ne put avaler un seul morceau; le vieillard, voulant redoubler de politesse, essaya de lui donner les morceaux tout mâchés, et l'on imagine bien que le dégoût de notre commandant ne fit que s'accroître. »

Après cette cérémonie, Cook fut reconduit à son canot par des hommes porteurs de baguettes, qui répétaient les mêmes mots et les mêmes phrases qu'au débarquement, au milieu d'une haie d'habitants agenouillés.

Les mêmes cérémonies se pratiquaient toutes les fois que le capitaine descendait à terre. Un des prêtres marchait toujours devant lui, annonçant que Rono était débarqué, et il ordonnait au peuple de se prosterner à terre.

Si les Anglais avaient tout lieu d'être contents des prêtres, qui les accablaient de politesses et de cadeaux, il n'en était pas de même des « carees » ou guerriers. Ceux-ci encourageaient les vols qui se commettaient journellement, et l'on constata également plusieurs autres supercheries déloyales.

Cependant, jusqu'au 24 janvier 1779, aucun événement important ne s'était passé. Ce jour-là, les Anglais furent tout surpris de voir qu'aucune des pirogues ne quittait le rivage pour venir commercer auprès des navires. L'arrivée de

Terreeoboo avait fait « tabouer » la baie et empêché toute communication avec les étrangers. Le même jour, ce chef, ou plutôt ce roi, vint sans appareil visiter les bâtiments. Il n'avait qu'une pirogue, dans laquelle se trouvaient sa femme et ses enfants. Le 26, nouvelle visite, officielle cette fois, de Terreoboo.

« Cook, dit la relation, ayant remarqué que ce prince venait à terre, le suivit, et il arriva presque en même temps que lui. Nous les conduisîmes dans la tente; ils y furent à peine assis, que le prince se leva, jeta d'une manière gracieuse son manteau sur les épaules du commandant ; il mit de plus un casque de plumes sur la tête et un éventail curieux dans les mains de M. Cook, aux pieds duquel il étendit encore cinq ou six manteaux très jolis et d'une grande valeur. »

Cependant, Terreeoboo et les chefs de sa suite faisaient aux Anglais beaucoup de questions sur l'époque de leur départ. Le commandant voulut savoir l'opinion que les Hawaïens s'étaient formée des Anglais. Tout ce qu'il put apprendre, c'est qu'ils les supposaient originaires d'un pays où les provisions avaient manqué, et qu'ils étaient venus uniquement pour « remplir leurs ventres ». La maigreur de quelques matelots et le soin que l'on prenait d'embarquer des vivres frais, leur avaient donné cette conviction. Cependant, ils ne craignaient pas d'épuiser leurs provisions, malgré l'immense quantité qui avait été consommée depuis l'arrivée des Anglais. Il est plutôt probable que le roi voulait avoir le temps de préparer le présent qu'il comptait offrir aux étrangers au moment de leur départ.

En effet, la veille du jour fixé, le roi pria les capitaines Cook et Clerke de l'accompagner à sa résidence. Des monceaux énormes de végétaux de toute espèce, des paquets d'étoffes, des plumes jaunes et rouges, un troupeau de cochons, y étaient rassemblés. C'était un don gratuit, fait au roi par ses sujets. Terreeoboo choisit à peu près le tiers de tous ces objets et donna le reste aux deux capitaines, présent d'une valeur considérable, comme ils n'en avaient jamais reçu ni à Tonga ni à Taïti.

Le 4 février, les deux bâtiments sortirent de la baie ; mais des avaries, survenues à la *Résolution*, l'obligèrent à y rentrer quelques jours après.

A peine les vaisseaux eurent-ils jeté l'ancre, que les Anglais s'aperçurent d'un changement dans les dispositions des indigènes. Cependant, tout se passa paisiblement jusqu'au 13 dans l'après-dîner. Ce jour-là, quelques chefs voulurent empêcher les naturels d'aider les matelots à remplir leurs futailles à l'aiguade. Un tumulte s'ensuivit. Les indigènes s'armèrent de pierres et devinrent menaçants. L'officier, qui commandait le détachement, reçut de Cook l'ordre de tirer à balle sur les naturels, s'ils continuaient à lancer des pierres ou à devenir insolents. Sur ces entrefaites, une pirogue fut poursuivie à coups de fusil, et l'on jugea aussitôt qu'un vol avait été commis par son équipage.

Une autre dispute plus sérieuse s'élevait en même temps. Une chaloupe, appartenant à Pareea, fut saisie par un officier, qui l'emmena jusqu'à la *Discovery*. Le chef ne tarda pas à venir réclamer son bien, protestant de son innocence. La discussion s'anima, et Pareea fut renversé d'un coup d'aviron. Spectateurs paisibles jusqu'alors, les naturels s'armèrent aussitôt de pierres, forcèrent les matelots à se retirer précipitamment et s'emparèrent de la pinasse qui les avait amenés. A ce moment, Pareea, oubliant son ressentiment, s'interposa, rendit la pinasse aux Anglais, et leur fit restituer quelques menus objets qui avaient été volés.

« Je crains bien que les Indiens ne me forcent à des mesures violentes, dit Cook en apprenant ce qui s'était passé ; il ne faut pas leur laisser croire qu'ils ont eu de l'avantage sur nous. »

Pendant la nuit du 13 au 14 février, la chaloupe de la *Discovery* fut volée. Le commandant résolut alors de s'emparer de Terreeoboo ou de quelques-uns des principaux personnages, et de les garder en otages jusqu'à ce que les objets volés lui eussent été rendus.

En effet, il descendit à terre avec un détachement de soldats de marine, et se dirigea aussitôt vers la résidence du roi. Il reçut les marques de respect accoutumées sur sa route, et, apercevant Terrceoboo et ses deux fils, auxquels il dit quelques mots du vol de la chaloupe, il les détermina à passer la journée à bord de la *Résolution*.

Les affaires prenaient une heureuse tournure, et déjà les deux jeunes princes étaient embarqués dans la pinasse, lorsque l'une des épouses de Terreeoboo le supplia tout en larmes de ne pas se rendre à bord. Deux autres chefs se joignirent à elle, et les insulaires, effrayés des préparatifs d'hostilités dont ils étaient témoins, commencèrent à se précipiter en foule autour du roi et du commandant. Ce dernier pressait de s'embarquer, mais, lorsque le prince sembla disposé à le suivre, les chefs s'interposèrent et eurent recours à la force pour l'en empêcher.

Cook, voyant que son projet était manqué ou qu'il ne pourrait le mettre à exécution qu'en versant beaucoup de sang, y avait renoncé, et il marchait paisiblement sur le rivage pour regagner son canot, lorsque le bruit se répandit qu'un des principaux chefs venait d'être tué. Les femmes, les enfants furent aussitôt renvoyés, et tout ce monde se dirigea vers les Anglais.

Un indigène, armé d'un « pahooa », se mit à défier le capitaine, et, comme il ne voulait pas cesser ses menaces, Cook lui tira un coup de pistolet chargé à petit plomb. Protégé par une natte épaisse, celui-ci, ne se sentant pas blessé, devint plus audacieux; mais, plusieurs autres naturels s'avançant, le commandant déchargea son fusil sur celui qui était le plus rapproché et le tua.

Ce fut le signal d'une attaque générale. La dernière fois qu'on aperçut Cook, il faisait signe aux canots de cesser le feu et d'approcher pour embarquer sa petite troupe. Ce fut en vain! Cook était frappé et gisait sur le sol.

« Les insulaires poussèrent des cris de joie lorsqu'ils le virent tomber, dit la relation; ils traînèrent tout de suite son corps sur le rivage et, s'enlevant le poignard les uns aux autres, ils s'acharnèrent tous avec une ardeur féroce à lui porter des coups, lors même qu'il ne respirait plus. »

Ainsi périt ce grand navigateur, le plus illustre assurément de ceux qu'a produits l'Angleterre. La hardiesse de ses plans, sa persévérance à les exécuter, l'étendue de ses connaissances, en ont fait le type du véritable marin de découvertes.

Que de services il avait rendus à la géographie! Dans son premier voyage, il avait relevé les îles de la Société, prouvé que la Nouvelle-Zélande est formée de deux îles, parcouru le détroit qui les sépare et reconnu son littoral; enfin, il avait visité toute la côte orientale de la Nouvelle-Hollande.

Dans son second voyage, il avait relégué dans le pays des chimères ce fameux continent austral, rêve des géographes en chambre; il avait découvert la Nouvelle-Calédonie, la Géorgie australe, la terre de Sandwich, et pénétré dans l'hémisphère sud plus loin qu'on n'avait fait avant lui.

Dans sa troisième expédition, il avait découvert l'archipel Hawaï, et relevé la côte occidentale de l'Amérique depuis le 43ᵉ degré, c'est-à-dire sur une étendue de plus de 3,500 milles. Il avait franchi le détroit de Behring, et s'était aventuré dans cet océan Boréal, effroi des navigateurs, jusqu'à ce que les glaces lui eussent opposé une barrière infranchissable.

Ses talents de marin n'ont pas besoin d'être vantés; ses travaux hydrographiques sont restés; mais, ce qu'il faut surtout apprécier, ce sont les soins dont il sut entourer ses équipages, et qui lui permirent d'accomplir ces rudes et longues campagnes en ne faisant que des pertes insignifiantes.

A la suite de cette fatale journée, les Anglais consternés plièrent leurs tentes et rentrèrent à bord. Vainement firent-ils des tentatives et des offres pour se faire rendre le corps de leur infortuné commandant. Dans leur colère, ils allaient recourir aux armes, lorsque deux prêtres, amis du lieutenant King, rapportèrent, à l'insu des autres chefs, un morceau de chair humaine, qui

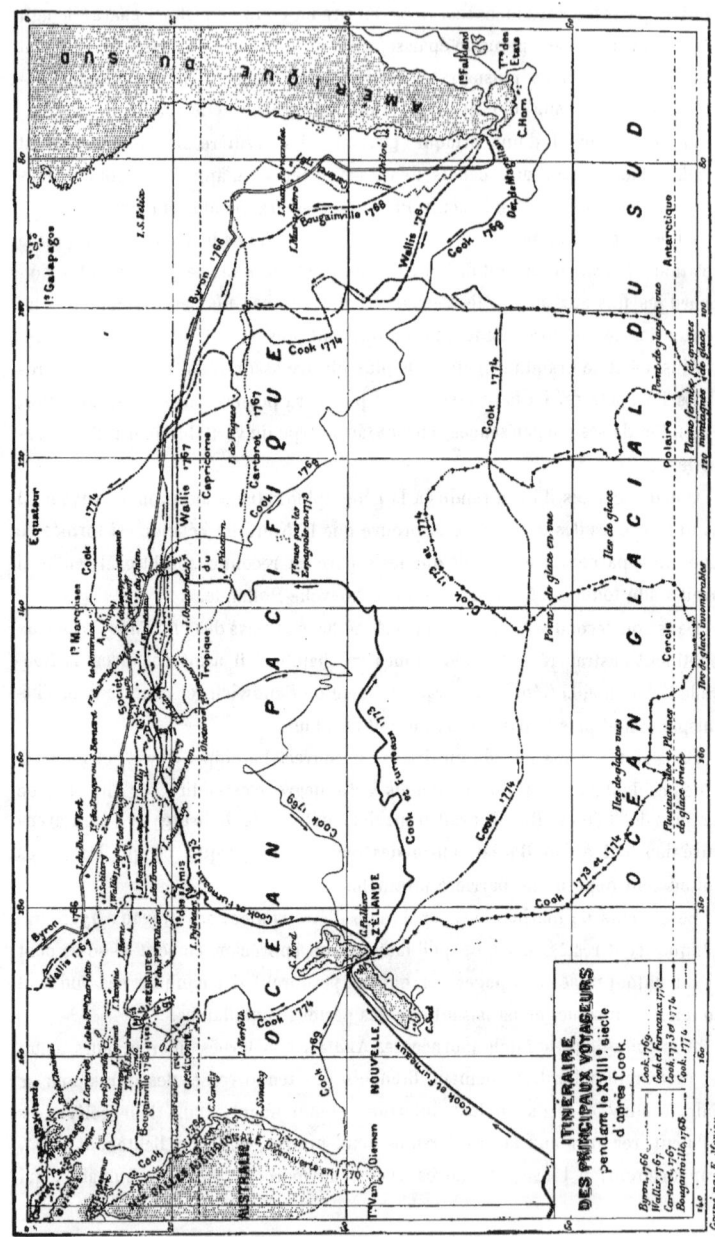

(Fac-simile. Gravure ancienne.)

Cook accueilli par les indigènes. (Page 220.)

pesait neuf à dix livres. C'était tout ce qui restait, dirent-ils, du corps de Rono, qui avait été brûlé, suivant la coutume.

Cette vue ne fit que rendre plus ardente chez les Anglais la soif des représailles. De leur côté, les insulaires avaient à venger la mort de cinq chefs et d'une vingtaine des leurs. Aussi, chaque fois que les Anglais descendaient à l'aiguade, trouvaient-ils une foule furieuse, armée de pierres et de bâtons. Pour faire un exemple, le capitaine Clerke, qui avait pris le commandement de l'expédition, dut livrer aux flammes le village des prêtres et massacrer ceux qui s'opposèrent à cette exécution.

Cependant, on finit par s'aboucher, et, le 19 février, les restes de Cook, ses mains, reconnaissables à une large cicatrice, sa tête dépouillée de chair et divers autres débris furent remis aux Anglais, qui, trois jours après, rendirent à ces restes précieux les derniers devoirs.

Dès lors, les échanges reprirent comme si rien ne s'était passé, et aucun incident ne marqua la fin de la relâche aux îles Sandwich.

Le capitaine Clerke avait laissé le commandement de la *Discovery* au lieutenant Gore, et mis son pavillon à bord de la *Résolution*. Après avoir achevé la reconnaissance des îles Hawaï, il fit voile pour le nord, toucha au Kamtchatka, où les Russes lui firent bon accueil, franchit le détroit de Behring, et s'avança jusqu'à 69° 50 de latitude nord, où les glaces lui barrèrent le chemin.

Le 22 août 1779, le capitaine Clerke mourait des suites d'une phthisie pulmonaire à l'âge de trente-huit ans. Le capitaine Gore prit alors le commandement en chef, relâcha de nouveau au Kamtchatka, puis à Canton et au cap de Bonne-Espérance, et mouilla dans la Tamise, le 1ᵉʳ octobre 1780, après plus de quatre ans d'absence.

La mort du capitaine Cook fut un deuil général en Angleterre. La Société royale de Londres, qui le comptait parmi ses membres, fit frapper en son honneur une médaille, dont les frais furent couverts par une souscription publique, à laquelle prirent part les plus grands personnages.

Si le nom de ce grand navigateur est éteint aujourd'hui, sa mémoire est toujours vivante, comme on a pu s'en convaincre à la séance solennelle de la Société française de géographie du 14 février 1879.

Une nombreuse assistance s'était réunie pour célébrer le centenaire de la mort de Cook. On y comptait plusieurs représentants des colonies australiennes, aujourd'hui si florissantes, et de cet archipel Hawaï où il avait trouvé la mort. Une grande quantité de reliques, provenant du grand navigateur, ses cartes, les magnifiques aquarelles de Webber, des instruments et des armes des insulaires de l'Océanie, décoraient la salle.

Ce touchant hommage, à cent ans de distance, rendu par un peuple, dont le roi avait recommandé de ne pas inquiéter la mission scientifique et civilisatrice de Cook, était bien fait pour trouver de l'écho en Angleterre et cimenter les liens de bonne amitié qui rattachent désormais la France au Royaume-Uni.

FIN.

TABLE DES MATIÈRES

CHAPITRE I

I

Astronomes et Cartographes.

Cassini, Picard et La Hire. — La méridienne et la carte de France. — G. Delisle et d'Anville. — La figure de la Terre. — Maupertuis en Laponie. — La Condamine à l'équateur.. 1

II

La guerre de course au dix-huitième siècle.

Expédition de Wood Rodgers. — Aventures d'Alexandre Selkirk. — Les îles Galapagos. — Puerto-Seguro. — Retour en Angleterre. — Expédition de Georges Anson. — La Terre des États. — L'île de Juan-Fernandez. — Tinian. — Macao. — La prise du galion. — La rivière de Canton. — Résultats de la croisière...... 11

CHAPITRE II
LES PRÉCURSEURS DU CAPITAINE COOK

I

Roggewein. — Le peu qu'on sait de lui. — Incertitude de ses découvertes. — L'île de Pâques. — Les îles Pernicieuses. — Les Bauman. — Nouvelle-Bretagne. — Arrivée à Batavia. — Byron. — Relâches à Rio-Janeiro et au port Désiré. — Entrée dans le détroit de Magellan. — Les îles Falkland et le port Egmont. — Les Fuégiens. — Mas-a-fuero. — Les îles du Désappointement. — Les îles du Danger. — Tinian. — Retour en Europe.. 22

II

Wallis et Carteret. — Préparatifs de l'expédition. — Pénible navigation dans le détroit de Magellan. — Séparation du *Dauphin* et du *Swallow*. — L'île Whitsunday. — L'île de la Reine-Charlotte. — Îles Cumberland, Henri, etc. — Taïti. — Les îles Hove, Boscawen et Keppel. — L'île Wallis. — Batavia. — Le Cap. — Les Dunes. — Découverte des îles Pitcairn, Osnabrugh, Glocester, par Carteret. — L'archipel Santa-Cruz. — Les îles Salomon. — Le canal Saint-Georges et la Nouvelle-Irlande. — Les îles Portland et de l'Amirauté. — Macassar et Batavia. — Rencontre de Bougainville dans l'Atlantique............................ 45

III

Bougainville. — Les métamorphoses d'un fils de notaire. — Colonisation des Malouines. — Buenos-Ayres et Rio-de-Janeiro. — Remise des Malouines aux Espagnols. — Hydrographie du détroit de Magellan. — Les Pécherais. — Les

Quatre-Facardins. — Taïti. — Incidents de la relâche. — Productions du pays et mœurs des habitants. — Les Samoa. — La Terre du Saint-Esprit ou les Nouvelles-Hébrides. — La Louisiade. — Les îles des Anachorètes. — La Nouvelle-Guinée. — De Batavia à Saint-Malo... 75

CHAPITRE III
PREMIER VOYAGE DU CAPITAINE COOK

I

Les commencements de sa carrière militaire. — Le commandement de l'*Endeavour* lui est confié. — La Terre de Feu. — Découverte de quelques îles de l'archipel Pomotou. — Arrivée à Taïti. — Mœurs et coutumes des habitants. — Reconnaissance des autres îles de l'archipel de la Société. — Arrivée à la Nouvelle-Zélande. Entrevues avec les naturels. — Découverte du détroit de Cook. — Circumnavigation des deux grandes îles. — Mœurs et productions du pays.............. 106

II

Reconnaissance de la côte orientale de l'Australie. — Botany-Bay. — Échouage de l'*Endeavour*. — Traversée du détroit de Torrès. — Retour en Angleterre... 135

CHAPITRE IV
DEUXIÈME VOYAGE DU CAPITAINE COOK

I

La recherche de l'inconnu. — Deuxième relâche à la Nouvelle-Zélande. — L'archipel Pomotou. — Second séjour à Taïti. — Reconnaissance des îles Tonga. — Troisième relâche à la Nouvelle-Zélande. — Seconde croisière dans le Pacifique. — Reconnaissance de l'île de Pâques. — Visite aux îles Marquises.......... 148

II

Nouvelle visite à Taïti et à l'archipel des Amis. — Exploration des Nouvelles-Hébrides. — Découverte de la Nouvelle-Calédonie et de l'île des Pins. — Relâche dans le détroit de la Reine-Charlotte. — La Géorgie australe. — Catastrophe de l'*Aventure*.. 176

CHAPITRE V
TROISIÈME ET DERNIER VOYAGE DU CAPITAINE COOK

I

La recherche des terres découvertes par les Français. — Relâche à Van-Diemen. — Le détroit de la Reine-Charlotte. — L'île Palmerston. — Grandes fêtes aux îles Tonga. 197

II

Découverte des îles Sandwich. — Exploration de la côte occidentale de l'Amérique. Au delà du détroit de Behring. — Retour à l'archipel Havaï. — Histoire de Rono. — Mort de Cook. — Retour de l'expédition en Angleterre............ 211

5216 B. — Paris, Imp. Gauthier-Villars et fils, 55, quai des Gr.-Augustins.

www.ingramcontent.com/pod-product-compliance
Lightning Source LLC
Chambersburg PA
CBHW051858160426
43198CB00012B/1660